The economics of tourism

관광경제학원론

양길승 저

백산출판사
BAEKSAN Publishing

머 리 말

The Economics of Tourism

사람이 자기 욕구를 채우고자 하는 만족은 끝이 없다고 한다. 외국여행 한번 갔다 온 것이 소원이라고 하는 사람이 과연 한 번 다녀오면 만족할 수 있을까? 그러나 관광을 통해 새로운 세계를 보고 오면 아직 가보지 못한 또 다른 새로운 세계에 대한 동경은 계속될 것이다.

현대사회에서 관광은 국민소득이 증가하고 여가시간의 증가로 인하여 많은 국민들 사이에 일상적인 생활의 일부분이 되어 버렸고 그 욕구는 더욱 확대되는 경향이 있다. 따라서 관광은 경제와 매우 밀접한 관계에 놓일 수밖에 없다. 즉 관광행위는 경제행위라고 하지 않을 수 없는 것이 현대사회이다. 가보고 싶은 곳, 하고 싶은 체험 등 모든 것이 경제문제와 연결되지 않을 수 없기 때문이다.

또한 관광산업을 영위하는 관광관련업체들도 자본주의 경제현실에서 기업의 핵심가치인 이윤극대화를 위해 끝없이 자구노력을 해야만 하며, 경쟁사회에서 이겨내지 못하면 도태될 수밖에 없는 현실적인 문제를 안고 있다.

이러한 현실적인 상황에서도 세계 각국은 관광산업분야의 전망이나 가치에 대한 평가를 새롭게 하고 있다. 관광산업은 고부가가치산업이며, 외화가득률이 매우 높은 산업일 뿐만 아니라, 고용창출 효과가 크는 등 경제적 파급효과도 매우 높은 산업으로서 국가경쟁력제고와 성장 동력산업으로 각광을 받고 있다. 따라서 관광에 있어서 경제학적 분석은 매우 중요하다고 하지 않을 수 없다.

관광경제학에 대해 훌륭한 교재들이 많이 있었지만 그 동안 강의하면서 경제학을 처음 접한 학생들에게 권장할 만한 마땅한 교재를 찾지 못하였다. 기존에 나온 교재 중 일부는 너무 고차원적인 내용이 많이 포함되어 있어서, 그렇지 않아도 경제학이 어렵다고 생각하는 학생들에게 관광경제학에 대한 이해도를 높이기에는 상당한 어려움이 뒤따랐다.

본서는 이러한 제반 여건을 감안하여 관광에 대한 경제적 분석을 하는데 기초적인 이론 기반을 제공하고자 노력하였다. 특히 경제학을 접하지 못했던 학생들을 위해 보다 쉽게 접근할 수 있도록 평이하게 쓰려고 노력하였다. 그럼에도 불구하고 필자의 우매함과 부덕의 소치로 말미암아 미진한 부분이 많을 것으로 생각하며, 이 점 송구한 마음 간절하다. 앞으로 더욱 정진하여 미진한 부분을 최소화하는데 매진하겠다는 다짐을 한다.

끝으로 졸저가 나오기 까지 격려와 함께 물심양면으로 지원해 주신 백산출판사 진욱상 사장님과 관계자 여러분께 감사드린다.

2008년 7월

광주광역시 서봉동 연구실에서

동산 **양 길 승**

이 책의 목차

The Economics of Tourism

제1장 관광경제학의 연구대상

제2장 관광상품

제3장 관광수요

제4장 관광공급

제5장 관광소비

제6장 관광비용 및 수입

제7장 완전경쟁의 관광시장

제8장 독점의 관광시장

제9장 독점적 경쟁의 관광시장

제10장 과점의 관광시장

제11장 관광사업

제12장 관광수지

The economics of tourism

1

관광경제학의 연구대상

제1절 관광학과 경제학

관광은 그 범위가 매우 광범위하고 복잡하며, 다양한 속성을 가지고 있기 때문에 관광현상을 정확하게 규명하고 이해하기 위해서는 많은 학문 간의 연구가 필요하다. 특히 관광은 인간의 소비활동의 한 부문으로, 관광객의 관광활동 및 선택은 "관광객의 효용이론"에 근거하여 합리적인 사고로 경제행위를 실천하는 결과로 보는 것이 타당하다.

많은 국가들이 관광자의 소비지출에서 파생되는 경제적 가치의 중요성을 인식하고 자국의 경제부흥을 위한 수단으로 외래 관광객들의 유치에 다각적인 노력을 기울이며, 관광산업을 국가전략산업으로 육성하고 있다. 이는 외화획득원으로서 관광이 가지는 잠재력을 높이 평가하기 때문이다.

그레이(Gray)는 "관광사업은 인간의 주요 경제활동 중의 하나로 여겨져 왔으므로, 유럽과 북미의 경우, 관광행위 규명에 경제학적 이론과 방법론이 가장 많은 기여를 했다 해도 과언이 아니다"라고 하였다. 더욱이 국제관광시장은 개발도상국 경제에 대해 외화획득 · 고용창출 등의 매력을 제공하기 때문에 이들 시장의 의의 및 효과나 영향력을 분석하는 데에 경제학적 분석기법이 빈번하게 도입되어 왔다.

특히 수요 · 공급의 이론, 한계효용이론, 무차별곡선이론, 탄력성 개념, 승수효과, 산업연관분석, 국민소득분석, 국제수지분석 등이 적용되고 있다. 경제학의 영역이 생산, 소비, 분배 그리고 저축, 물가 등의 고전적 영역에서 교육, 국방, 정치, 환경, 자원, 인구 등 점차 연구영역이 전 사회현상으로 확대되어 감에 따라 인간의 여가선택행위, 자연자원 또는 관광자원의 수급 및 가치문제, 관광개발의 지역적 · 국가적 경제효과분석, 관광산업과 국제수지와의 관계 등에 관한 연구에서도 양적으로 크게 기여해 왔다[1].

이와 같이 관광이 경제적으로 개인의 관광활동을 조장하거나 억제하는 요인으로 작용하기 때문에 관광연구의 경제학적 접근은 매우 유효한 학문이 되고 있다. 관광경제학은 경제학적 개념 및 이론과 방법들을 적용하지만, 다른 일반상품과 구별되는 관광의 특성은 경제학의 한 분야로서 취급하는 핵심요소와 밀접한 관련이 있다. 관광은 운송, 숙박시설, 자연자원 등을 포함하여 순차적으로 소비되지만, 점검 없이 소비가 이루어지고 있는 독특한 면이 있다. 이러한 점이 관광이 지닌 독특한 특성인데, 이런 현상이 자주 발생하기 때문에 구체적인 분석이 필요한 것이다.

따라서 관광분석은 경제학에서 이용하는 기존 및 새로운 방법을 모두 이용하는데, 경제학적 분석은 관광현상을 이해하는 데 많은 도움을 주게 된다. 그렇기 때문에 관광이 지닌 성격상 다학문적 접근방식이 요구되고 있는 것이다.

1) 김사헌, 관광경제학, 백산출판사, 2003, pp.43~44.

제2절 관광경제학의 성립과정

1. 영국의 산업혁명기부터 제2차대전전까지

영국의 산업혁명으로 인하여 18세기 후반 방적기와 증기기관이 발명되었고, 19세기 들어서면서 증기선이나 증기기관차라는 교통수단의 발전으로 사람의 이동을 빠르게 하였고, 이들이 이동하면서 유럽 각국은 여행자로부터 유입된 소득이 지역경제 및 국민경제에 큰 영향을 미치게 되었다.

이러한 영향으로 여행자의 이동 속에서 외화를 획득하려는 나라들이 자국의 이익을 얻기 위하여 관광에 대한 분석 및 연구가 본격적으로 시작하게 되었다.

유럽에서는 산업혁명 이후부터 제2차 세계대전까지 비즈니스, 관광, 바캉스 등을 목적으로 한 여행이 꾸준히 증가하여 왔고, 관광에 대한 연구 및 연구서가 등장하였으나 왕성한 연구는 이루어지지 않고 있었다. 그 이유는 국민소득수준이 너무 낮고, 관광활동 참가자가 일부 특정 부유계층으로 한정 되어, 관광이 국민경제 및 국민생활에 미치는 영향이 크지 않았기 때문이다.

관광경제연구는 이탈리아에서 비롯되었다고 하는데, 이 때 당시의 연구를 살펴보면 1899년 보디오(Bodio)의 논문 "이탈리아에 있어서 외국인의 이동 및 그 소비지출에 대해서"(鹽田正志, 1962), 1927년 마리오티(Mariotti)가 경제학의 체계에 기초해 "관광경제강의"라는 책을 저술하였으며, 이 저서는 관광경제 분야 연구의 실마리가 되었다는 평가를 받고 있다.

이후 독일에서 발표된 연구는 1931년 독일의 보르만(Bormann)이 "관광학개론"을 저술하였고, 1935년 글뤽스만(Glücksmann)이 "일반관광론"을 저술하였다. 이들 저술은 관광의 경제적 측면에서 관심을 부여했다는 점에서 의의가 크다고 할 수 있다. 이밖에 1942년 스위스의 훈지커(Hunziker)와 크라프(Krapf)가

"일반관광론개요"를 저술하였다.[2)]

2. 제2차 세계대전 이후부터 1960년대까지

제2차 세계대전 종식 후 1960년대에 들어서면서 세계 각국이 경제성장을 이루면서 관광활동이 활발하게 이루어지게 되었다. 이에 따라 각국 정부는 관광산업을 국가경제발전계획이나 지역사회발전계획에 편입시켜 육성하기 시작하였고, 관광경제 · 산업에 대한 분석 및 연구를 본격적으로 시작하였다. 사실상 많은 학자들이 "경박한 학문"이라고 야유하면서도 관광경제 연구에 관심을 갖게 된 배경이기도 한다.

유럽대륙계통의 초기 관광연구가 접근방법이나 이론구성면에서 관광경제학의 학문적 요건을 충족시키지 못한 것은 사실이다. 그래서 그 약점을 보강해 준 것이 바로 북미계통의 연구라고 할 수 있다.

북미계통의 연구는 광활한 영토와 풍부한 경제력 및 관광자원을 지니고 있고, 유럽과 격리되어 있다는 특수성으로 인해 자국인의 사회후생차원에서의 복지실현의 수단으로 인식하였다. 이로 인하여 지금까지 관광경제에 관한 연구성과는 구미를 중심으로 이루어지고 있었다.

그 동안의 관광경제에 대한 연구 테마는 ① 관광경제활동의 성질이나 특징에 관한 연구, ② 관광수급관계 및 관광마케팅에 관한 연구, ③ 관광산업의 투자나 수익성에 관한 연구, ④ 관광정책이나 관광자원개발에 관한 연구에 집중되어 있었다.

3. 최근 동향

1970년대 이후 경제학적인 접근법으로 관광현상을 규명하고자 하였던 영미계통의 연구자들은 많다. 특히 1980년대와 1990년대에는 열거하기 힘들 정도로 관광경제에 대한 연구가 많이 이루어지고 있다.

---

2) 서정교 역, 관광경제학 입문, 한올출판사, 2001. p.19.

영미권의 연구를 주제별로 요약해 보면 ① 수요 · 지출 연구, ② 관광자원 가치 연구, ③ 공급연구, ④ 고용연구, ⑤ 일반균형 모형, ⑥ 국제관광, ⑦ 관광과 경제발전, ⑧ 국제수지 및 교역 등이다.[3)]

특히 최근 들어서는 관광현상에 대한 연구와 더불어 "관광경제학"이라는 제목의 단행본이 많이 출판되고 있다.

3) 김사헌, 전게서. p.99.

제3절 관광경제학의 성격과 연구대상

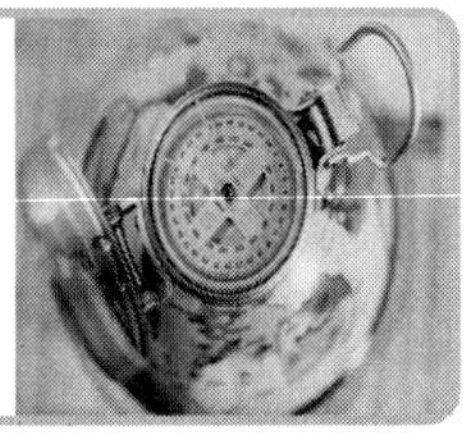

1. 관광경제학의 성격

관광경제학은 광의의 의미에서 보면 경제학의 한 분과라고 볼 수 있다. 관광자도 소비자 또는 생산자로서의 인간이며, 관광자가 요구하는 관광자원은 희소성을 띠고 있고, 이들 희소한 자원을 제한된 수단에 의해 인간의 복리를 위해 효율적으로 분배하고 관리하기 때문이다.

김사헌은 관광경제학은 일상 업무를 떠나 여가생활을 활용코자 하는 특정 인간에 관한 연구이며, 그 인간의 관광 · 위락적 욕구를 충족시켜 주기 위해 희소한 관광재를 효율적으로 생산 · 분배시키는 개인 및 사회적 행위에 관한 연구라고 정의하고 있다.

서정교는 관광활동에서 볼 수 있는 경제적으로 특유한 모든 현상이나 모순을 분석하고 연구하여 관광경제발전을 위한 조건이나 그 법칙성을 탐구하려는 응용경제학이라고 정의하고 있다.

이상에서 보는 바와 같이 관광경제학은 경제학의 모든 이론을 기초로 하는 것은 물론 경제학 주변 영역의 학문도 수용하며 아울러 관광활동에서 볼 수 있는 특유한 모든 현상이나 모순을 경제학적으로 분석하고 연구하여 관광경제발전을 위한 조건이나 그 법칙성을 탐구하려는 응용경제학이라고 할 수 있다.

즉 특정한 상황에 처한 인간, 일상 업무 후의 잔여시간인 여가를 활용코자 하는 인간이라는 점에서, 일반재화나 용역과는 다른 특수한 성격을 띠는 재화를 욕구의 대상으로 삼는다는 점에서 일반경제학의 학문적 특성과 구분할 수 있다.

비록 관광경제의 연구라고 하더라도 관광연구의 핵심부문으로는 다루어지지 않고 있으며, 경제학 주변의 학문에 의해 지탱되고 있는 실정이다.

1977년 자파리(J. Jafari)라는 미국인 관광연구자는 'Study of Tourism Choice of Discipline and Approach'라는 과제로 관광연구에 있어서 기존의 학문인 각종 학과와 관광의 상호접근이라는 학제적 관계를 정립함으로써 관광학의 존재를 인식시키려고 하였다. 실제로 관광상품, 관광활동, 관광노동, 관광산업 등의 특징을 명확히 하지 않고 경제학만으로 관광경제를 논할 수는 없는 실정이다.

2. 관광경제학의 연구내용

그 동안의 관광의 경제학적 연구분석 내용을 보면 수요의 예측, 관광영향에 따른 승수효과분석 등 일부 주제에 관해서는 수많은 연구가 행해지고 있으나, 여타부문에는 거의 관심을 기울이고 있지 않다는 점에서 이상하게도 불균형적이다. 관광수요 및 지출에 관해서는 광범위한 국제적 출발지와 목적지를 대상으로 조사가 이루어졌다.

예를 들면, 그레이는 미국과 캐나다의 국제여행을 고찰했으며, 배리와 오하간은 아일랜드에서의 관광객 지출을, 오하간과 해리슨은 유럽에서의 영국인 지출을 조사했다. 그리고 배크돌트와 위트는 일련의 해외 휴일상품에 대한 수요를 모형화했으며, 팩 등은 영국에 있어서 국제관광수요의 공간적 집중 및 분산에 대한 변화를 조사했다.

수요에 대한 조사는 일반적으로 휴일상품에 대한 지출수준 및 패턴을 결정짓는 특정변수들(가령 소득, 상대가격, 환율, 운송비)의 상대적 중요성에 대한 추정과 관련이 있다. 시기별, 국가별 관광수요에 대한 많은 연구들이 아처, 존슨과 애쉬워스, 쉘던 그리고 싱클레어 등에 의해 고찰되었다. 반면에 위트와 마틴은 관광수요 예측에 대한 여러 접근방식들을 조사했다. 그럼에도 불구하고 지금까지 시도된 관광수요에 대한 대부분의 연구들은 명확한 이론적 토대가 결여되어 있다.

수요와 달리 공급에 관한 문헌은 관광의 경제적 연구에 있어 상당한 공백이 있다. 관광생산의 구조에 대한 일련의 보고서가 제출되었으며, 관광공급의 구체적 측면들도 조사되고 있다. 예를 들어 집중에 관해서는 맥베이, 고우, 통합에 관해서는 란달, 보테 괴메즈 등, 보테 괴메즈와 싱클레어, 특정부문, 특히 관광

운영의 시장구조에 관해서는 쉘던, 핏치, 에반스와 스태블러 등의 연구가 있다. 피겨로라는 미시경제학 시각에서 관광기업의 운영을 조사했다.

그러나 아직까지 관광의 공급측면에 대한 일관된 이론과 공급의 결정요인, 결정요인의 변화에 따른 공급의 반응 또는 생산에 사용된 자본, 노동 그리고 환경 투입요소들의 상호보완성 내지 대체성에 관한 수량적 연구는 실제로 거의 없다.

따라서 조사연구가 단순한 기술에서 더 이상 진전되지 못하고 있다. 비록 특성가격설정 모형을 통해 패키지 휴일상품의 가격경쟁력을 논하는 과정에서 관광의 복잡성을 하나의 복합제품으로 일부 설명하려고 시도하고 있긴 하지만, 개략적이나마 분석이 이루어진 관련 분야는 가격의 결정과 관계가 있다.

소득 및 고용에 미치는 관광의 영향에 대해서는 수많은 관광목적지를 대상으로 조사가 이루어지고 있다. 아처, 새드러, 싱클레어와 서트클리프 등은 승수모형화 분야의 응용 및 분석 측면에 기여했으며, 혁신적인 연구가 헨더슨과 쿠진즈, 발리, 존슨, 토마스 등에 의해 수행되기도 했다. 관광의 고용효과에 대한 경제학적 분석은 상대적으로 거의 시도된 바 없으며, 버간과 롱, 굿달, 존슨과 토마스 등에 의한 연구는 주목할 만한 예외이다.

1990년대 초기에서 중반까지는 거의 변화가 없었다. 비록 관광경제학에 관한 교과서들이 불, 쿠퍼, 번즈와 홀던, 룬드버그 외, 그리고 트라이브 등에 의해 출판되었지만, 관광에 대한 경제학의 전통원리들을 깊이 있게 적용하지 못하고 있다. 이들 저서들이 기본적인 교과서로는 유용하나 주로 간단한 수요와 공급의 분석, 시장구조와 가격 및 소득탄력성과 같은 예측 및 가격설정의 구성요소 등에 대한 개요에 국한되어 있어 관광에 대한 경제학의 관련성 내지 적용이 충분히 제시되어 있지 않다.

3. 관광경제학의 분석대상

관광경제학에서는 인간이 살아가기 위해서는 의 · 식 · 주, 그리고 여가 · 문화활동 등 수많은 재화(goods)와 서비스(services)를 연속적으로 소비하게 되는 데 이것을 분석대상으로 한다. 여기에서 재화란 인간생활의 영위에 필요한 의 · 식 · 주

등 유형의 자원(눈에 보이는 것)을 뜻하고 서비스(용역이라고도 함)는 여가생활 · 문화생활 · 경관감상 · 수송 · 음악감상 등 무형(보이지 않는 것)의 자원을 말한다.

(1) 재화의 분류

재화는 여러 가지로 분류할 수 있다. 첫째, 자유재(free goods)와 경제재(economic goods)로 나누어 볼 수 있다. 자유재란 지구상에 무한히 존재하여 노력이나 비용을 들이지 않고도 얻을 수 있는 재화, 즉 공기처럼 우리 인간에게 반드시 필요하지만 무한히 존재하여 전혀 비용을 들이지 않고도 얻을 수 있는 재화를 말한다. 경제재란 지구상에 존재하는 재화의 양이 희소하기 때문에 적잖은 노력이나 비용을 들여야 얻을 수 있는 재화를 말한다.

여기서 자유재는 희소가치가 없고 원하는 사람은 누구나 쉽게 얻을 수 있기 때문에 분석대상이 되지 않는다. 그러나 경제재는 그 부존량이 제한되어 있기 때문에 생산, 소비, 분배 모두가 문제가 된다. 즉 경제재는 생산량보다는 항상 소비하고자 하는 양이 많은 재화이기 때문에 이를 효율적으로 생산, 소비, 분배를 위한 분석이 필요하게 되며 이를 분석대상으로 삼는다.

마찬가지로 관광경제학에서의 분석대상도 비용을 들이지 않고 손쉽게 얻을 수 있는 자유재가 아니라, 최소한의 노력과 비용을 들여야 얻을 수 있고, 소비자끼리 획득을 위해 경쟁해야 하는 경제재를 그 대상으로 한다.

(2) 경제주체나 생산요소별 분류

분석대상이 되는 경제재는 다시 소비재와 생산재로 구분해 볼 수 있다. 그런데 같은 재화라도 쓰이는 용도에 따라 소비재가 되기도 하고 생산재가 되기도 한다. 생산재를 본원적 생산재와 생산된 생산재로 구분할 때도 있다. 본원적 생산재란 토지, 노동과 같이 본래부터 존재하는 생산재를 말하고, 생산된 생산재란 경제활동의 결과 만들어진 자본재 또는 중간생산물을 의미한다. 생산주체별로 민간 혹은 공공기관, 개인의 재산권 행사 유무에 따라 사유재와 공공재로 나눌 수 있다. 또한 관광경제학에서는 관광을 하는 소비자들이 욕구하는 특수한 성격의 경제재를 관광재(tourist goods)라고 부르기도 한다.

The economics of tourism

2

관광상품

제1절 관광상품의 개념

일반적으로 상품(commodity, goods, product)이란 매매의 대상이 될 수 있는 유형·무형의 모든 재산을 의미한다. 즉 "판매를 목적으로 생산된 재화"라고 할 수 있다. 이에 반해 관광상품은 유형과 무형의 상품이 같이 포함된 특징을 가지고 있다.

WTO는 관광상품을 "관광지, 숙박시설, 교통수단, 서비스와 관광매력물을 결합시킨 것"으로 정의하고 있다. 한국관광공사는 "광의의 관광상품은 관광업계가 생산하는 일절의 재화와 서비스이고, 협의의 관광상품은 여행상품과 관광에 관련되는 일절의 서비스 또는 관광사업자가 관광자원을 바탕으로 판매할 것을 전제로 이를 상품화한 것이라고 정의하고 있다. 관광상품을 영어로 표현하면, tourism product, tourist product, travel product 등으로 표시되는데, 물질적인 것보다도 정신적·관념적·추상적인 내용을 대상으로 하는 것이다"라고 정의하고 있다.[1)]

따라서 관광상품은 관광객의 욕구충족 대상이 되며 관광행동을 일으킬 수 있는 모든 시설 및 대상과 각종 서비스 등이 복합적으로 결합되고 시간적·공간적·기능적으로 적절히 구성되어 관광사업자가 일정가격으로 판매 가능한 유·무형의 재화와 서비스라고 정의할 수 있다.

관광활동의 항목은 이동, 숙박, 식사, 쇼핑, 관광, 오락·레저[2)] 등 다양하지만 각각 따로 떨어져서 존재하지 않는다. 관광활동은 일련의 복합과정으로서 여기에 이용되는 각종 재화와 서비스는 하나의 관광상품으로 취급한다.

일반적으로 관광상품에는 토산품이나 기념품 등의 유형상품과 항공권, 호텔숙

1) 김광근 외, 관광학원론, 백산출판사, 2004. p.203.
2) 관광의 6대요소라고 불린다.

박권, 디너권, 테마파크 입장권 등의 의제상품 등이 있고, 그들은 각각 단일구성체로서 시장에 등장한다. 그러나 그들은 관광업계에서도 "단일구성품"으로 불리듯 관광상품을 구성하는 상품이기는 하지만 "관광상품"은 아니다.[3)]

관광상품[4)]은 상품 그 자체이기는 하지만 생산과정을 거쳐 생산되는 것이 아니라 각종 관광관련 소재의 조합이라는 제1단계, 그리고 거기에 관광서비스를 부가한다는 제2단계를 거쳐 생산되는 복합상품이다. 관광상품의 생산과정은 복합상품이라는 이유로 일반상품과는 다르다. 그 생산과정은 관광업자 특히 여행사가 폭넓게 존재하는 각종 상품의 조합을 기획하고 그 기획에 따라 갖가지 관광업자 및 그 종업원이 각종 재화 · 서비스를 제공해 간다는 것이다.

이와 같은 관광상품은 관광객의 만족도를 높이면서 궁극적으로 지속적 관광행태를 가능케 하는 역할을 하게 된다.

관광상품을 기능별로 분류하면 세 가지로 분류할 수 있다. 첫째, 핵심상품은 상품이 제공하는 가장 기본적인 목적, 효용과 관련이 있다. 즉 핵심 관광상품은 표적시장 고객의 욕구를 충족시키기 위해서 제공되는 가장 기본적인 관광서비스이자 편익이다. 실제로 항공사의 핵심상품은 승객의 운송 또는 화물의 운송이며, 관광여행을 하는 관광자는 즐거움 추구, 휴식, 재충전, 인정, 지위, 상징과 같은 관광의 동기가 핵심상품이라고 할 수 있다. 둘째, 실체상품은 핵심상품의 효용과 관련된 것으로 관광소비자의 구매행동에 영향을 미치는 요소들로 구성되어 있다. 실제 관광상품은 상품안내책자에 명시된 공식적인 상품으로서 특정장소에서 특정가격에 제공되는 것을 말하며 상품의 품질, 특성이 여기에 해당된다. 셋째, 부가상품은 관광자들에게 상품의 매력을 증가시켜 주고 확신을 갖게 하는 요소들로 구성되어 있다. 관광상품은 유사성이 있기 때문에 차별화하기 곤란하다. 따라서 부가상품 또는 부가서비스를 통해서 고객들의 관심을 끌고 재구매를 창출하려고 하는 관광기업들이 많은데 배달, 판매 후 보증, 이미지, 종업원의 친절 등이 여기에 해당된다.

3) 서정교역, 관광경제학 입문, 한올출판사, 2001. p.55.
4) 관광상품은 경제 · 경영행위의 대상으로서 산업측면이 강한 반면, 관광재는 오히려 자주적 측면이 강하며 욕구 충족대상으로서 관광상품까지 포함하는 포괄적이고 학술적인 의미가 강함.

제2절 관광상품의 특징

관광상품은 관광소비자에게 만족을 준다는 측면에서는 근본적으로 일반상품과 동일하다. 그러나 관광상품은 관광소비자의 관광활동중의 다양한 수요를 만족시키는 재화 · 서비스의 집합체이다. 특히 관광업계에 있어서 서비스는 유형상품과 동일한 무형상품이다. 따라서 일반적인 관광상품의 특징은 다음과 같다.

1. 동일상품에 다수의 효용

일반적으로 경제학에서는 하나의 상품에 하나의 효용만 존재한다고 가정한다. 예를 들면 사과를 한 상자 구입하면 구입한 사람 혼자만이 갖는 만족이므로 다른 사람이 이를 침해할 수 없으며, 필요하다면 본인 스스로 대가를 지불하고 구입해야만 한다.

그러나 관광상품은 하나의 상품에 다수의 효용을 가지고 있다. 예를 들면 불국사의 석굴암은 개인이 소유하여 혼자서 만족할 수 있는 것이 아니다. 누구나 일정한 대가만 지불하면 효용을 충족할 수 있다. 따라서 관광상품은 다수의 효용이 존재한다.

2. 유형성과 무형성의 병존

쇼핑상품, 관광지의 특산물, 음식, 식물원, 박물관 등은 유형의 형태를 갖춘 관광상품이다. 더불어 상당수의 관광상품 및 서비스는 무형성을 가지고 있어서 구매하기 전에 점검해 볼 수도 없고, 시행해 볼 수도 없는 특성이 있다. 이러한 무형의 관광상품은 광고, 사진 및 팸플릿 등의 보조수단을 통해 소비자에게 구체화시킬 수는 있다. 따라서 관광상품은 유형성과 무형성이 동시에 존재하는 특성이 있다.

3. 생산 · 소비의 동시성

일반상품은 일정한 장소에서 생산되어 유통단계를 거쳐 소비자가 구매하며, 비교적 장기간 사용할 수 있는데 반해, 관광상품은 판매가 먼저 되고 그 다음에 생산과 소비가 동시에 이루어진다. 관광상품은 관광자가 거주지에서 출발하여 목적지까지 다녀 올 때까지의 교통서비스, 숙박, 식사, 관광, 레저 등 전 과정이 생산과 소비가 동시에 이루어지는 특수한 서비스 상품이다. 예를 들면 패키지 여행의 경우 상품을 구매하고, 일정한 날짜에 관광을 하게 된다. 이 때 관광자가 여행을 하는 동안 생산이 이루어지게 되며 동시에 소비가 이루어진다.

4. 재고 불가능성

일반상품은 판매 후 재고가 존재하는 것과는 대조적으로 관광상품은 생산되는 즉시 판매 · 소비되는데, 판매되지 않은 경우 재고로 남겨 둘 수가 없다. 예를 들어 항공기 좌석의 경우나 호텔의 객실의 경우 당일 소비가 되지 않을 경우 그대로 소멸되고 재고의 개념이 성립하지 않는다. 따라서 관광상품의 이러한 소멸성은 공급이 경직되는 비저장성으로 말미암아 재고 불가능성을 갖는다.

5. 수요의 불안정

관광상품은 사용 · 소비될 때까지 관념적이고 가공적인 상품으로 예약을 매매하기 때문에 취소하면 상품이 되지 않는다. 또한 관광은 자연환경의 변화와 공휴일에 민감하게 반응한다. 관광에는 성수기와 비수기가 존재하며, 기상조건에 따라 그 수요는 달라진다. 예를 들면 전쟁, 기상이변, 전염병 등이 발생할 경우 수요는 급격히 불안정해진다. 또한 사람에 따라 관광상품의 효용과 가치도 끊임없이 변화하여 그에 따른 수요도 항상 불안정하게 된다.

6. 가격체계의 불안정성

관광상품은 자연환경의 변화와 비저장성으로 인해 가격체계가 불안정하다. 관광상품은 성수기와 비수기가 뚜렷하게 구별되며, 비저장성으로 인해 호텔이나 관광지의 주말요금 · 단체요금 · 특별판촉요금 등 가격체계가 상호균형을 이룰 수 없다.

또한 관광자에 따라서 동일상품이나 서비스에 대해서 각기 느끼는 가치판단이 다르기 때문에 높은 가격에도 저항을 받지 않는 경우가 생기는 것이다.

7. 이동의 불가능성

관광상품은 유형성과 무형성을 동시에 가지고 있으므로 특히 무형성을 가진 서비스 형태의 상품이 현지에서 판매되므로 다른 곳으로 옮겨 판매할 수 없으며, 관광자원도 현지에서 갖는 체험이므로 관광상품의 이동은 불가능하다. 관광상품은 관광자가 직접 찾아가서 소비를 해야 한다. 따라서 관광상품은 장소와 불가분의 관계를 가지고 있다. 예를 들면 태국의 쇼는 태국에 직접 가서 볼 수밖에 없다.

8. 수요와 공급의 탄력성 관계

관광상품은 필수품과 비교할 때 탄력적이며, 따라서 우등재에 속한다고 할 수 있다. 즉 관광상품의 수요는 소득수준이 일정 이상 되어야 하고, 여가시간이 충분히 확보되어야 하기 때문에 수요증가율은 소득수준의 증가율보다 크다. 그러나 최저 생계수준에 있는 사람들은 소득이 증가해도 그 수준을 벗어나지 못할 경우 수요가 증가한다고 볼 수는 없다.

관광상품은 수요변화에 따라 공급량을 신축적으로 조절할 수 없으며 비탄력적인 성격을 가지고 있다. 자연공원이나 경관, 폭포, 산, 해안 등은 어느 것도 그 공급량을 원하는 대로 늘릴 수가 없으며, 문화재, 기념물 등도 공급을 마음대로 조절할 수 없다. 단지 관리능력 제고를 통해 수용력을 어느 정도 확장하는 정도가 가능할 뿐이다. 따라서 수요에 비해 공급은 비탄력적이 된다.

제3절 관광상품의 구성요소

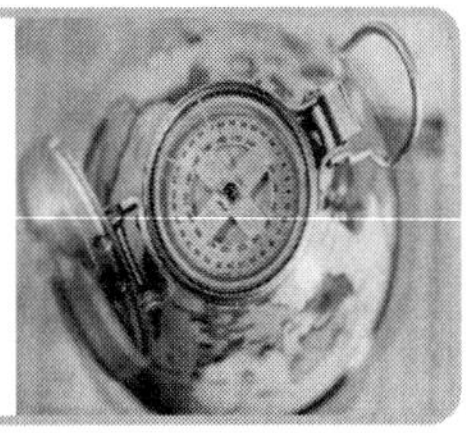

각종 재화와 서비스의 복합체인 관광상품은 관광자원, 관광시설(관광설비를 포함), 관광서비스 세 가지 요소로 구성된다[5]. 관광요소의 내용 및 배분의 차이는 관광상품의 가치를 크게 바꿀 수 있다. 관광자원과 관광시설은 관광소재를 조합해서 상품화할 때, 그리고 관광서비스는 상품화된 그 관광상품을 실현시킬 때, 각각 필수적인 구성요소가 된다.

1. 관광자원

관광자원이란 관광욕구의 대상으로 관광행동의 목표가 될 수 있는 모든 것으로, 관광객으로 하여금 관광동기나 의욕을 충족시키고, 관광행동을 일으키게 하는 유형, 무형의 관광대상을 말한다. 즉 관광자원이란 관광산업에 있어서는 경제적 가치를 가지며, 관광객에 있어서는 위락적, 문화적 가치를 갖는 관광대상물을 말한다.

관광자원이란 종래까지는 관광의 대상이 될 수 없었던 자원도 대중관광의 보급과 함께 새로운 관광자원으로서 각광을 받기도 하며, 그와 반대로 관광자원으로서의 매력을 점차 상실해 가는 자원도 있다.

그러나 그것이 유형물이든 무형물이든 관광객을 유인할 수 있고, 유입된 관광객으로부터 관광수입을 올릴 수 있는 산업성을 띠고 있다면 관광자원이라고 해석해야 할 것이다.

5) 박근수는 관광상품의 구성요소를 관광목적지 매력요소, 관광목적지 시설과 서비스 요소, 접근성 요소, 이미지 요소, 가격정책 요소로 구분하고 있다(박근수, 관광소비자행동, 백산출판사, 2005, p.96.).

관광자원의 분류에 있어서 피어스는 자연관광자원, 인공관광자원, 인문관광자원으로, 스즈키 타다요시는 자연관광자원, 인문관광자원, 관광시설로, 쓰다 노보루는 자연관광자원, 문화관광자원, 사회관광자원, 산업관광자원으로 분류하였다. 일반적으로 우리나라에서는 이들의 견해를 바탕으로 〈표 2-1〉과 같이 분류하고 있다[6].

〈표 2-1〉 관광자원의 분류

구분	내용
자연적 관광자원	산악, 내수면, 해안, 온천, 동굴, 지형, 지질, 천문기상, 도서
문화적 관광자원	고고학적 유적, 사적, 무형문화재, 기념물, 민속자료, 박물관, 미술관, 기타 문화시설
사회적 관광자원	풍속, 행사, 생활, 예술, 교육, 종교, 철학, 음악, 미술, 스포츠, 국민성, 음식, 사회형태, 인정, 예절
산업적 관광자원	공업단지, 유통단지, 관광목장, 관광농원, 백화점, 공업시설 및 생산공정
위락적 관광자원	수영장, 놀이시설, 레저타운, 수렵장, 낚시터, 카지노, 보트장, 승마장, 나이트클럽, 주제공원

2. 관광시설

관광시설은 관광자원에 부수적으로 존재하는 물질적 조건이다. 일반적으로 관광자가 관광지를 선택할 때에 고려하는 것은 관광자원이다. 그러나 관광자가 관광자원에 대해서는 만족하지만 관광시설이 제대로 갖추어지지 않아 불편을 감수하지 않으면 안 되는 상황이라면 그 관광자원은 그만큼 가치가 떨어질 수밖에 없다. 따라서 관광시설을 과소평가해서는 안 된다. 관광시설은 다음과 같이 분류해 볼 수 있다.

① **숙박시설** : 시티호텔(도시에 입지), 리조트호텔(경승지에 입지)

② **교통시설** : 열차, 항공기, 관광버스, 택시, 유람선 등의 교통수단 및 그에 관련된 건물(관광목적지 내)

③ **기타 서비스시설** : 여행사의 카운터, 토산품점, 레스토랑, 테마파크, 유원지,

6) 김광근 외, 관광학원론, 백산출판사, 2004. p.162.

극장, 병원, 이용소(이상 민간서비스), 정부관광기관, 박물관, 관광안내소, 컨벤션센터, 세관, 경찰(이상 공공서비스시설)

또한 관광인프라스트럭처는 지역주민의 생활기반시설이라고 할 수 있는데, 도로, 공항, 철도 등의 교통계통, 우편, 통신, 전력, 가스, 수도 등의 공급계통, 폐수 · 폐기물처리계통, 치안계통, 환경 · 위생계통으로 이루어져 있다. 관광인프라도 관광자를 배려한 시설이 아니지만 간접적인 관광시설로서 그 질과 양은 관광상품의 개발 · 이용에 큰 영향을 미치게 된다.

3. 관광서비스

관광수요에 따라 유형의 재화, 자연물, 사회현상 등을 이용하여, 관광서비스를 제공하고, 관광상품을 판매하고 있는데, 관광서비스는 관광자원이나 관광시설의 낙후나 미비점을 보충할 수 있는 성질을 가지고 있다.

관광자에게 제공하는 관광서비스는 출발지 · 도착지에서 쌍방의 준비, 이동, 체류, 판매 후 서비스라는 네 가지 과정으로 이루어진다.

준비과정의 서비스는 주로 광고, 예약, 상담으로 이루어지는 관광개시 전의 서비스이다. 이동과정의 서비스는 각종 교통수단을 이용하는 운수서비스이며, 관광자의 이동만이 아니라 탁송화물이나 별도 우송품의 배달에 드는 서비스도 포함된다. 체류과정의 서비스에는 숙박서비스 외에 음식, 오락 · 레저, 토산품판매 등 체류지에서의 관광자의 요구(needs)에 맞는 서비스도 포함된다. 판매 후의 서비스는 재방문객(repeater) 확보를 위한, 관광자의 귀가 후의 애프터케어(after-care)이며, 이것은 준비과정의 서비스로 연결된다.[7]

7) 서정교역, 전게서, p.68.

The economics of tourism

3

관광수요

제1절 관광수요의 의의

1. 관광수요의 개념

인간은 살면서 의 · 식 · 주 및 여가, 문화활동 등에 관련된 많은 재화와 서비스를 소비해야 하며, 그 소비를 하는데 있어서 의사결정을 해야 한다. 그러나 이것은 재화와 서비스의 희소성과 가치에 따른 선택의 문제이므로 개인의 어떤 욕구에 대한 주관적인 만족도인 효용이 이를 결정하게 되는 것이다.

일반적으로 수요란 소비자가 주어진 가격으로 일정기간 재화나 서비스를 구매하고자 하는 욕구나 요구이며, 수요량은 소비자가 구매하고자 하는 욕구가 구체적으로 실현되는 유량 개념이다.

따라서 수요는 소비자의 만족도에 의해 가치가 있다고 판단되는 재화나 서비스에 대해 구매욕구가 구체화되는 것이다.

관광수요는 완전경쟁시장의 조건하에서 구매력이 있는 사람들이 일정기간 관광재화, 서비스(용역)를 구입하려고 하는 요구[1](needs) 및 욕구(wants)를 말한다. 이와 같은 관광수요는 첫째, 관광수요량은 주어진 가격수준에서 관광소비자가 구입하고자 하는 의도된 최대수량이며, 둘째, 관광수요량은 반드시 일정한 기간을 명시해야 비로소 그 의미가 명확해지며, 셋째, 관광수요량은 막연히 의도된 수요량이 아니라 구매력을 가지고 구입하고자 하는 의도된 수량을 의미하고 있다는 것을 유념해야 한다.

경제학에서 말하는 수요와 관광수요는 상당히 다른 면이 있다. 그 이유는 첫째, 관광수요는 소득수준이나 경제적인 여유가 많은 경우, 문화생활 등을 영위할

1) 요구와 욕구는 개념적으로 비슷하지만, 일반적으로 요구가 만족되어야 욕구가 형성되며, 요구의 증대가 욕구의 증대로 연결되는 관계임.

수 있는 여가시간을 자유롭게 즐길 수 있는 여유와 인간의 라이프스타일과 밀접하게 관련되어 있기 때문이다. 둘째, 관광소비자가 집을 떠나 제반 관광활동을 마치고 귀가할 때까지의 여행 전 과정의 욕구충족이 하나의 관광재화로 묶여 있어 그 효과가 일정하지 않기 때문이다. 셋째, 일반적으로 공산품은 계절에 민감하지 않지만 관광재화는 계절성에 크게 좌우되기 때문이다. 넷째, 일반수요는 사유재를 그 대상으로 하지만, 관광수요는 가격으로 가치를 환산하기 힘든 공공성의 재화를 그 구매대상으로 하는 것의 차이 때문이다.

2. 관광수요를 결정하는 요인

관광재화와 서비스를 구매하고자 하는 욕구인 관광수요의 변화에 영향을 미치는 요인은 지역, 나라, 문화권, 시기마다 다르므로 그 결정요인이 무엇이라고 단정적으로 말하기는 어려움이 많다. 그럼에도 불구하고 관광수요에 영향을 미치는 주요요인들을 요약해 보면 다음과 같다.

(1) 해당 관광재화의 가격

관광수요는 그 해당재화의 가격에 의존한다. 해당 관광재화의 가격이 상승하면 그 관광재화의 수요량은 감소하고, 해당 관광재화의 가격이 하락하면 그 관광재화의 수요량은 증가하게 된다. 따라서 관광재화의 가격이 해당 관광재화의 수요에 영향을 미칠 수밖에 없다.

(2) 관광소비자의 소득수준

관광소비자들은 자기의 소득이 증가할 때, 좀 더 많은 관광수요를 하게 된다. 경제적으로 여유가 있지 않은 경우 아무리 관광을 가고 싶어도 현실적으로 가지 못하게 된다. 특히 관광은 일반 재화와 달리 소득수준이 일정수준 이상이 되어야 실현 가능하다고 할 수 있다.

(3) 인 구

관광수요는 인구의 크기와 인구의 구성에 의해서 영향을 받는다. 특히 관광수요는 인구증가보다는 관광구매력을 가진 인구의 증가에 영향을 받는다. 이렇게 관광구매력을 가진 인구가 증가하게 되면 관광수요는 증가할 것이기 때문에 인구증가에 영향을 받는다.

(4) 타 관광재화의 가격

관광수요는 다른 관광재화의 가격에 상당히 많은 영향을 받는다. 대부분의 관광재화가 특수성을 가지고 있으나 관광재화의 수요측면에서 다른 관광재화와 대체 또는 보완관계에 있기 때문에 영향을 받는다.

(5) 여가시간

관광수요는 여가시간과 밀접한 관계가 있다. 소득수준이 아무리 높더라도 여가시간을 낼 수 없으면 관광재화를 소비하기는 어렵다. 특히 주5일 근무제의 시행으로 여가시간이 증가함으로써 관광재화의 수요에 상당히 영향을 미치게 될 것이다.

(6) 관광소비자들의 기호와 선호

관광수요는 관광소비자들의 기호와 선호에 따라 영향을 받는다. 관광소비자들의 관광행태가 변화하면 그에 따라 관광재화에 대한 수요도 변화한다.

(7) 선택대상 관광자원의 다양성 유무

관광수요는 관광자원 선택의 다양성에 따라 영향을 받는다. 유사한 관광재화가 많을 경우 관광수요는 영향을 받게 된다.

(8) 광고 선전

관광수요는 관광자원이나 관광지의 광고 선전에 영향을 받는다. 현대의 관광수요는 매스 미디어의 영향을 받아 관광지 및 관광자원을 선택하는데 직접적인 영향을 미친다.

(9) 기 타

이상에 열거한 이외에도 관광소비자의 교육수준, 직업, 연령, 사회문화적 요인, 미래에 대한 기대 등 수없이 많은 요인들이 관광수요에 영향을 미친다.

제2절 관광수요함수와 관광수요곡선

1. 관광수요함수

관광수요함수는 여러 가지 관광수요를 결정하는 요인과 그에 의해 영향을 받는 관광수요량 간의 함수관계를 말한다.

일반적으로 관광수요함수는 다음과 같이 표시할 수 있다.

$$D_X = f(P_X, P_Y, Y, T, W, ...) \quad \cdots\cdots \quad (3-1)$$

여기에서 D_X는 X 관광재화에 대한 수요량을 나타내며, P_X는 X 관광재화의 가격, P_Y는 X 관광재화와 대체관계에 있는 관광재화의 가격, Y는 관광소비자의 소득, T, W 등은 다른 결정요인들을 나타낸다.

여기에서 주의해야 될 사항은 첫째, 관광수요함수에서 관광수요는 관광소비자가 실제로 구매한 수량을 나타내는 것이 아니라 관광소비자가 구매하기를 원하는 의도한 구매량까지를 포함한다. 즉 관광수요량은 사후적인 개념이 아니라 사전적인 개념을 의미한다. 둘째, 관광수요량은 일정기간 동안의 구매량을 말하는 유량개념이며, 일정시점에서의 구매량을 나타내는 저량개념이 아니다. 따라서 관광수요량을 말할 때는 반드시 1주일, 1개월, 1년 동안의 관광수요량 등 기간을 명시하여야만 한다.

일반적인 관광수요함수에서 X 관광재화의 수요량에 영향을 미치는 요인이 다른 조건들은 일정하다고 가정하고 X 관광재화의 가격만이 영향을 미친다고 단순화시키면 다음과 같이 관광수요함수를 표시할 수 있다.

$$D_X = f(P_X) \quad \cdots\cdots \quad (3-2)$$

이와 같은 관광수요함수는 첫째, 관광에 지출되는 관광재화가격외의 영향 요인들은 일정 또는 주어진 것으로 가정한다. 둘째, 일정기간 즉 1주일, 1개월, 6개월, 1년 등이라는 기간이 주어진 것으로 가정한다. 셋째, 여행시간의 소비로 타 부문에서의 경제적 손실은 없다고 가정한다.

2. 관광수요곡선

관광수요곡선은 관광수요와 그 관광수요에 영향을 미치는 요인과의 관계를 나타낸 곡선을 말한다.

관광소비자의 수요를 결정하는 여러 요인 중 다른 요인은 일정하고, 해당 관광재화가격에만 영향을 받는다고 가정하면, 일반적으로 관광가격이 하락하면 관광수요량은 증가하고, 관광가격이 상승하면 관광수요는 감소한다. 이를 그래프로 표시하면 〈그림 3-1〉과 같다.

〈그림 3-1〉에서 보는 바와 같이 종축에 관광재화의 가격 P, 횡축에 관광수요량 Q를 표시한다. 이 때 관광가격이 P_1이면 관광수요량은 Q_1으로 E_1점에서 균형을 이룬다. 그런데 관광가격이 P_2로 상승하면 관광수요량은 Q_2로 감소하여 E_2점에서 균형을 이룬다. 즉 E_1점에서 E_2점으로 이동하게 된다. 이 E_1점과 E_2

〈그림 3-1〉 관광수요곡선

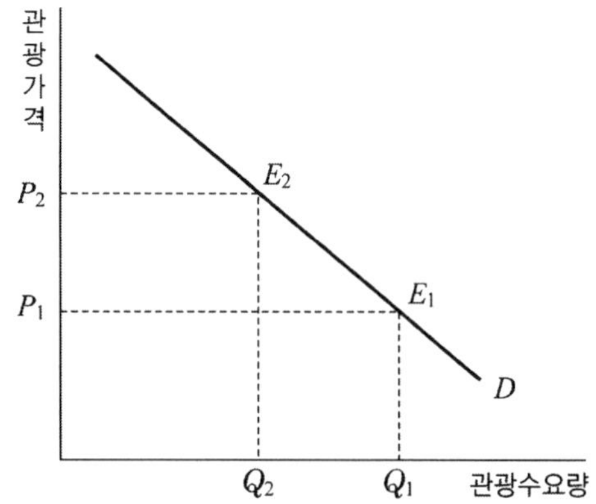

The economics of tourism

점을 연결한 선이 관광수요곡선(D)이 된다. 이 때 관광수요곡선은 우하향하는 형태를 이루게 된다.

이제 가상적인 사례를 들어 보자. 가상적인 관광수요함수가 다음과 같이 선형의 1차함수라고 가정해 보자.

$$D_X = 220 - 20P_X \quad \cdots\cdots (3\text{-}3)$$

위의 관광수요함수를 바탕으로 관광수요표를 만들어 보면 〈표 3-1〉과 같다.

〈표 3-1〉 관광수요표

단위기간당 관광가격(P_X)	단위기간당 관광수요량(Q_X)
10	20
9	40
8	60
7	80
6	100
5	120
4	140
3	160
2	180
1	200

관광수요표는 일정기간 동안에 관광재화의 가격과 관광수요량 사이에 존재하는 관계를 숫자로 나타낸 것이다. 즉 일반적으로 사용하는 관광수요함수식을 구체적인 관광가격에 대응하는 관광수요량으로 나타낸 것이다.

위의 관광수요표를 기초하여 관광수요곡선을 그려 보면 〈그림 3-2〉와 같다.

〈그림 3-2〉의 관광수요곡선은 관광수요표에 주어져 있는 단위당 관광가격에 대응한 관광수요량들을 연결한 곡선이다. 이와 같이 관광수요곡선은 부(-)의 기울기를 가지고 있어서 우하향의 형태를 취한다. 즉 관광재화가격이 하락할수록

관광수요량은 증가하며, 관광재화가격이 상승할수록 관광수요량은 감소하기 때문에 부(-)의 기울기를 가지며 이것을 관광수요의 법칙이라고 한다.

〈그림 3-2〉 관광수요곡선

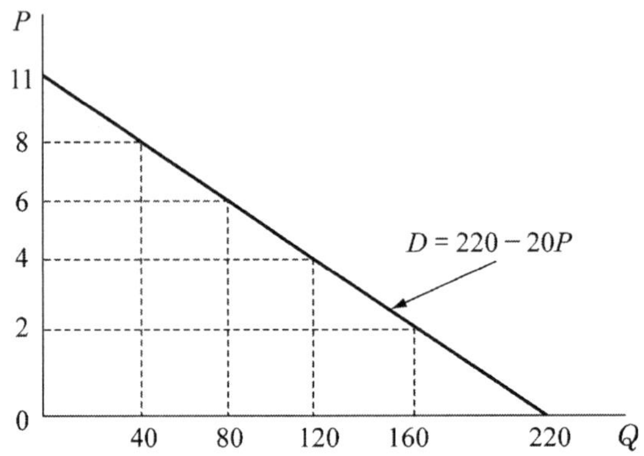

예를 들면 제주도의 관광가격(비용)이 아주 높으면 고소득층인 소수의 관광소비자들만이 제주도 관광을 할 수 있으므로 제주도 관광수요는 적을 것이다. 그러나 제주도 관광가격이 어느 정도 하락하면 중산층의 관광소비자들도 관광을 할 수 있게 되므로 제주도의 관광수요가 증가하게 될 것이다. 만약 제주도 관광가격이 크게 하락하면 이번에는 저소득층도 제주도 관광을 할 수 있게 되어 제주도 관광수요는 크게 증가할 것이다. 이와 같이 관광가격의 하락이 관광소비자들을 끌어 들이기 때문에 관광수요의 법칙이 성립하게 되는 것이다.

그러나 현실적으로 관광수요곡선이 우하향하는 것이 아니라 우상향하는 형태로 나타나는 경우도 있다. 관광소비자들이 소득수준의 상승과 함께 과시적 소비를 하는 경우, 고가의 관광재화가 양질의 재화라는 가치관을 갖는 경우에 관광가격의 상승은 관광수요의 감소가 아니라 역으로 증가로 이어지는 경우가 종종 나타난다. 또한 어떤 관광재화가 갑자기 인기를 끌어 소비가 폭주할 경우 공급이 이에 따르지 못하는 초기단계에서 많이 보인다.

3. 관광시장수요곡선

지금까지는 개별관광수요곡선을 살펴본 것이다. 그런데 이번에는 전체 관광시장수요곡선은 어떻게 나타나는가를 살펴보고자 한다. 전체 관광시장수요곡선은 관광소비자의 개별관광수요곡선을 수평으로 합한 것을 말한다. 즉 관광시장수요곡선은 각 관광가격수준에서 모든 관광소비자의 개별 관광수요량을 합계함으로써 도출할 수 있다. 관광시장에는 수많은 개별 관광소비자가 있지만 설명의 편의를 위해 2인의 관광소비자만 있다고 가정하고, 그들의 개별관광수요곡선을 가지고 관광시장수요곡선을 도출해 보고자 한다.

〈그림 3-3〉에서 보는 것처럼 관광소비자 2인의 개별관광수요곡선을 각각 d_1, d_2라 하면 관광가격수준이 400원일 때 A관광소비자는 35단위, B관광소비자는 25단위 관광재화를 구입한다. 결국 그들은 400원의 관광가격수준에서 모두 60단위(=35+25)를 구입하게 되며, 그것은 관광시장수요곡선 D에서 E점을 얻게 된다. 마찬가지로 800원의 관광가격수준에서 관광소비자 A는 10단위, 관광소비자 B는 8단위의 관광재화를 구입하게 된다. 이 관광가격수준에서는 그들은 모두 18단위(=10+8)를 구입하게 되며, 관광시장수요곡선에서 F점을 얻게 된다. 그 외의 점도 이와 같은 방법으로 얻을 수 있다. 이렇게 얻은 점들을 연결하면 관광시장수요곡선 D가 도출된다.

〈그림 3-3〉 관광시장수요곡선

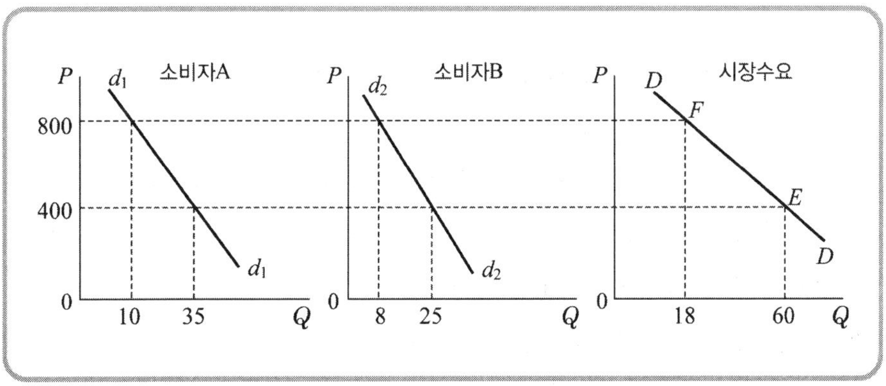

4. 관광수요량의 변화와 관광수요의 변화

지금까지는 관광수요함수의 가장 기본적인 모형으로 관광가격을 제외한 관광수요를 결정하는 다른 모든 요인이 일정불변이라는 가정 하에서 관광가격변화에 따른 관광수요량의 변화를 살펴보았다. 그런데 일정불변으로 묶여 있던 관광수요 결정요인들이 이제 변화한다고 하면 관광수요곡선은 어떻게 변화할 것인가? 그 결정요인들의 성질에 따라 또는 변화양상에 따라 관광수요곡선의 변화의 폭도 달리 나타날 것은 명백하다.

관광수요곡선의 기본적인 모형에서는 관광가격변화에 따른 관광수요량의 변화를 보았다. 즉 관광수요량의 변화는 관광가격의 변화에 따른 동일한 관광수요곡선상의 이동으로 구매량이 변화하는 것을 의미한다. 이에 반해 관광수요의 변화란 관광수요의 결정요인들 중에서 해당 관광재화가격 이외의 다른 관광수요의 결정요인들, 즉 그 동안 일정하다고 가정했던 여타 관광재화의 가격, 관광소비자의 소득, 인구의 증가 등의 변화에 따라 관광수요곡선 자체가 이동하여 관광소비자의 구매량이 변화하게 되는 것을 의미한다.

이를 〈그림 3-4〉를 통해서 설명해 보고자 한다. 먼저 〈그림 3-4〉의 (A)에서 관광재화의 가격이 P_1에서 P_2로 상승함에 따라 관광수요량이 Q_1에서 Q_2로 감소하는 것을 나타내는 것으로서 관광수요곡선(D)의 선상을 따라 점 B로부터 점 A로 이동하는 경우로서 가격변화에 따른 관광수요량의 변화를 나타내는 것이다. 이것은 해당 관광재화의 관광가격이 변화할($P_1 \rightarrow P_2$) 때 일어나는 것이다. 따라서 이런 변화를 관광수요량의 변화라고 한다.

〈그림 3-4〉의 (B)에서 원래의 관광수요곡선이 D_2라고 할 때 P_1의 관광가격 수준에서는 관광수요곡선의 B점에서 만난다. 만약 관광가격이 P_1으로 불변일 경우 관광소비자의 수가 증가하면 현재의 관광수요량보다 더 증가하게 될 것이고, 이 때 관광수요곡선도 이에 상응하기 위하여 D_3로 이동하게 될 것이며, 균형점도 P_1의 관광가격수준에서 점 B로부터 점 C로 이동할게 될 것이다. 이에 따라 관광수요량도 Q_2에서 Q_3으로 증가하게 될 것이다.

그러나 관광소비자의 수가 감소할 경우에는 그만큼 관광소비가 줄어들게 되므로 관광수요량도 영향을 받아 감소하게 될 것이기 때문에, 이번에는 관광수요곡선도 D_2에서 D_1으로 이동하게 될 것이며, 관광수요량은 Q_2에서 Q_1으로 감소하게 될 것이다. 이때 P_1의 관광가격수준에서 균형점은 B점에서 A점으로 이동하여 동일한 관광가격 수준에서 관광수요량의 변화가 일어나게 되는 것이다.

즉 관광가격이 변화하고 다른 조건은 일정하다는 가정에서 벗어나 관광가격은 변화하지 않고 다른 요인이 변화하면 관광수요곡선의 이동을 가져오게 되었다. 이와 같이 관광수요곡선 자체가 이동하는 것을 관광수요의 변화라고 한다.

〈그림 3-4〉 관광수요곡선의 이동

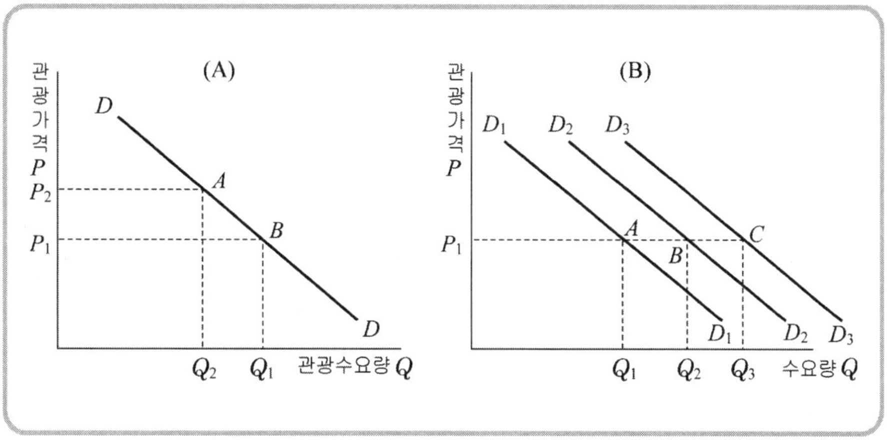

제3절 관광수요의 탄력성

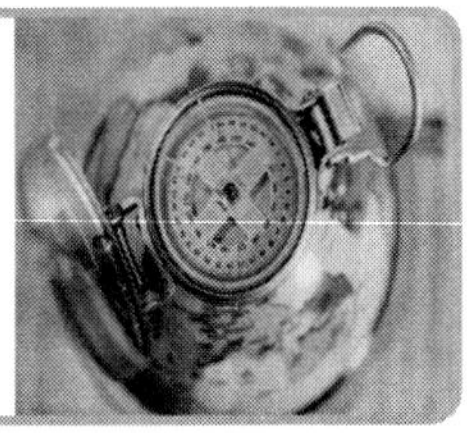

일반적으로 관광소비자는 어떤 관광재화의 가격이 하락함에 따라 그 관광재화를 더 많이 소비하고, 관광가격이 오르면 소비를 줄인다. 이것이 관광수요의 법칙이다. 그러나 구체적으로 관광재화의 가격변화에 대한 관광소비자 반응 정도는 재화에 따라 매우 다양하다. 더욱이 관광소비자 반응이란 같은 관광재화에 대해서도 관광가격범위에 따라 실로 다양하게 나타난다.

관광소비자가 한 관광재화의 가격변화에 어떻게 반응하는지 또는 어느 정도 반응하는지를 알기 위해서 탄력성의 개념을 도입하여 측정하고 있다. 구체적으로 가격이 변화할 때 어느 정도의 관광수요량이 변화하는가를 알기 위해서는 마샬(A. Marshall)이 고안한 탄력성의 개념을 이해해야 한다.

일반적으로 탄력성(elasticity)이란 종속변수의 변화율을 독립변수의 변화율로 나눈 것이다. 이는 독립변수가 1% 변화할 때, 종속변수가 몇 % 변화하는가를 나타내는 계수라고 할 수 있다. 여기에서 종속변수란 어떤 현상에서 발생하는 결과가 되는 변수를 말하고, 독립변수는 이러한 종속변수에 영향을 미치는 변수를 말한다.

따라서 일반적으로 탄력성은 다음과 같이 나타낼 수 있다.

$$\text{탄력성} = \frac{\text{종속변수의 변화율}(\%)}{\text{독립변수의 변화율}(\%)}$$

1. 관광수요의 가격탄력성

관광수요의 가격탄력성(E_d)은 관광가격이 변화할 때 관광수요량이 어느 정도 변화하는가를 나타내는 계수이다. 따라서 관광수요의 가격탄력성은 종속변수인 관광수요량의 변화율을 독립변수인 관광가격의 변화율로 나눈 것이다. 즉 다음

공식으로 관광수요의 가격탄력성을 측정한다.

$$\text{관광수요의 가격탄력성} = \frac{\text{관광수요의 변화율(\%)}}{\text{관광가격의 변화율(\%)}} = \frac{\frac{\text{관광수요의 변화분}}{\text{원래의 관광수요}}}{\frac{\text{관광가격의 변화분}}{\text{원래의 관광가격}}}$$

관광수요의 가격탄력성을 기호로 표시하면 다음과 같다.

$$E_d = \left| \frac{Q_2 - Q_1}{Q_1} \div \frac{P_2 - P_1}{P_1} \right| = \left| \frac{\frac{\Delta Q}{Q}}{\frac{\Delta P}{P}} \right| \quad \cdots\cdots (3\text{-}4)$$

(3-4)를 다시 정리하면 다음과 같이 나타낼 수 있다.

$$= \left| \frac{\Delta Q}{Q} \times \frac{P}{\Delta P} \right| = \left| \frac{\Delta Q}{\Delta P} \times \frac{P}{Q} \right| \quad \cdots\cdots (3\text{-}5)$$

여기에서 Q_1는 최초관광수요량, Q_2는 변화후의 관광수요량, P_1는 최초관광가격, P_2는 변화 후 관광가격, $\frac{Q_2 - Q_1}{Q_1}$는 관광수요의 변화율(%)이며, 이는 $Q_2 - Q_1 = \Delta Q$로, $\frac{P_2 - P_1}{P_1}$는 관광가격의 변화율(%)이며 $P_2 - P_1 = \Delta P$로 나타낼 수 있다.

관광재화의 가격과 관광수요량은 관광수요의 법칙에 의하여 서로 반대방향으로 변하기 때문에 관광수요의 가격탄력성은 원래 음(-)의 부호를 갖는다. 그러나 관광가격과 관광수요량은 항상 반대방향으로 변한다는 것을 염두에 두면서, 음의 부호를 무시한 절대 값으로 탄력성을 나타내고 그 크기를 비교한다.

관광수요의 가격탄력성이 갖는 수치는 관광가격이 1% 변화할 때 관광수요량이 몇 % 변화하는가를 표시해 준다. 예컨대 제주도 관광재화의 관광수요의 가격탄력성이 1.5라면 이는 제주도 관광재화의 가격이 1% 변화할 때 관광수요량이 1.5%씩 변화한다는 것을 뜻한다. 또한 관광가격이 2% 변화하면 관광수요량은

3%가 변화한다는 의미인 것이다.

일반적으로 관광수요의 가격탄력성은 1보다도 크다($E_d > 1$). 즉 관광소비자는 관광산업이 결정하는 관광가격의 변화에 민감하다. 그 이유는 관광재화가 생활 필수품이나 내구소비재와는 달리 가격이 하락했을 때 구입하면 좋은 일종의 사치품이고, 관광소비자에 있어서는 값이 비싼 상품이기도 하며, 많은 관광산업이 치열한 판매경쟁을 펼쳐 가격변화가 심해지기 때문이다.

(1) 관광수요의 호(구간)탄력성

관광수요의 가격탄력성은 어떤 주어진 관광수요곡선의 한 구간에 대하여 계산할 수가 있는데, 이를 호탄력성이라고 부르며, 관광수요곡선상의 어떤 한 점에 대해서 계산할 수가 있다.

〈그림 3-5〉 관광수요의 호(구간)탄력성

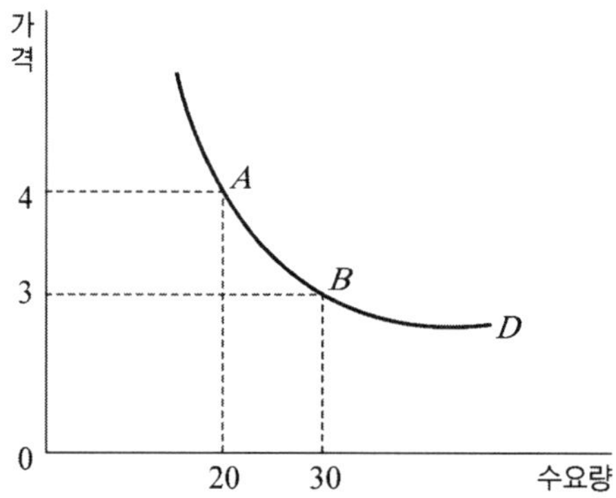

〈그림 3-5〉에서 보면 주어진 관광수요곡선의 AB구간 사이의 호탄력성을 산출하려고 할 때 서로 다른 결과가 나오게 된다.

먼저 A점에서 B점으로 이동한다고 할 때 호탄력성의 값은 탄력성의 계산 공식에 따라 다음과 계산할 수 있다.

$$E_d = \frac{10}{20} \div \frac{-1}{4} = \frac{10}{20} \times \frac{4}{-1} = -2$$

가 된다.

반대로 B점에서 A점으로 이동한다고 할 때 호탄력성의 값은 다음과 같다.

$$E_d = \frac{-10}{30} \div \frac{1}{3} = \frac{-10}{30} \times \frac{3}{-1} = -1$$

이 된다.

이와 같이 주어진 관광수요곡선상의 어떤 구간 AB 사이의 호탄력성의 값은 A점에서 B점으로 이동한다고 보는가, 또는 B점에서 A점으로 이동한다고 보는가에 따라서 그 값이 달라지는 것이다. 즉 기준이 되는 관광가격을 최초의 관광가격으로 삼느냐, 변화된 후의 관광가격으로 삼느냐에 따라서 호탄력성 값이 다르게 나타난다.

이런 문제점을 해결하기 위해서 두 관광가격과 관광수요량의 평균을 Q 및 P의 값으로 간주하는 것이다. 이 공식은 스티글러가 탄력성을 계산할 때 기준시점의 변화에 따라서 호탄력성의 값이 달라지는 문제점을 해결하기 위해 관광가격과 관광수요량의 변화 전과 후의 값을 각각 평균하여 계산하는 수정공식을 이용하여 호탄력성을 산출하였다.

$$E_d = \frac{\dfrac{\Delta Q}{\dfrac{Q_1 + Q_2}{2}}}{\dfrac{\Delta P}{\dfrac{P_1 + P_2}{2}}} = \frac{\Delta Q}{\Delta P} \times \frac{(P_1 + P_2)}{(Q_1 + Q_2)} \quad \cdots\cdots\cdots\cdots (3\text{-}6)$$

여기에서 ΔP=관광가격의 변화, ΔQ=관광수요량의 변화, P_1=변화전의 관광가격, P_2=변화 후의 관광가격, Q_1=변화전의 관광수요량, Q_2=변화 후의 관광수요량을 나타낸다.

이 공식에 의하면

$$E_d = \frac{10 \times (3+4)}{1 \times (20+30)} = \frac{70}{50} = 1.4$$

가 탄력성이 된다.

(2) 관광수요의 점탄력성

관광수요의 가격탄력성은 관광수요곡선상의 어떤 한 점에 대해서도 산출할 수 있다. 관광수요의 점탄력성은 관광수요곡선상의 한 점에서의 관광수요의 가격탄력성으로써 한 점에서의 관광가격변화율에 대한 관광수요량 변화율로 나타난다. 따라서 점탄력성은 관광수요곡선의 두 점간의 거리를 무한히 가깝게 잡고 측정한 호탄력성에 불과한 것이다.

〈그림 3-6〉에서 직선인 관광수요곡선 D상의 한 점인 E점에서의 관광수요의 가격탄력성을 계산해 보면 E점에 대한 접선을 그리고, E점에서 횡축과 종축에 각각 Q와 P를 표시하면 관광수요의 가격탄력성은 $\frac{BQ}{0Q}$로 계산된다. 왜냐하면 관광수요의 가격탄력성의 식에 기호로 표시된 수치를 대입하면 다음과 같이 구할 수 있다.

〈그림 3-6〉 관광수요의 점탄력성

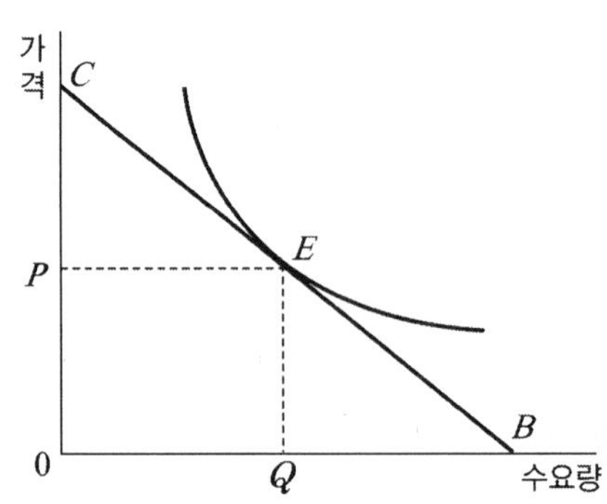

$$E_d = \frac{P}{Q} \times \frac{dQ}{dP} = \frac{0P}{0Q} \times \frac{BQ}{EQ} = \frac{EQ}{0Q} \times \frac{BQ}{EQ} = \frac{BQ}{0Q} \quad \cdots (3-7)$$

이것을 다음과 같이 나타낼 수도 있다.

$$E_d = \frac{BQ}{0Q} = \frac{BE}{CE} = \frac{0P}{CP} \quad \cdots\cdots (3-8)$$

이상과 같은 원리에 따르면 관광수요곡선이 주어지면 그 관광수요곡선상의 어떤 점의 탄력성도 쉽게 계측할 수 있다.

만약 관광수요곡선이 〈그림 3-7〉에서와 같이 직선으로 표시되면 탄력성계측은 아주 쉽다. S점의 탄력성은 $\frac{BC}{0C}$이며 $E_d > 1$으로 탄력적이고, K점의 탄력성은 $\frac{AB}{0A}$이고 $E_d = 1$로서 단위탄력적이며, T점의 탄력성은 $\frac{BD}{0D}$이며 $E_d < 1$로서 비탄력적임을 알 수 있다. 그리고 B점의 탄력성은 0이고, F점의 탄력성은 무한대(∞)임을 알 수 있다. 이와 같이 하나의 관광수요곡선일지라도 관광수요곡선상의 모든 점의 탄력성이 각각 다르다는 것을 알 수 있다.

〈그림 3-7〉 관광수요곡선상의 탄력성

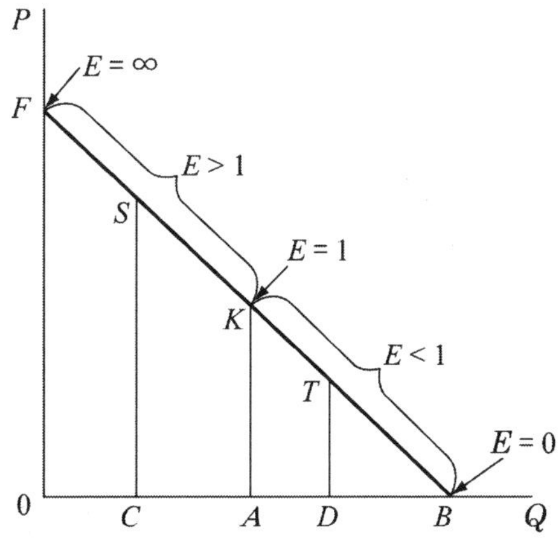

2. 관광수요의 가격탄력성 크기를 결정하는 요인

관광재화에 대한 관광수요의 가격탄력성 크기를 결정하는 요인들을 살펴보면 다음과 같다.

(1) 대체되는 관광재화의 존재 유무 혹은 다소

관광수요의 가격탄력성 크기를 결정하는 가장 중요한 요인은 대체 관광재화의 존재여부라고 할 수 있다. 만약 두 가지 관광재화가 서로 대체할 수 있다면 그 중 하나의 관광재화의 가격이 상승하면 이 관광재화의 수요를 감소하고, 그 대신 관광가격이 오르지 않는 다른 관광재화의 수요는 증가할 것이다. 따라서 대체관광재화가 있으면 탄력성이 크고, 대체관광재화가 없으면 탄력성은 작게 된다.

(2) 관광재화의 가격이 소득에서 차지하는 비중

어떤 관광재화에 대한 지출이 관광소비자의 소득에 대해서 큰 비중을 차지하면 그 관광재화는 관광수요의 가격탄력성이 커지는 경향이 있다. 이것은 가격이 높을수록 가격변화가 관광소비자의 소득에 주는 영향이 크기 때문이다.

(3) 관광재화의 중요성

일반적으로 생활필수품의 경우는 가격에 상관없이 반드시 필요하기 때문에 비탄력적이지만 관광재화는 가격과 밀접한 관련이 있으므로 탄력적이다. 즉 생활필수품의 수요량은 최저수준이하로 줄일 수 없지만, 관광재화는 그 수요량을 0으로 줄일 수 있기 때문이다.

(4) 기간의 장단기

같은 가격의 변화에 대하여 기간이 길어질수록 관광수요량의 변동이 더 크게 되어 관광수요의 탄력성이 더 커진다. 예를 들면 한 재화의 가격이 대폭 상승할 때 단기에는 그 재화를 계속 소비하지만 장기에는 다른 대체재를 찾아 소비패턴을 바꿀 수 있기 때문이다.

3. 관광수요의 가격탄력성에 대한 경제적 의의

관광수요의 가격탄력성이 현실적으로 중요한 의미를 갖게 되는 이유는 관광기업들의 총수입과 관광소비자들의 총지출액에 대한 변화방향을 나타내 주기 때문이다. 관광소비자가 어떤 관광재화를 구입하는데 지출되는 금액은 관광공급자의 입장에서 보면 수입이 된다. 즉 관광소비자의 총지출은 관광공급자의 총수입이 된다.

지금부터 가격탄력성의 의미를 살펴보고자 한다. 관광공급자의 총수입은 어떤 관광재화의 단위당 가격과 판매량을 곱하면 된다. 즉 관광공급자의 총수입(TR)은 단위당 관광가격을 P, 판매량을 Q라 하면 $TR = P \times Q$가 된다. 우리가 총수입을 관광가격과 판매량을 곱한 값으로 정의한다면 총수입과 관광수요의 가격탄력성 사이에는 중요한 관계가 있음을 알 수 있다.

먼저 관광수요의 가격탄력성이 0인 경우는 관광가격의 변화가 관광수요량의 변화를 전혀 가져 오지 못한다는 것을 의미한다. 이러한 경우의 관광수요를 완전비탄력적이라고 한다. 관광수요가 완전비탄력적인 경우는 관광가격이 인하되어도 관광수요량은 전혀 변화하지 않기 때문에 관광가격인하는 오히려 관광기업의 총수입을 감소시킬 뿐이다. 반대로 관광가격을 인상하더라도 관광수요량에는 하등의 변화가 없기 때문에 관광가격인상은 관광기업의 총수입은 증가하게 한다.

탄력성이 0보다는 크고 1보다는 작은 경우를 비탄력적이라고 한다. 비탄력적이라는 의미는 관광가격의 변화비율에 비하여 관광수요량의 변화비율이 작다는 것을 의미한다. 따라서 이 경우는 관광가격을 인하하면 관광가격의 인하비율보다 더 낮은 비율의 관광수요량 증가가 있게 되어, 이 때 관광기업의 총수입은 감소하게 된다. 반대로 관광가격을 인상하면 관광가격의 인상비율보다 더 낮은 비율의 관광수요량이 감소하게 되어 관광기업의 총수입은 증가하게 된다.

탄력성이 1보다는 크고 무한대보다 작은 경우를 탄력적이라고 한다. 탄력적이라는 의미는 관광가격의 변화비율보다 관광수요량의 변화비율이 크다는 것을 의미한다. 따라서 이 경우는 탄력성이 0보다는 크고 1보다는 작은 경우와 반대로 관광가격을 인하하면 관광기업의 총수입은 증가하고, 관광가격을 인상하면 관광기업의 총수입은 오히려 감소한다.

탄력성이 무한대인 경우를 완전탄력적이라고 한다. 관광수요가 완전탄력적일 때는 약간의 관광가격 인하에 대응해서 관광수요가 무한대로 증가하고, 반대로 약간의 관광가격 인상에 대응해서는 모든 관광수요가 없어지고 만다. 그러므로 완전탄력적일 때는 관광가격을 인상하면 총수입은 0이 되고 반대로 관광가격을 인하하면 관광수요량이 무한대로 늘어나서 관광기업의 총수입은 무한대로 증가한다.

끝으로 탄력성이 1인 경우를 단위탄력적이라고 한다. 이 경우는 관광가격의 변화비율과 관광수요량의 변화비율이 같다는 것을 의미한다. 이때는 관광가격을 5% 인하하면 관광수요량도 5% 증가한다는 의미이기 때문에 관광기업의 총수입에는 변화가 없게 된다. 지금까지 설명한 내용을 표로 나타낸 것이 〈표 3-2〉이다.

〈표 3-2〉 관광수요의 가격탄력성과 관광수입과의 관계

구 분	$E=0$	$0<E<1$	$1<E<\infty$	$E=\infty$	$E=1$
관광가격인상	관광수입 증가	관광수입 증가	관광수입 감소	0	관광수입 불변
관광가격인하	관광수입 감소	관광수입의 감소	관광수입의 증가	무한대	

한편, 〈표 3-3〉은 가격탄력성에 따른 관광소비자지출액을 나타내는 것인데, 그 내용을 살펴보면 관광수입과 역의 관계가 놓여 있음을 쉽게 알 수 있다. 왜냐하면 관광소비자지출액은 관광기업의 관광수입액과 같기 때문이다.

〈표 3-3〉 관광수요의 가격탄력성과 관광소비자의 지출액과의 관계

구 분	$0<E<1$	$1<E<\infty$	$E=1$
관광가격의 상승	지출액의 증가	지출액의 감소	지출액의 불변
관광가격의 하락	지출액의 감소	지출액의 증가	

그런데 이와 같이 여러 가지 탄력성 구간에서 관광수요의 가격탄력성이 1일 때 관광기업의 총수입은 극대가 된다. 그 이유를 설명해 보고자 한다. 어떤 관

광기업의 판매가격을 P, 총판매량을 Q라 하면 이 관광기업의 총수입 TR은 판매가격×총판매량이 되는데 이를 수식으로 표시하면 다음과 같다.

$$TR = P \times Q \quad \cdots\cdots (3\text{-}9)$$

관광기업의 관광수요곡선이 우하향의 형태를 가진다면 판매가격은 판매량의 함수이고, 총수입도 판매량의 함수이다. 그러므로 총수입의 극대는 (3-9)식을 Q에 관해서 1차미분한 값이 0이고, 2차미분한 값이 0보다 작을 때 즉, $\frac{dTR}{dQ} = 0$ 및 $\frac{d^2TR}{dQ^2} < 0$일 때 달성된다. 따라서 (3-9)식을 1차미분하면

$$\frac{dTR}{dQ} = P + Q \times \frac{dP}{dQ} = 0$$

$$= P\left(1 + \frac{Q}{P} \times \frac{dP}{dQ}\right) = 0 \quad \cdots\cdots (3\text{-}10)$$

따라서 (3-10)식의 $\frac{Q}{P} \times \frac{dP}{dQ}$는 관광수요의 가격탄력성의 역수이므로 (3-11)식과 같이 변형할 수 있다.

$$P\left(1 - \frac{1}{E}\right) = 0 \quad \cdots\cdots (3\text{-}11)$$

여기에서 E는 관광수요의 가격탄력성이다. (3-11)식에서 판매가격은 0이 될 수 없으므로 $\left(1 - \frac{1}{E}\right) = 0$이 되어야 한다. 그러므로 $E = 1$이다. 그러므로 관광수요의 가격탄력성이 1일 때 총수입이 극대가 된다고 말할 수 있다.

4. 관광수요의 교차탄력성

관광수요의 가격탄력성의 크기에 미치는 요인에서 살펴보았듯이, 대체 가능한 관광재화의 수가 많을수록 관광수요의 가격탄력성이 커지고, 대체 가능한 관광재화가 적을수록 관광수요의 가격탄력성은 작아진다. 따라서 한 관광재화에 대한 관광수요의 가격탄력성은 그 재화가 얼마만큼 대체될 수 있는가에 달려 있다.

따라서 어떤 관광재화의 가격 변화율에 따라 다른 관광재화의 수요량에 변화를 미치게 되는데 이를 관광수요의 교차탄력성이라 한다. 즉 다른 관광재화의 가격변화에 대해서 해당 관광재화의 수요량이 반응하는 정도를 관광수요의 교차탄력성이라고 하며 다음과 같은 수식으로 나타낼 수 있다.

$$\text{관광수요의 교차탄력성} = \frac{X\text{재화의 관광수요량의 변화율}(\%)}{Y\text{재화의 관광가격의 변화율}(\%)}$$

$$E_{XY} = \left| \frac{Q_{X2} - Q_{X1}}{Q_{X1}} \div \frac{P_{Y2} - P_{Y1}}{P_{Y2}} \right|$$

여기에서 E_{XY}는 X관광재화수요의 Y관광재화가격에 대한 교차탄력성, P_Y는 Y관광재화의 가격, Q_X는 X관광재화의 수요량을 나타낸다.

E_{XY}는 X재화의 관광수요의 Y재화의 관광가격에 대한 교차탄력성이라고 할 때, 이 교차탄력성으로 재화의 성격을 구분해 볼 수 있다. 또한 관광수요의 가격탄력성은 부(−)의 값만을 가지기 때문에 정(+), 부(−)의 구분이 필요하지 않고 편의상 절대 값을 취해 정(+)으로 표시했지만 교차탄력성의 개념에서는 부호가 매우 중요한 의미를 가진다.

즉 X재화와 Y재화가 보완관계에 있을 경우 X재화의 가격상승은 Y재화의 관광수요를 감소시킬 것이므로 교차탄력성은 부(−)의 값을 갖고 이때는 보완재라고 한다. 대체관계에 있을 경우 Y재화의 관광가격 상승은 X재화의 관광수요를 증가시킬 것이므로 교차탄력성은 정(+)의 값을 되는데 이때는 대체재라고 한다. 그리고 Y재화의 가격수준과 X재화의 관광수요가 아무런 관계도 갖고 있지 않은 독립적인 관계에 있을 경우 교차탄력성은 0이 되며 이때는 독립재라고 하는데, 이것을 정리한 것이 〈표 3-4〉이다. 또한 교차탄력성의 값이 크면 클수록 두 관광재화 사이에는 대체 또는 보완의 정도가 더 커진다.

〈표 3-4〉 교차탄력성에 의한 재화의 의미

소득탄력성	상품의 구분
$E_{XY} < 0$	보완재
$0 < E_{XY}$	대체재
$E_{XY} = 0$	독립재

5. 관광수요의 소득탄력성

다른 조건이 일정불변일 때, 소득부문에서 차지하는 지출예산의 크기가 클수록 소득에 대한 관광수요의 탄력성은 커진다. 이와 같이 소득의 변화에 대한 관광수요 변화의 반응도를 관광수요의 소득탄력성이라고 한다. 즉 관광소비자의 소득이 변화할 때, 관광수요의 변화정도를 나타내는 계수를 관광수요의 소득탄력성이라고 한다. 이를 수식으로 표현하면 다음과 같다.

$$\text{관광수요의 소득탄력성} = \frac{\text{관광수요량의 변화율(\%)}}{\text{관광소득의 변화율(\%)}}$$

$$E_Y = \left| \frac{Q_2 - Q_1}{Q_1} \div \frac{Y_2 - Y_1}{Y_1} \right|$$

여기에서 E_Y =관광수요의 소득탄력성, Y_1 =변화 전의 소득, Y_2 =변화 후의 소득, Q_1 =변화 전의 관광수요량, Q_2 =변화 후의 관광수요량을 나타낸다.

관광수요의 소득탄력성이 크다는 것은 관광재화의 가격이 차지하는 상대적 관광소비자소득 비중이 크게 나타나 소득의 변화율이 작고, 관광수요량의 변화율이 크다는 것을 의미한다.

관광수요의 가격탄력성이 언제나 부(−)의 값을 가지는 데 반해, 소득탄력성의 경우 정상재의 경우에는 소득이 증가하면 관광수요량이 늘어나므로 소득탄력성

(E_Y)의 값은 일반적으로 정(+)의 값을 갖는다. 그러나 특수한 경우인 열등재는 소득이 증가할 때 관광수요량은 오히려 감소하여 관광수요의 소득탄력성은 부(−)의 값을 가진다. 따라서 교차탄력성과 마찬가지로 소득탄력성의 부호도 큰 의미를 가진다. 관광수요의 소득탄력성도 재화별로 다르다.

일반적으로 소득탄력성이 $E_Y < 0$일 경우 열등재, $0 < E_Y < 1$일 경우 필수재, $1 < E_Y$일 경우 우등재(관광재), $E_Y = 0$일 경우 독립재로 분류한다. 이것을 정리한 것이 〈표 3-5〉이다.

〈표 3-5〉 소득탄력성에 의한 재화의 의미

소득탄력성	상품의 구분	
$E_Y < 0$	열등재	
$0 < E_Y < 1$	필수재	
$1 < E_Y$	우등재(관광재)	정상재
$1 < E_Y$	독립재	

앞서 살펴본 바와 같이 관광수요는 소득의 변화에 상당히 민감하다. 관광재화는 의식주의 최저생활수준 이상의 욕구를 만족시키므로 일종의 사치품이라고 할 수 있다. 일반적으로 생활필수품은 소득이 배가 되더라도 수요량은 배로 늘어나지는 않는다. 물론 그 역도 성립한다. 이에 반해 관광재화는 생활필수품이 아니므로 소득이 증가하면 그 수요량은 급증하고, 반대로 소득이 감소하면 수요량은 급격히 감소하게 된다. 관광수요의 소득탄력성과 관광수입과의 관계를 나타낸 것이 〈표 3-6〉이다.

〈표 3-6〉 관광수요의 소득탄력성과 관광수입과의 관계

구 분	$E_Y > 1$	$E_Y < 1$	$E_Y = 1$
소득의 증가	관광수입의 증가	관광수입의 감소	관광수입은 불변
소득의 감소	관광수입의 감소	관광수입의 증가	관광수입은 불변

The economics of tourism

4 관광공급

제1절 관광공급의 개념

1. 관광공급의 개념

기업은 특정한 가격에 판매하고자 하는 재화나 서비스의 수량을 나타내기 위해 공급이라는 개념을 사용한다. 공급이란 생산자(공급자)가 상품을 판매하고자 하는 욕구를 말하며, 이러한 판매욕구가 상품의 수량으로 표시될 때 그것을 공급량이라고 한다. 마찬가지로 관광공급도 관광기업이 특정한 가격에 판매하고자 하는 관광재화나 서비스의 수량을 표시하기 위해 사용한다.

따라서 관광공급이란 관광재화의 공급주체가 모든 다른 조건이 동일할 때 주어진 관광가격으로 일정기간 동안 관광시장에 제공하는 관광재화의 총량이라고 할 수 있다. 이 때 관광재화의 관광공급 주체는 관광지에 관광재화와 서비스를 제공하는 관광산업으로 나타난다.

2. 관광공급을 결정하는 요인

관광공급에 영향을 미치는 요인은 관광수요와 마찬가지로 지역, 나라, 문화권, 시기마다 다르므로 결정요인이 무엇이라고 단정적으로 말하기는 어렵다. 그러나 이론의 단순화를 위하여 중요한 몇 가지 요인들만 살펴보고자 한다. 단, 전제조건은 다른 조건이 일정불변이라는 가정 하에 논하는 것이다.

(1) 해당 관광재화의 자체가격

관광공급은 한 관광재화의 가격이 상승하면, 일반적으로 그 관광재화를 공급하는 관광기업은 이윤이 증가할 것이므로 그 관광재화의 공급을 증가시킬 것이다. 그리고 관광재화의 가격이 하락하면 그 반대 현상이 나타날 것이다. 그러므로 관광재화의 공급은 그 재화의 자체가격에 의존한다고 할 수 있다.

(2) 기술의 변화

어떤 관광재화의 생산기술이 발달하여 노동자 1인당 생산량이 증가하면, 단위당 생산비는 감소하게 되는데, 이 경우 관광기업은 동일한 가격수준에서 관광공급을 증대시킬 것이다. 그렇게 되면 관광기업의 이윤은 증가할 것이다. 그러므로 관광공급은 기술발전에 의존한다고 할 수 있다.

(3) 관광공급요소 가격의 변화

어떤 관광공급요소의 가격이 상승하면 그것을 기초로 하는 관광재화의 공급은 공급비용이 증가하여 이윤이 감소할 것이므로 관광기업들은 관광공급을 줄이려 할 것이다. 반대로 관광공급요소의 가격이 하락하여 생산비용이 오히려 감소하면 관광기업은 관광공급을 늘려 이윤을 높이려고 할 것이다. 그러므로 관광공급은 관광공급요소의 가격변화에 의존한다고 할 수 있다.

(4) 다른 관광재화의 가격변화

관광재화는 다른 관광재화와 대체 또는 보완적인 관계에 있는 다른 관광재화들의 가격에 영향을 받는다. 즉 어떤 관광재화의 가격이 상승하면 오히려 대체관계에 있는 다른 관광재화의 소비가 증가하여 그 관광기업의 관광공급은 줄어들게 되며 이윤이 낮아질 것이고, 보완관계에 있는 관광재화의 공급은 증가하여 이윤도 높아질 것이다. 그러므로 한 관광재화의 공급은 다른 관광재화들의 가격변화에 영향을 받는다.

(5) 기업간의 경쟁

관광기업들은 이윤극대화를 위해 시장점유율을 높이고자 노력한다. 따라서 시장점유율을 높이고자 하는 관광기업들 간의 경쟁은 관광공급의 증가를 유발할 것이다. 그러므로 관광공급은 관광기업간의 경쟁에 의해서도 영향을 받는다.

이상에서 열거한 요인들 이외에도 관광공급에 영향을 주는 요인으로서 경기전망, 기후변화, 기업목표의 변화, 환율 등 매우 다양한 요인들이 있다.

제2절 관광공급함수와 관광공급곡선

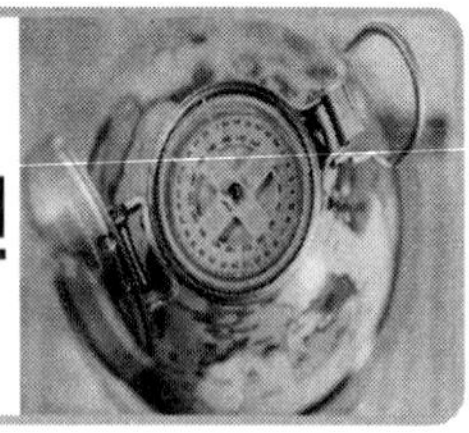

1. 관광공급함수

관광공급은 관광공급자들이 일정기간에 있어서 판매하고자 하는 관광재화의 수량을 말한다. 즉 관광수요와 마찬가지로 관광공급자들이 일정기간에 판매하려고 하는 의도된 관광재화의 양을 의미하는 것이지 실제로 판매량만을 의미하지는 않는다.

관광공급함수는 앞에서 살펴본 것처럼 여러 가지 관광공급을 결정하는 요인과 그에 의해 영향을 받는 관광공급량 간의 함수관계를 말한다. 이것을 함수로 표시하면 다음과 같다.

$$S_X = f(P_X, T, F_X, P_Y, Y \ldots\ldots) \quad \cdots\cdots\cdots\cdots \quad (4\text{-}1)$$

여기에서 S_X는 관광공급량, P_X는 관광공급 자체가격, T는 기술수준, F_X는 생산요소가격, P_Y는 다른 관광재화가격, Y는 관광소비자 소득 등등을 표시한다.

그런데 단기적으로 관광재화의 공급에 가장 크게 영향력을 미치는 것은 역시 해당 관광재화의 자체가격이다. 그러므로 이러한 관광가격과 관광공급량간의 관계를 단순하게 분석하기 위하여 다른 조건이 일정불변이라고 가정하면, 이때의 관광공급함수는 다음과 같은 함수식으로 표시할 수 있다.

$$S = f(P) \quad \cdots\cdots\cdots\cdots \quad (4\text{-}2)$$

여기에서도 주의해야 할 사항은 관광수요함수의 경우와 마찬가지로 의도한 관광공급량을 포함하고, 일정기간 동안의 관광공급량을 말하는 유량개념이라는 것이다.

2. 관광공급곡선

관광공급곡선은 관광공급과 그 관광공급에 영향을 미치는 요인과의 관계를 나타낸 곡선을 말한다.

관광공급을 결정하는 다른 요인들이 불변이고, 해당 관광재화가격에만 영향을 받는다고 가정하면, 일반적으로 관광재화의 가격이 상승하면 관광공급도 증가하고, 관광재화의 가격이 하락하면 관광공급도 감소한다고 하는 관계에 있다. 이를 그래프로 표시하면 〈그림 4-1〉과 같다.

〈그림 4-1〉 관광공급곡선

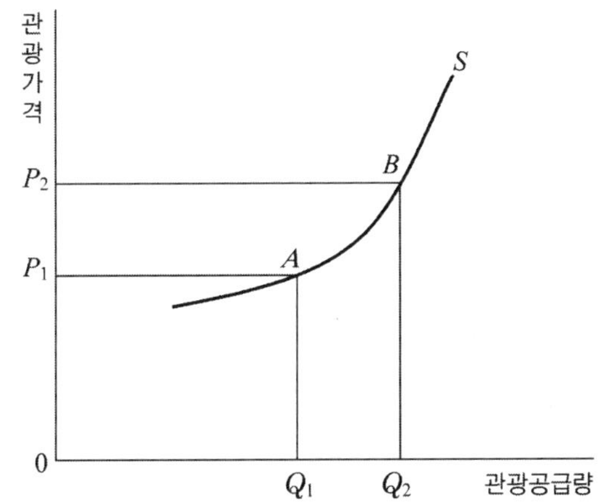

〈그림 4-1〉에서 볼 수 있는 것처럼 종축에 관광재화의 가격 P, 횡축에 관광공급량 Q를 표시한다. 이 때 관광가격이 P_1이면, 관광공급량은 Q_1으로 A점에서 균형을 이룬다. 그런데 관광가격이 P_1에서 P_2로 상승하게 되면 관광공급량도 Q_1에서 Q_2로 증가하게 되어 B점에서 균형을 이룬다. 즉 A점에서 B점으로 이동하게 된다. 이 A점과 B점을 연결한 선이 관광공급곡선(S)이 된다. 이와 같이 관광공급곡선은 우상향하는 형태를 이루게 된다.

이제 가상의 사례를 들어 설명해 보고자 한다. 가상적인 관광공급함수가 다음과 같이 1차 선형함수라고 가정해 보자.

$$S_X = -100 + 20P \quad \cdots\cdots (4\text{-}3)$$

위의 관광공급함수를 기초로 관광공급표를 만들어 보면 〈표 4-1〉과 같다. 관광공급표는 일정기간 동안에 관광재화의 가격과 관광공급량 사이에 존재하는 관계를 숫자로 나타낸 것이다. 즉 일반적으로 사용하는 관광공급함수식을 구체적인 가격에 대응하는 관광공급량으로 나타낸 것이다.

〈표 4-1〉 관광공급표

단위기간당 관광가격(P)	단위기간당 관광공급량(Q)
5	0
6	20
7	40
8	60
9	80

위의 관광공급표를 기초하여 관광공급곡선을 그려 보면 〈그림 4-2〉와 같다.

〈그림 4-2〉 관광공급곡선

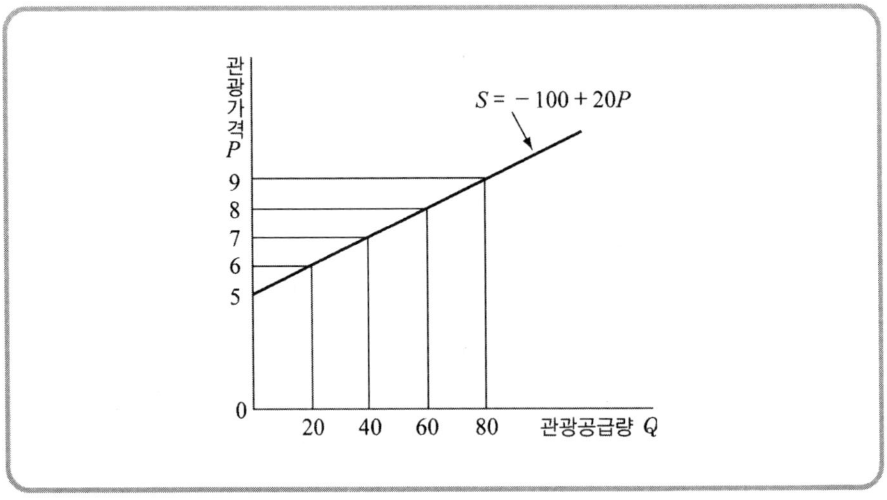

〈그림 4-2〉의 관광공급곡선은 관광공급표에 주어져 있는 단위당 가격에 대응한 관광공급량들을 연결한 곡선이다. 이와 같이 일반적인 관광공급곡선은 정(+)의 기울기를 가지고 있어서 우상향하는 형태를 띠게 된다. 즉 관광재화가격이 상승할수록 관광공급량은 증가하며, 관광재화가격이 하락할수록 관광공급량은 감소하기 때문에 정(+)의 기울기를 가지며 이것을 관광공급의 법칙이라고 한다.

이러한 관광공급의 법칙은 쉽게 이해할 수 있다. 즉 다른 조건이 일정불변일 때 관광재화의 가격이 상승하면 관광공급자는 이윤이 증가할 것이기 때문에 보다 많은 이윤을 획득하기 위하여 조업도를 높이거나 시설확장으로 관광공급을 증가시킬 것이고, 또 이윤율이 높아지면 새로운 관광공급자들이 공급에 참여할 것이기 때문에 관광공급량이 증가할 것이다. 반대로 가격이 하락하면 이윤율이 떨어지므로 관광공급을 줄이고 새로운 관광공급자는 늘어나지 않게 될 것이므로 관광공급은 줄어 들 것이다.

3. 관광시장공급곡선

지금까지는 개별관광공급곡선을 살펴본 것이다. 그런데 이번에는 전체 관광시장공급곡선은 어떻게 나타나는가를 살펴보고자 한다. 개별관광수요곡선과 관광시장수요곡선의 경우와 마찬가지로 전체 관광시장공급곡선은 관광기업의 개별관광공급곡선을 수평으로 합한 것을 말한다. 즉 관광시장공급곡선은 각 가격수준에서 모든 관광기업의 개별 관광공급량을 합계함으로써 도출할 수 있다. 관광시장에는 수많은 개별기업들이 있지만 설명의 편의를 위해 2개의 개별기업만 있다고 가정하고, 그들의 개별관광공급곡선을 가지고 관광시장 공급곡선을 도출해 보고자 한다.

〈그림 4-3〉에서 보는 것처럼 2개의 관광기업의 개별관광공급곡선을 각각 s_1, s_2라 하면 가격수준이 250원일 때 A관광기업은 300단위, B관광기업은 400단위 재화를 공급한다. 결국 그들은 250원의 가격수준에서 모두 700단위(=300+400)를 공급하게 되며, 그것은 관광시장공급곡선 S에서 가격수준 250원에서 관광공급량 700단위가 이루어진다. 마찬가지로 350원의 가격수준에서 관광기업

A는 400단위, 관광기업 B는 500단위의 재화를 공급하게 된다. 이 가격수준에서는 그들은 모두 900단위(=400+500)를 공급하게 되며, 시장공급곡선 S에서 가격수준 350원에서 관광공급량 900단위가 이루어진다. 그 외의 점도 이와 같은 방법으로 얻을 수 있다. 이렇게 얻은 점들을 연결하면 관광시장공급곡선 S가 도출된다.

〈그림 4-3〉 관광시장공급곡선

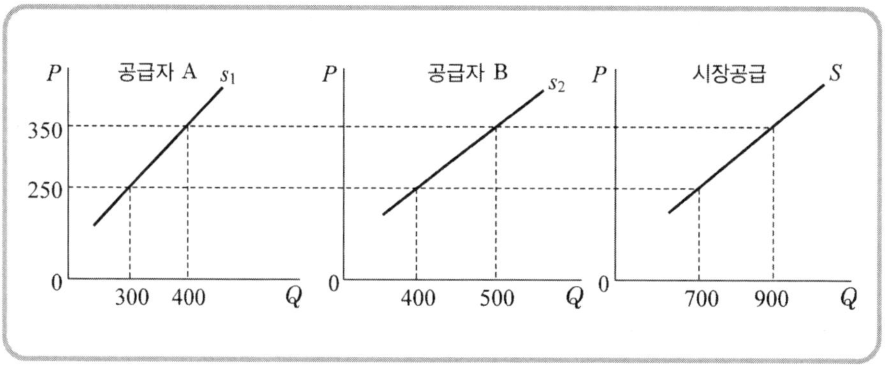

4. 관광공급량의 변화와 관광공급의 변화

지금까지는 관광공급함수의 가장 기본적인 모형으로 가격을 제외한 관광공급을 결정하는 다른 모든 요인이 일정불변이라는 가정 하에서 관광가격변화에 따른 관광공급량의 변화를 살펴보았다. 그런데 일정불변으로 묶여 있던 관광공급을 결정하는 요인들이 이제 변화한다고 하면 관광공급곡선은 어떻게 변화할 것인가? 그 결정요인들의 성질에 따라 또는 그 변화양상에 따라 관광공급곡선의 변화의 폭도 달리 나타날 것은 명백하다.

관광공급곡선의 기본적인 모형에서 가격변화에 따른 관광공급량의 변화를 보았다. 즉 관광공급량의 변화는 관광가격의 변화에 따른 동일한 관광공급곡선상의 이동으로 관광공급량이 변화하는 것을 의미한다. 이에 반해 관광공급의 변화란 관광공급의 결정요인들 중에서 해당 관광재화가격 이외의 다른 관광공급의 결정요인들, 즉 일정하다고 가정했던 여타재화의 가격, 기술변화, 투입요소의 가격, 관광소비자의 소득 등의 변화에 따라 관광공급곡선 자체가 이동하여 관광공급자의 관광공급이 변화하게 되는 것을 의미한다.

〈그림 4-4〉의 (A)에서 점 A로부터 점 B로의 이동은 관광재화의 가격이 P_1에서 P_2로 상승함에 따라서 관광공급량이 Q_1에서 Q_2로 증가하는 것을 나타내는 것으로서 관광공급곡선(S)의 선상을 따라서 이동하는 경우로 관광공급량의 변화를 나타내는 것이다. 이것은 해당 관광재화의 관광가격이 변화($P_1 \rightarrow P_2$)할 때 일어나는 것이다. 따라서 이런 변화를 관광공급량의 변화라고 한다.

〈그림 4-4〉의 (B)에서 원래의 관광공급곡선이 S_2라고 할 때 P_1의 가격수준에서 관광공급곡선의 B점에서 균형을 이룬다. 만약 관광가격이 P_1으로 불변일 경우 관광소비자의 평균소득이 증가하면 현재의 관광수요량보다 더 증가하게 될 것이고, 이 때 관광공급곡선도 이에 상응하기 위하여 S_3로 이동하게 될 것이며, 균형점도 P_1의 가격수준에서 점 B로부터 점 C로 이동하게 될 것이다. 이에 따라 관광공급량도 Q_2에서 Q_3으로 증가하게 될 것이다.

〈그림 4-4〉 관광공급곡선의 이동

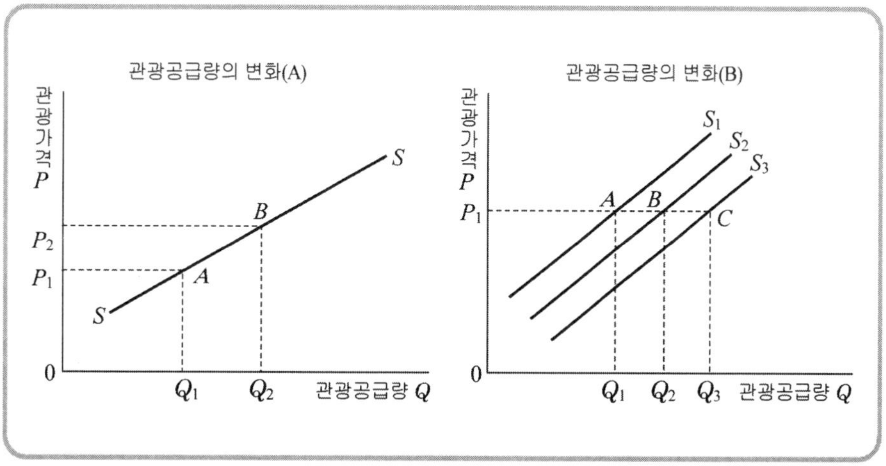

그러나 관광소비자의 평균소득이 감소할 경우에는 그만큼 관광소비가 줄어들게 되므로 관광공급량도 영향을 받아 감소하게 될 것이기 때문에 이번에는 관광

공급곡선도 S_2에서 S_1으로 이동하게 될 것이며 관광공급량은 Q_2에서 Q_1으로 감소하게 될 것이다. 이때 P_1의 가격수준에서 균형점은 B점에서 A점으로 이동하여 동일한 가격수준에서 관광공급량의 변화가 일어나게 되는 것이다.

즉 관광가격이 변화하고 다른 조건은 일정하다는 가정에서 벗어나 관광가격은 변화하지 않고 다른 요인이 변화하면 관광공급곡선의 이동을 가져오게 되었다. 이와 같이 관광공급곡선 자체가 이동하는 것을 관광공급의 변화라고 한다.

제3절 관광공급의 가격탄력성

1. 관광공급의 가격탄력성

관광공급의 가격탄력성은 관광수요의 가격탄력성처럼 관광공급에도 같은 원리를 적용할 수 있다. 관광공급에 영향을 미치는 요인(독립변수)이 변화할 때, 관광공급(종속변수)의 변화가 어느 정도인지를 나타내는 계수를 관광공급의 가격탄력성이라고 한다. 따라서 관광공급의 가격탄력성도 다음과 같이 나타낼 수 있다.

$$\text{관광공급의 가격탄력성} = \frac{\text{공급량의 변화율}(\%)}{\text{가격의 변화율}(\%)} = \frac{\dfrac{\text{공급량의 변화분}}{\text{원래의 가격}}}{\dfrac{\text{가격의 변화분}}{\text{원래의 가격}}}$$

관광공급의 가격탄력성을 기호로 표시하면 다음과 같다.

$$E_S = \left| \frac{Q_2 - Q_1}{Q_1} \div \frac{P_2 - P_1}{P_1} \right| = \left| \frac{\dfrac{\Delta Q}{Q}}{\dfrac{\Delta P}{P}} \right| \quad \cdots\cdots\cdots\cdots\cdots\cdots\cdots\cdots \quad (4-4)$$

(4-4)를 다시 정리하면 다음과 같이 나타낼 수 있다.

$$= \left| \frac{\Delta Q}{Q} \times \frac{P}{\Delta P} \right| = \left| \frac{\Delta Q}{\Delta P} \times \frac{P}{Q} \right| \quad \cdots\cdots\cdots\cdots\cdots\cdots\cdots\cdots\cdots\cdots\cdots \quad (4-5)$$

여기에서 P_1는 최초관광가격, P_2는 변화 후 관광가격, Q_1는 최초관광공급량, Q_2는 변화후의 관광공급량, $\frac{P_2 - P_1}{P_1}$는 관광가격의 변화율(%)이며, $P_2 - P_1 = \Delta P$

로, $\frac{Q_2 - Q_1}{Q_1}$는 관광공급량의 변화율(%)이며, 이는 $Q_2 - Q_1 = \Delta Q$로 나타낼 수 있다.

관광공급의 법칙에서 알 수 있는 바와 같이 관광가격과 관광공급량은 정(+)의 방향으로 변화하기 때문에 관광공급곡선의 기울기는 플러스 값을 가진다.

(1) 관광공급의 호(구간)탄력성

관광공급의 가격탄력성은 관광수요의 가격탄력성과 마찬가지로 어떤 주어진 관광공급곡선의 한 구간에 대하여 계산할 수가 있는데, 이를 호탄력성이라고 부르며, 관광공급곡선상의 어떤 한 점에 대해서 계산할 수가 있다.

관광공급의 가격탄력성 공식 $E_S = \frac{\Delta Q}{\Delta P} \times \frac{P}{Q}$에서 가격의 변화분($\Delta P$)과 관광공급량의 변화분($\Delta Q$)을 측정하는 일은 문제가 되지 않지만, 두 가격 즉 원래의 가격과 변화된 새로운 가격 그리고 원래의 관광공급량과 변화된 새로운 관광공급량 중 어느 것을 선택하느냐하는 문제가 발생한다. 그 이유는 기준을 어디로 맞추느냐에 따라 그 탄력성의 값이 다르게 나타내기 때문이다. 이렇게 기준점에 따라 탄력성이 달리 나타나는 것을 피하기 위하여 관광공급의 탄력성을 측정함에 있어서도 가격이나 관광공급량의 원래의 값과 변화된 값 사이의 평균을 잡아 계산하는 스티글러의 절충식을 사용하는 것이다. 이 방식에 의해 관광공급의 호탄력성 계산식을 표시하면 다음과 같다.

$$E_S = \frac{\dfrac{\Delta Q}{\frac{Q_1 + Q_2}{2}}}{\dfrac{\Delta P}{\frac{P_1 + P_2}{2}}} = \frac{\Delta Q}{\Delta P} \times \frac{(P_1 + P_2)}{(Q_1 + Q_2)} \quad \cdots\cdots\cdots\cdots (4\text{-}6)$$

여기에서 ΔP=관광가격의 변화, ΔQ=관광공급량의 변화, P_1=변화 전의 관광가격, P_2=변화 후의 관광가격, Q_1=변화전의 관광공급량, Q_2=변화 후의 관광공급량을 나타낸다.

(2) 관광공급의 점탄력성

관광공급의 가격탄력성은 관광공급곡선상의 어떤 한 점에 대해서도 산출할 수 있으며 이를 점탄력성이라고 하는데, 관광공급의 점탄력성은 다음과 같은 수식으로 측정된다.

$$E_S = \frac{\frac{\Delta Q}{Q}}{\frac{\Delta P}{P}} = \frac{\Delta Q}{\Delta P} \times \frac{P}{Q} \quad \cdots\cdots\cdots (4-7)$$

(4-7)식에서 〈그림 4-5〉에서 관광공급곡선 S선상의 A점의 탄력성을 계산하면 $\frac{BC}{0B}$가 된다. 그 이유는 다음과 같이 증명된다. 〈그림 4-5〉에서 선분 AC는 관광공급곡선 S의 한 점 A에서의 접선의 기울기 $\frac{BC}{AB}$이다. 그리고 (4-7)식에서 $\frac{\Delta Q}{\Delta P}$는 $Q=f(P)$의 미분계수 즉 기울기이다. 따라서 $\frac{\Delta Q}{\Delta P} = \frac{BC}{AB}$ 이며, $P=AB$, $Q=0B$가 되므로 다음 식이 성립한다.

〈그림 4-5〉 관광공급의 점탄력성

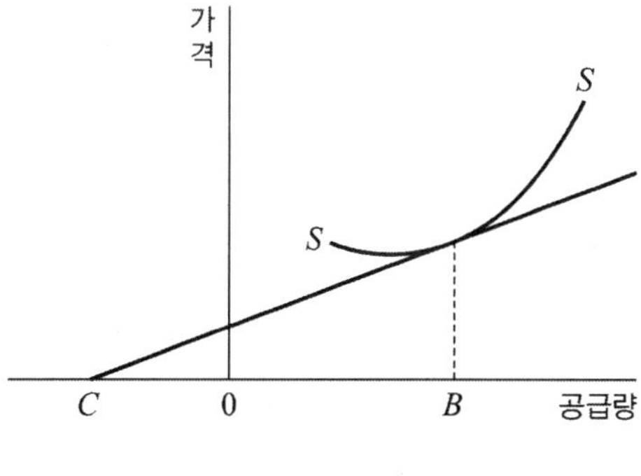

$$E_S = \frac{\Delta Q}{\Delta P} \times \frac{P}{Q} = \frac{BC}{AB} \times \frac{AB}{0B} = \frac{BC}{0B} \quad \cdots\cdots\cdots (4-8)$$

이와 같이 관광공급곡선이 주어지면 관광공급곡선상의 모든 점에 대한 점탄력성을 쉽게 계산할 수 있다.

위와 같은 원리에 따라 〈그림 4-6〉와 같이 직선으로 된 관광공급곡선들의 경우 점탄력성을 쉽게 알아 볼 수 있다. 관광공급곡선이 원점에서 시작되는 직선으로 표시되면 그 관광공급곡선상의 모든 점의 점탄력성은 모두 1이다. 즉 관광공급곡선 b는 단위탄력적이다. 관광공급곡선 a와 같이 횡축에 기점을 두고 있는 직선으로 된 관광공급곡선상의 모든 점의 점탄력성은 1보다 작다. 즉 비탄력적이다. 반대로 관광공급곡선 c와 같이 종축에 기점을 두고 있는 직선으로 된 관광공급곡선상의 모든 점의 점탄력성은 1보다 크다. 즉 탄력적이다.

〈그림 4-6〉 관광공급탄력성의 구간

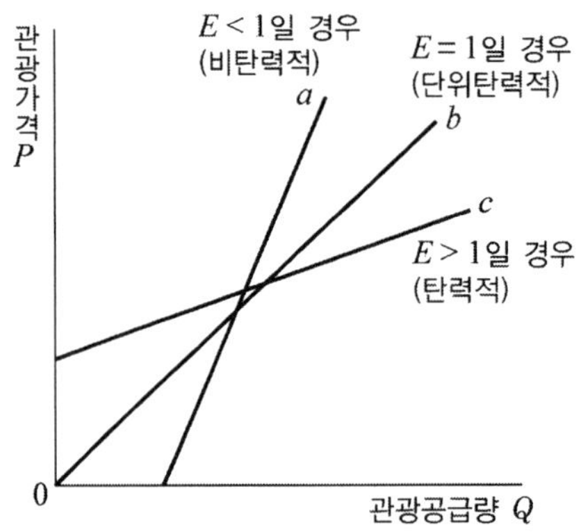

관광공급의 가격탄력성도 관광수요의 가격탄력성과 같이 그 값이 0에서부터 무한대(∞)까지 나타날 수 있다. 즉 가격이 상승하는 데도 관광공급량이 증가하지 않는 경우는 관광공급의 가격탄력성이 0이며, 이 경우는 관광공급곡선이 종축에 대해서 수직선으로 되는 경우이다. 반대로 가격이 약간만 변화하더라도 관광공급량이 무한대(∞)가 되는 경우는 관광공급곡선이 종축에 대해서 수평선을 이루게 된다. 그러나 관광공급곡선이 0이나 무한대의 가격탄력성을 가지는 경우는 거의 없고, 대부분 그 중간의 값을 가진다.

2. 관광공급의 가격탄력성 크기를 결정하는 요인

관광공급의 가격탄력성 크기를 좌우하는 중요한 요인은 크게 다음과 같은 두 가지를 들 수 있다. 첫째, 생산의 증감에 대응하는 생산비용의 변화이다. 가격상승에 대응해서 관광기업이 생산을 증대시키고자 할 때 평균생산비가 급격히 상승하게 되면 그 기업은 이윤증가를 기대할 수 없으므로 관광공급의 증대가 이루어지기 어려울 것이다. 그러므로 생산증대에 따라 평균생산비가 급격히 증대하는 산업의 관광공급의 가격탄력성은 작게 마련이다. 반대로 생산을 증대하더라도 평균생산비의 증대가 별로 없는 경우는 가격상승에 따라 기업의 이윤은 증대할 것이고, 더 많은 이윤 획득을 위하여 더 많은 관광공급증대가 있게 될 것이다. 그러므로 이 경우는 관광공급의 가격탄력성이 크게 나타날 것이다.

둘째, 새로운 가격조건에 적용하는 데 필요한 기간이다. 관광공급의 가격탄력성은 단기에 있어서보다는 장기에 있어서 더 크게 되는 경향이 있다. 왜냐하면 단기에 있어서는 가격상승에 대한 적응기간이 너무 짧아서 관광공급량의 조절이 어렵기 때문이며, 장기에 있어서는 시설 확장 등 모든 조정이 이루어진 연후의 관광공급 증대가 반영되기 때문이다.

제4절 관광재화의 가격결정

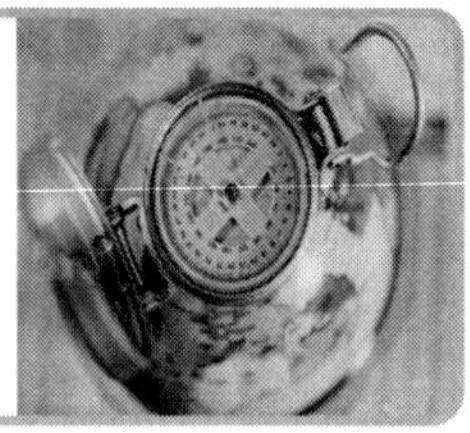

1. 관광재화의 가격

관광재화의 가격 즉 관광가격은 수요자인 관광소비자의 입장에서는 관광활동을 충족시키기 위해 지출하는 화폐의 양이며, 관광공급자인 관광업자의 입장에서는 단순재생산을 위해서 반드시 회수해야 하는 생산비용과 획득해야만 하는 이익(이윤)의 합계액이라고 할 수 있다.

관광상품은 그 특성에서 살펴본 바와 같이 복합상품이므로 관광가격도 각종 관광수요를 포괄한 복합가격이 된다. 그러나 현실에서는 각종 관광요소가 분할 판매됨을 따라 단일상품가격으로 나타나는 경우도 많다. 즉 단일상품가격은 관광업자가 이동, 숙박, 음식, 관광 등을 개별로 선택하는 개별관광객을 대상으로 표시한 단일구성품의 개별가격이며, 복합가격은 여행사가 관광소비자의 일련의 관광활동을 미리 패키지 형태로 묶은 가격이다.

대중관광시대에 있어서 관광가격은 단체여행형태의 복합가격이 지배적이다. 또한 단일상품가격수준의 설정도 복합가격의 영향을 받고 있다. 일반적으로 관광소비자 스스로가 관광업자와 교섭해서 결정된 단일상품가격의 합계액은 복합가격보다 높게 나타난다. 왜냐하면 여행업자는 관광시장에서 관광재화 등의 관광정보에 대해서 잘 알고 있는 정보산업이라는 점, 여행사의 일괄처리에 따른 규모의 경제의 이익을 누릴 수 있다는 점 등에서 기인한다.

그러한 관광가격은 국제관광가격과 국내관광가격으로 나누어진다. 여행업자가 국제관광소비자에게 제시하는 복합가격은 첫째, 관광목적국까지의 왕복 국제교통운임, 둘째, 관광지에서의 관광상품의 가격, 셋째, 외국의 여행사에 지불되는 비용과 위탁수수료 및 중개료 등 세 가지 부분으로 구성된다. 국내관광가격도 단일상품가격과 복합가격의 두 가지로 이루어진다. 국내관광에서의 복합가격이 국제관광의 그것과 다른 것은 교통비용이 국제운임이 아닌, 일국 내의 지역 간 교통운임으로서 관광상품 가격에 포함되어 있다는 점이다.

복합가격의 수준은 관광소비자의 체류일 수, 관광상품의 등급, 관광활동의 형태, 이동거리에 의해 결정된다. 그러나 최근 관광활동의 발전 및 관광양식의 변화에 따라 가격형태도 크게 변화하고 있다. 전통적인 복합가격과 병행해서 단일상품이나 현지에서의 옵션 관광요금이 많이 채택되어 항공권과 호텔숙박권의 복합가격이 널리 정착되고 있다.

관광상품의 가격은 일반상품의 가격과 비교해 다음과 같은 특징이 있다. 첫째, 집합성 혹은 복합성이다. 관광상품은 복합상품이며, 그 가격도 복합가격이다. 관광상품을 구성하는 요소가격은 관광상품의 크기는 전체 크기에 비추어 개개의 관광업자의 매상고나 이윤을 상호 조정하는 가운데 결정된다. 둘째, 계절에 따라 관광수요가 변화하면 관광가격이 대폭적으로 변화할 수 있다는 계절성이다. 그것은 상품을 운반하고, 저장할 수 없다는 서비스업에 공통적으로 나타나는 특수성과도 관계된다. 셋째, 오늘날 노동으로 대체할 수 없는 역사적 가치에 따른 특수성이다. 관광상품의 구성요소인 유적, 문물, 풍경, 정취 등의 가치는 투하노동의 많고 적음으로는 결정할 수 없다. 그 가치가 시간의 경과와 동시에 상승하여 독점적인 가격이 된다.

2. 관광가격의 설정목표

관광상품의 가격은 관광업자간의 경쟁과 관광수요자간의 경쟁에 의하여 관광시장에서 관광업자와 관광수요자간 시장원리에 의해서 시장가격이 형성되고, 이러한 관광시장가격은 관광수급의 법칙에 의해서 결정된다.

그러나 관광가격은 정보의 불안정성, 공공재, 불확실성, 독점, 외부효과 등 완전경쟁시장의 성립을 곤란하게 하는 요소가 다수 존재하므로, 사회적인 자원배분 메커니즘으로서의 시장기구가 충분히 작동하지 않은 채(시장실패), 최종적으로 정부의 정책에 의해 조정되는 경우가 발생하게 된다.

따라서 관광상품가격이 수급의 법칙에 의해서 나타나지 않는 원인을 살펴보면 다음과 같다. 첫째, 일부의 유력한 관광업자가 시장가격을 여건으로서 받아들이지 않을 정도의 영향력을 가지고 있다. 둘째, 관광시장의 참가자 특히 관광(수요)자가 완전한 시장정보나 상품지식을 필요한 때에 가지고 있지 않다. 셋째, 복합상품으로서의 관광상품이 완전한 동질 상품이 아니다. 넷째, 상표 · 특허 등의 제품의 차별화가 존재하고 있다는 것이다.

이러한 이유로 개개의 관광기업은 판매하려고 하는 관광상품의 효용과 가치의 관계를 판단하면서 가격설정의 목표를 명확히 하여야만 한다.

관광기업의 가격 설정은 첫째, 이윤극대화, 둘째, 품질중시의 가격설정, 셋째, 점유율의 유지 확대, 넷째, 대형업계에 대한 추수를 따르는 방법으로 등이 있다.

3. 관광가격의 구체적인 설정법

관광업자가 관광가격의 설정을 하는데 있어서 관광상품의 가격, 수급관계, 대체재 가격, 환율변동, 인플레이션, 관광정책 등으로 다양하지만 비용, 수요, 경쟁이라는 측면에 기초하여 설정하고 있다.

(1) 비용지향형 가격설정법

비용은 경영과정에 발생하는 각종 지출이다. 이 비용은 개별 관광기업에서 발생하는 개별비용이 아니라 관광업계의 평균적인 비용을 의미한다.

비용지향형 가격설정법에는 코스트플러스법과 목표가격설정법으로 나누어 볼 수 있다. 코스트플러스법은 생산 혹은 상품원가에 일정비율의 이윤을 합하여 판매가격을 설정하는 방식이다. 그런데 그 원가를 모든 원가(full-cost)로 하는가 혹은 단위당 가변비용으로서의 한계원가로 하는가에 따라 풀코스트주의와 한계원가주의로 나누어진다. 일반적으로 풀코스트로 계산하는 경우가 많은데, 그 이유는 한계원가주의에서는 단위당가변비용에 따른 가격을 내리면 가격을 올리기는 어렵고, 가격을 내리는 것은 경쟁기업의 자극할 뿐만 아니라, 나아가서는 가격경쟁이라는 불확실성이 있기 때문이다. 코스트플러스법에 따른 풀코스트주의는 평이하기 때문에 관광업계에서도 널리 이용되고 있다.

목표가격설정법은 총비용에 목표이윤을 더하여 매상고를 실현하도록 가격을 설정하는 것이다. 구체적으로 예상비용에 목표이윤을 더해 그것을 관광객 수로 나눈 것이 관광객 1인당 단가가 된다. 위 두 가지의 가격결정은 관광기업이 자의적으로 결정하는 것이다. 따라서 이 방법은 관광시장의 상황에 따라 관광업자는 설정가격이 시장가격과 괴리되지 않도록 거듭된 가격조정을 해야 한다.

(2) 수요지향형 가격설정법

수요지향형 가격설정법은 관광소비자의 관광상품에 대한 인식과 관광수요의 정도에 따라 관광가격을 설정하는 것인데, 지각가치와 구분수요에 의한 두 가지 가격설정법이 있다.

지각가치에 의한 가격설정법은 관광소비자가 관광상품에 어떤 인상을 가지고 어느 정도 이해하고 있는가에 따라 관광상품의 가격을 설정하려고 하는 것이다. 즉 관광소비자가 전혀 평가하지 않는 관광상품은 아무리 비용을 들이더라도 가치는 제로가 되며, 반대로 관광소비자가 절대가치를 인정하는 관광상품은 거의 비용을 들이지 않더라도 그 가치는 절대적으로 크다고 인정하는 것이다. 따라서 관광소비자의 효용에 따라 가격을 설정한다.

더욱이 효용의 크기에 대한 절대액은 계산할 수 없기 때문에 그 가격수준은 다른 유사상품의 가격과 서수적으로 비교해 정해지게 된다.

구분 수용에 의한 가격설정 방법은 같은 관광상품이 사람, 시간, 장소, 판매루트 등의 차이로 관광소비자의 심리적 수요가 다르다는 것에 주목해서 각각 다른 가격을 설정하는 방법이다.

수요지향형 가격설정은 관광수요자가 인정하는 상대적인 가치에 대해 정확한 판단을 내린다는 것이지만, 거기에는 관광업자가 부단히 면밀한 시장조사와 한계효용분석을 하여야 할 것이다.

(3) 경쟁지향형 가격설정법

경쟁지향형 가격설정은 선도적인 관광기업이 설정하는 가치가 기초가 된다.

그와 같은 관광기업의 조건으로서 ① 관광시장에 있어서의 일정비율을 점하고, ② 관광서비스나 경영관리의 수준이 높고, ③ 동업자와 관광소비자의 신뢰가 높다는 점 등을 들 수 있다.

대형업계가 제시하는 관광가격의 평균으로 설정하는 실세가격설정, 그것에 추수하여 약간의 미조정을 가미한 추수가격결정, 공개입찰에서의 낙찰가격을 근거로 설정하는 입찰가격설정 등이 있다.

이러한 가격설정은 관광시장에서 수용하게 되는데, 이를 위해 개개의 관광업자에게는 수요지향형 가격설정과 같이 부단히 면밀한 시장조사와 한계효용분석을 행하는 동시에, 경영을 합리화하고, "처음부터 비용상태"가 아니고, "처음부터 시장가격 상태"의 경영체질을 확립해 나가야 한다.

4. 관광상품의 차별가격전략

차별가격이란 독점시장에서 흔히 볼 수 있는 형태로서 지리적 조건, 시간적 조건, 고객의 지위, 고객과의 역학관계 등에 비추어, 통일적 목표하에서 한번 설정한 가격을 개별적으로 다시 설정한 가격전략이다.

관광상품은 수요의 탄력성이 큰 상품이므로 차별가격은 관광기업의 이윤극대화를 위하여 관광상품의 실현에 불가피한 전략으로 자리매김 되고 있다.

차별가격은 지역적 차별가격, 계절적 차별가격, 고객별 차별가격으로 나누어 볼 수 있다.

(1) 지역적 차별가격

지역적 차별가격은 관광대상이 되는 관광자원의 관광소비자 흡인력이 관광소비자마다 다르고 관광지의 경제발전 및 노동생산성이 다르다는 것에 의해 생긴다. 관광이 활성화되지 않은 지역 즉 관광지원이 적고 지역적 특성도 없으며, 관광서비스나 관광설비, 시설이 열악한 지역은 관광선진지역보다도 관광가격을 낮게 설정함으로써 관광소비자를 불러들이지 않을 수 없다.

(2) 계절적 차별가격

계절적 차별가격은 기온의 한난차라는 자연조건뿐만 아니라, 종교적 행사나 풍속 등의 사회적 사정에서 관광소비자의 이동이 크게 변화하는 데서 발생한다. 한냉기에는 관광객의 발걸음이 멀어진다는 것이 일반적이지만, 크리스마스나 구정시즌에는 세계적 규모로 인구 이동이 나타나, 관광업계는 상당히 바쁘다. 비수기에 가격을 내리고, 성수기에 가격을 올리는 이유는 관광상품을 미리 만들어 비축해 놓을 수 없으며, 연간계획을 통해 균등하게 공급할 수 없는 이유 때문이다. 특히 성수기에 가격을 올리지 않으면 심각한 공급부족 나아가서는 혼란을 초래할 수도 있다. 계절적 차별가격은 관광업자의 중요한 수요조정수단이며, 계절뿐만 아니라 시간대나 주말에도 차별가격이 설정되는 경우가 많다.

(3) 고객별 차별가격

고객별 차별가격은 여행업계 내에서의 도매업자와 소매업자간, 여행업계와 기타 관광업계와의 사이에 발생하는 것 등이 있다. 일반적으로 도매여행사가 개발한 관광상품은 소매여행사에서는 일정한 판매수수료(비용과 이윤)를 포함하여 관광소비자에게 판매된다. 이때 소매여행사가 판매수수료를 내리거나, 도매여행사가 도매가격 수준으로 관광소비자에게 직접 판매했다고 한다면, 도매가격과 소매가격의 차이는 고객별 차별가격의 형태로 나타난다.

도매여행사는 호텔, 항공회사, 테마파크 등을 관광업자에게 대량 주문함으로써 표시가격 인하가 가능하다. 소위 수량할인이다. 이 경우 관광상품의 단일 구성품 가격에 있어서 고객별 차별가격이 생기게 된다.

차별가격은 동업자 우대, 판매량 우대, 업무관계우대 등의 우대가격으로 발전하게 된다. 본래 고가로 판매 가능한 양질의 상품을 가격인하하는 우대행위는 할인(discount)이라고 부르지 않고, 특혜(allowance)라고 부른다. 그러나 그것은 일반적으로 비공개 혹은 업계 내에서만 공개되는 불공정거래인 만큼, 각종 법률에 저촉 받을 위험이 있다.

국제항공운송협회 IATA(1945년에 설립된 항공회사 간의 협의기구)의 예에서 업무관계의 우대를 보면 ① 수행안내원에 대해서는 단체여행에서의 여행객이 성인 10~14명의 경우에 보통운임의 반액, 15명 이상의 경우에 전액무료. ② IATA 공인대리점(여행업자) 직원에 대해서는 연수여행의 경우 매년 1인 2회에 한해 75%의 할인, 동행가족은 50%의 할인. ③ 선원에 대해서는 선원이 편도로 항공기에 탑승하는 경우, 보통운임의 25% 할인을 해 왔다.

확실히 차별가격 및 우대가격은 어느 정도 수요에 따라 시장에 적합하도록 조정되기 때문에 효과가 있다. 그러나 그것은 가치법칙에 근거한 가격이라고 하더라도 경제적으로 정당한 이유에 근거한 가격은 아니다. 그것은 관광소비자부터 차별적인 대가를 얻는다는 불공정 거래의 가격과 구별하기 힘들다.

그 중에서도 지역별, 고객별 차별가격은 선진 여러 나라에서는 독점금지법에 저촉될 가능성이 크고, 현실적으로도 경제범죄의 온상이 되는 경우가 많아, 관광산업에 종사하려는 사람은 법률에 대한 바른 지식과 신중한 취급이 요구된다.

5. 관광수요 · 공급의 법칙과 관광시장균형

지금까지는 관광수요와 관광공급을 개별적으로 살펴보았다. 이제 관광시장에서 결정되는 한 재화의 관광가격은 이들 상반된 수요자인 관광소비자와 공급자인 관광기업 상호간에 가격협상에 의해서 관광수요량과 관광공급량이 균형을 이루어 관광시장균형이 결정된다. 이와 같이 결정된 가격을 균형가격이라 하며, 이 균형가격에 대응하는 관광수요량을 균형관광수요량, 관광공급량을 균형관광공급량이라고 한다. 이러한 관광시장에서의 균형은 관광수요곡선과 관광공급곡선이 교차하는 곳에서 이루어진다. 이와 같이 관광수요곡선과 관광공급곡선이 교차하는 점에서 균형수급량과 가격이 결정된다는 관계가 관광수요 · 공급의 법칙이다.

이들 관계를 〈그림 4-7〉에서 살펴보기로 하자. D를 관광수요곡선이라 하고 S를 관광공급곡선이라고 하면 이 때 관광수요곡선과 관광공급곡선이 교차점 E에서 균형을 이룬다. 이 때 균형가격은 P_e이고, 균형수급량은 Q_e가 된다.

만약 관광가격이 P_e에서 P_1으로 상승한다면 관광수요량은 E점에서 A점으로 이동하여 Q_e에서 Q_1으로 감소하게 될 것이다. 이 때 관광공급량은 E점에서 B

점으로 이동하여 Q_e에서 Q_4로 증가하게 될 것이다. 이 때 관광공급은 Q_1에서 Q_4까지 초과공급이 된다. 그렇게 되면 관광공급자는 초과공급을 해소하려고 관광공급량을 줄이면서 가격을 내릴 것이고, 관광수요량은 이에 따라 수요량을 늘리게 될 것이다. 이런 현상을 반복하면서 가격이 P_e에 이르게 되면 초과공급은 해소된다.

〈그림 4-7〉 관광재화의 수요 · 공급곡선과 균형

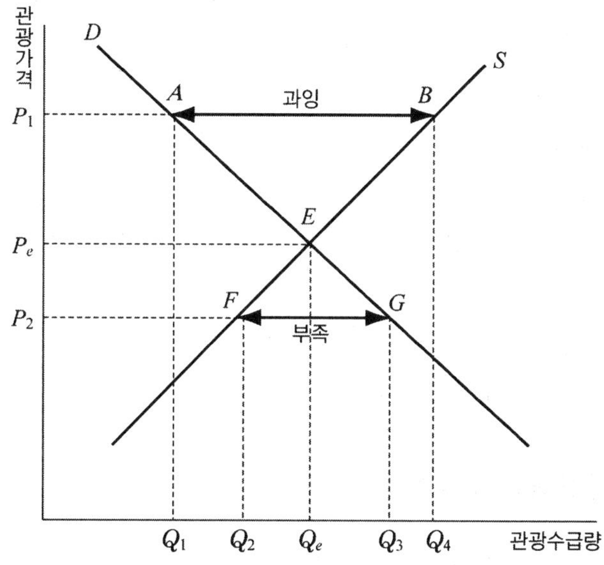

반대로 관광가격이 P_e에서 P_2 로 하락한다면 관광수요량은 E점에서 G점으로 이동하여 Q_e에서 Q_3으로 증가하게 될 것이다. 이 때 관광공급량은 E점에서 F점으로 이동하여 Q_e에서 Q_2로 감소하게 될 것이다. 이 때 관광공급량은 Q_2에서 Q_3까지 초과수요가 되며 관광공급량은 부족하게 된다. 이 때 관광공급자는 공급부족을 해소하려고 관광공급량을 늘리면서 가격을 올릴 것이고, 관광수요량은 이에 따라 수요량을 줄이게 될 것이다. 이런 현상을 반복하면서 가격이 P_e에 이르게 되면 공급부족은 해소된다.

이러한 시장균형은 관광재화의 가격변화가 유일한 변수인 경우에만 성립한다. 그러나 관광수요와 관광공급을 결정하는 요인에는 여러 가지가 있다. 이들의 변화에 따라 관광수요와 관광공급곡선은 이동을 하게 된다.

6. 관광재화의 수급곡선의 이동

우리는 관광수요곡선과 관광공급곡선이 교차하는 점에서 균형가격과 균형수급량이 결정되는 것을 보았는데, 이것은 관광수요곡선과 관광공급곡선이 이동하지 않는다는 가정, 즉 해당 재화가격 이외의 다른 모든 조건이 일정불변이라는 가정을 전제로 한 것이었다.

그러나 관광소비자의 소득, 관광소비자의 수, 관광소비자의 기호와 선호, 관련재화의 가격, 관광소비자의 예상 등이 변화하면 관광수요가 변화하여 관광수요곡선이 이동하고, 기술발전, 공급자 수의 증가, 생산요소의 가격변화, 관련재화의 가격 등이 변화하면 관광공급이 변화하여 관광공급곡선이 이동한다. 이제 이와 같이 관광수요곡선과 관광공급곡선이 이동할 경우 균형가격과 균형수급량이 어떻게 변화하는가를 살펴보기로 한다.

(1) 관광수요곡선의 이동

① 관광수요곡선의 우측이동

관광공급은 일정하고 관광수요가 증가한 경우의 변화를 보자. 〈그림 4-8〉의 (A)처럼 관광소비자의 증가나 소득이 증가한 경우 등으로 관광수요에 플러스 요인이 생기는 경우이다. 이렇게 되면 관광수요량이 증가하면 관광수요곡선은 D에서 오른쪽으로 즉 D_1으로 이동한다.

이렇게 되면 초과수요량이 발생하게 되어 원래의 균형은 깨지고 가격은 새로운 균형을 향하여 상승하게 된다. 이 때 새로운 균형가격은 새로운 관광수요곡선 D_1과 S가 교차하는 점 E_1에서 P_1과 Q_1에서 각각 결정될 것이다. 이와 같이 관광공급이 일정한 상태에서 관광수요가 증가하면 균형가격은 상승하고 균형수급량은 증가한다.

② 관광수요곡선의 좌측이동

다음은 관광공급은 일정하고 관광수요가 감소하는 경우를 살펴보자. 〈그림 4-8〉의 (B)처럼 경기불황으로 실업자의 증가나 소득의 감소 등으로 관광수요에 마이너스 요인변화가 생기는 경우이다. 이렇게 되면 관광수요량은 감소하게 되어 관광수요곡선은 D에서 D_1 즉 왼쪽으로 이동하게 된다. 그 결과 원래의 균형가격 P_0수준에서는 초과관광공급량이 발생하여 가격은 새로운 균형을 향하여 하락할 것이다. 새로운 균형은 E_1에서 성립하여 새로운 균형가격과 균형수급량은 P_1과 Q_1로 결정된다. 즉 관광공급이 일정한 상태에서 관광수요가 감소하면 균형가격은 하락하고 균형수급량은 감소한다.

〈그림 4-8〉 관광수요곡선의 이동

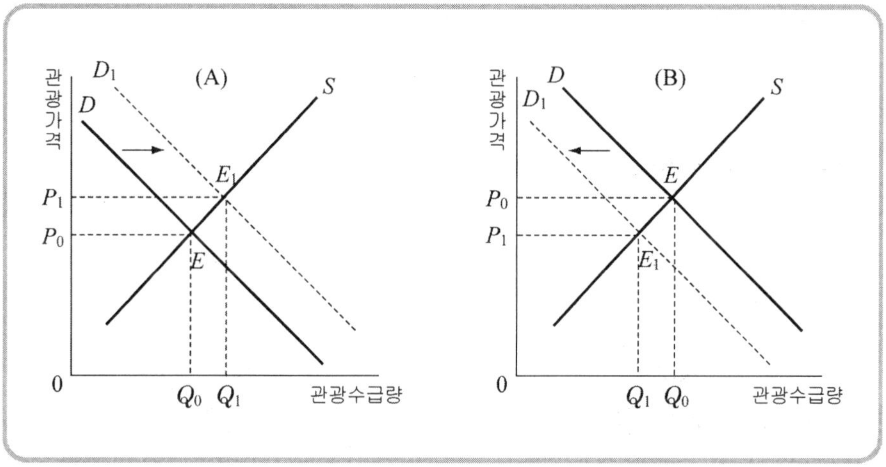

(2) 관광공급곡선의 이동

이제 관광수요가 일정한 경우 관광공급의 변화가 어떻게 시장균형을 변화시키는지 살펴보고자 한다.

① 관광공급곡선의 우측이동

〈그림 4-9〉의 (A)처럼 관광기업에 대한 특별감세나 기술진보 등으로 관광공

급에 플러스 변화가 생기는 경우이다. 이렇게 되면 관광공급이 증가하면 관광공급곡선은 S에서 오른쪽으로 즉, S_1으로 이동한다. 이렇게 되면 초과공급이 발생하게 되어 원래의 균형은 깨지고 가격은 새로운 균형을 향하여 하락하게 된다. 이 때 새로운 균형가격은 새로운 관광공급곡선 S_1과 관광수요곡선 D가 교차하는 점 E_1에서 P_1과 Q_1에서 각각 결정될 것이다. 이와 같이 관광수요가 일정한 상태에서 관광공급이 증가하면 균형가격은 하락하고 균형수급량은 감소한다.

② 관광공급곡선의 좌측이동

〈그림 4-9〉의 (B)처럼 관광산업에 과중한 세 부담이나 투입요소의 가격상승으로 관광공급에 마이너스 변화가 생기는 경우이다. 이렇게 되면 관광공급량은 감소하게 되어 관광공급곡선은 S에서 S_1 즉 왼쪽으로 이동하게 된다. 그 결과 원래의 균형가격 P_0수준에서는 초과수요량이 발생하여 가격은 새로운 균형을 향하여 상승할 것이다. 새로운 균형은 E_1에서 성립하여 새로운 균형가격과 균형수급량은 P_1과 Q_1로 결정된다. 즉 관광수요가 일정한 상태에서 관광공급이 감소하면 균형가격은 상승하고 균형수급량은 감소한다.

〈그림 4-9〉 관광공급곡선의 이동

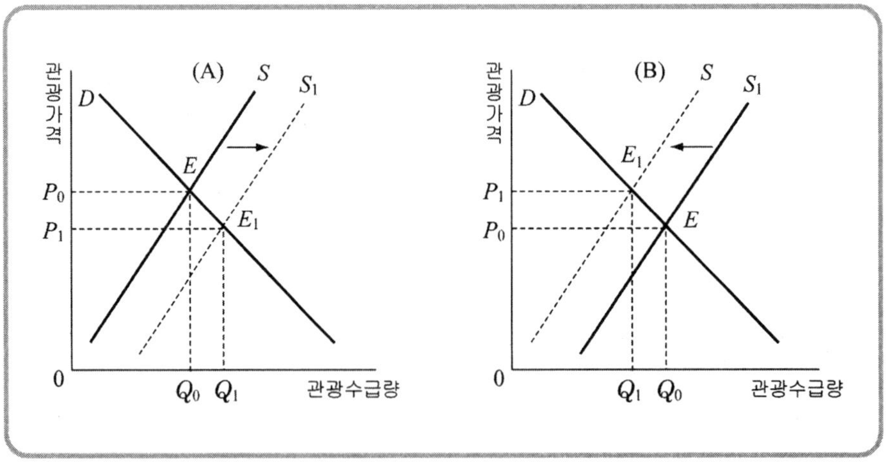

(3) 관광수급곡선의 이동

지금까지는 다른 조건은 일정불변이라는 가정에서 균형가격과 수급량의 결정을 보았다. 그러나 이제는 다른 조건은 일정불변이라는 조건을 완화하여 고찰해 보기로 한다.

① 관광수급곡선의 우측이동

관광소비자의 증가 등으로 관광수요에 플러스가 생기는 경우와 관광기업에 대한 특별감세 등으로 관광공급에 플러스 변화가 생기는 경우이다. 이 경우 관광수요량도 증가하고 관광공급량도 증가하게 되면서, 가격은 상대적으로 낮아진다.

〈그림 4-10〉의 (A)에서 보면 관광소비자가 증가하게 되면 관광수요가 증가하게 되어 원래 관광수요곡선 D가 D_1으로 우측으로 이동하게 되고, 감세 등으로 관광공급이 증가하면 관광공급곡선은 S에서 S_1으로 우측으로 이동하게 된다. 이때 관광가격도 원래 D와 S가 교차하는 점 E에서 균형을 이루지만 수급곡선의 변화로 인하여 관광가격과 균형수급량은 D_1과 S_1에서 교차하는 점 E_1에서 이루어지게 되면서 관광가격은 상대적으로 낮아지고 균형수급량은 증가하게 된다.

〈그림 4-10〉 관광수급곡선의 이동

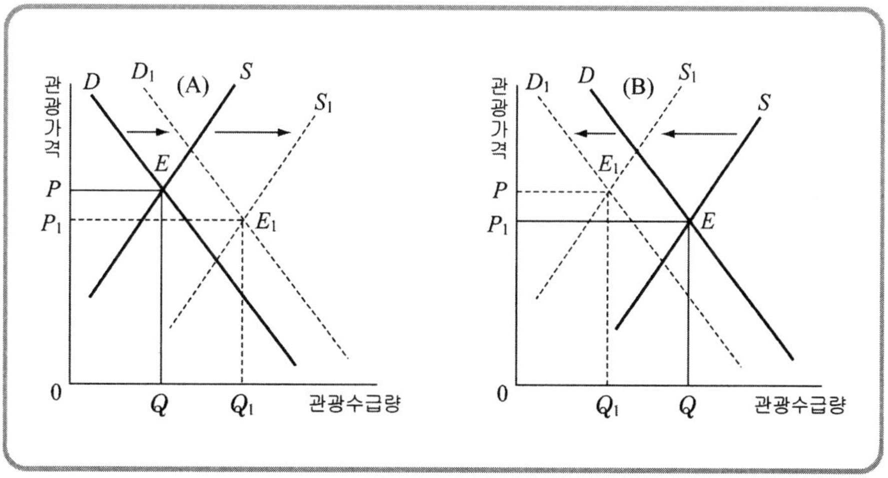

② 관광수급곡선의 좌측이동

경기불황으로 실업자의 증가나 소득의 감소 등으로 관광수요에 마이너스 변화가 생기는 경우와 관광산업에 과중한 세 부담이나 투입요소의 가격상승으로 관광공급에 마이너스 변화가 생기는 경우이다. 관광수급량이 감소하면서 가격은 상대적으로 높아진다.

〈그림 4-10〉의 (B)에서 보면 경기불황으로 실업자의 증가나 소득의 감소 등으로 관광수요가 감소하게 되면 원래 관광수요곡선 D가 D_1으로 좌측으로 이동하게 되고, 관광산업에 과중한 세 부담이나 투입요소의 가격상승으로 관광공급이 감소하면 관광공급곡선은 S에서 S_1으로 좌측으로 이동하게 된다. 원래 D와 S가 교차하는 점 E에서 균형가격과 균형수급량을 형성하지만, 수급곡선의 변화로 인하여 관광가격은 D_1과 S_1에서 교차하는 점 E_1에서 이루어지게 되면서 관광가격은 상대적으로 올라가고 균형수급량은 감소하게 된다.

이와 같은 현상이 현실적으로 이렇게 진행되는 것은 아니지만 관광경제현상을 설명하는데 유익하게 사용할 수 있다.

The economics of tourism

5

관광소비

제1절 관광소비자행동이론의 배경

1. 효용의 개념

인간의 욕망은 끝이 없고 다양하다. 그런 인간의 욕망은 여러 가지 재화나 서비스를 최적으로 소비함으로써 충족되어진다. 관광소비자들도 마찬가지로 여러 가지 관광재화나 서비스를 최적으로 소비함으로써 충족되어진다.

이와 같이 관광소비자의 최적소비형태를 분석하는 것은 곧 관광소비자선택의 문제를 다루는 것이다. 관광소비자선택의 문제는 관광소비자가 만족을 극대화하기 위하여 주어진 소득으로 구입할 수 있는 여러 가지 관광재화 중에서 어떤 관광재화를 얼마만큼씩 구입하여 소비해야 하는가를 결정하는 문제이다. 따라서 관광소비자의 최적소비행태를 분석하기 위해서는 관광소비자가 느끼는 여러 가지 관광재화의 만족도나 유용성을 측정하여 비교할 수 있어야 하는데 이를 가능하게 해주는 것이 바로 효용의 개념이다.

일반적으로 관광소비자의 효용이란 관광활동에서 관광소비자들이 관광재화나 서비스를 소비함으로써 주관적으로 느끼는 만족도를 말한다. 따라서 관광소비자들의 효용이란 관광소비자의 주관적인 만족이기 때문에 그 크기를 객관적으로 측정한다는 것은 매우 어렵다. 왜냐하면 효용은 관광재화나 서비스가 가지고 있는 유용한 성질에 대하여 관광소비자가 주관적으로 부여하는 심리적 평가이기 때문이다.

그러나 관광경제학에서는 관광소비자들이 이성을 가지고 합리적인 소비계획을 세워 효용극대화를 추구한다는 가정 하에 관광소비자의 효용의 크기를 측정할 수 있다고 한 것이다.

관광소비자의 효용의 크기를 측정하는 데는 크게 기수적인 방법과 서수적인 방법을 생각할 수 있다. 기수적인 방법이란 효용의 크기를 무게나 높이처럼 양적으로 측정할 수 있다고 보는 것이다. 관광소비자가 어떤 관광재화를 소비하려고 하거나 이미 소비한 관광재화로부터 얻는 주관적인 만족도를 측정할 수 있다는 가정 하에 각 관광재화로부터 느끼는 만족도를 수치로 나타내는 효용을 말한다. 즉 제주도관광을 하는데 효용이 100이라 하고 금강산관광을 하는데 효용이 200이라면 금강산관광의 효용은 제주도관광의 효용보다 크고, 그 크기가 2배라고 하는 것이 기수적 측정이다. 이렇게 측정된 효용을 기수적 효용이라고 한다.

한편, 서수적 방법이란 관광소비자의 효용을 그 크기의 순서로만 측정할 수 있다고 보는 것이다. 즉 관광소비자가 어떤 관광재화를 소비하려고 하거나 이미 소비한 관광재화에 대해 느끼는 주관적인 만족도를 절대적 수치로 나타낼 수 있다는 기수적 효용과는 달리 어떤 관광재화를 소비함으로써 느끼는 주관적인 만족도에 따라 순서로 나타내는 효용을 말한다. 예를 들면 제주도관광과 금강산관광의 경우 금강산관광의 효용이 제주도관광의 효용보다 꼭 2배 크다고 하는 것이 아니라 단순히 더 크다고만 하는 것이 서수적 방법이다. 즉 금강산관광의 효용이 제주도관광의 효용보다 크기는 큰데 얼마나 큰지는 알 수 없다는 것이다. 효용의 서수적 측정에는 그 크기의 순서만 문제가 되기 때문에 제주도관광의 효용은 10이라 하고, 금강산관광의 효용은 200이라고 해도 되고, 제주도관광의 효용은 99이고, 금강산관광의 효용은 100이라고 해도 상관없다는 것이다. 금강산관광의 효용을 제주도관광의 효용보다 크게 표시하면 되는 것이다. 이렇게 크기의 순서만 측정된 효용을 서수적 효용이라고 한다.

결론적으로 양적으로 측정된 효용을 기수적 효용이라 하고, 크기의 순서로만 측정된 효용을 서수적 효용이라 한다. 효용의 양적 표시가 기수적 효용에서는 중요한 의미를 가지고 있지만 서수적 효용에서는 아무런 의미를 갖지 못한다.

관광소비자들은 효용을 얻기 위해서 여러 가지 관광재화를 구입하여 소비한다. 그런데 "같은 값이면 다홍치마"라는 속담과 같이 합리적인 관광소비자들은 같은 가격이라면 효용이 큰 관광재화를, 같은 효용이라면 가격이 저렴한 관광재화를 구입하여 소비함으로써 최대의 효용을 얻고자 한다.

따라서 관광소비자의 선택문제는 관광소비자가 만족을 극대화하기 위하여 주어진 소득으로 구입할 수 있는 여러 가지 관광재화 중에서 어떤 관광재화를 얼마만큼씩 구입하여 소비해야 하는가를 결정하는 문제이다.

이와 같이 관광소비자가 한정된 소득으로 최대의 만족을 얻을 수 있도록 소비하고자 하는 합리적인 소비형태를 가정하여 우하향의 관광수요곡선을 도출하는 것이 관광소비자선택이론의 주요 골격이다. 관광소비자선택이론은 관광소비자행동이론 또는 관광소비자균형이론이라고도 한다.

2. 관광소비자이론의 개요

소비이론은 미시적인 관광소비자행동이론 또는 관광소비자균형이론과 거시적인 소비함수이론으로 나눌 수 있다. 관광소비자행동이론은 개인 또는 가계와 같은 개별적인 소비행동에 관한 이론이고, 소비함수이론은 국민경제 전체의 소비에 관한 이론이다. 여기에서는 관광소비자행동이론만 다루고자 한다.

관광소비자행동이론을 분석하는데 있어서 다음과 같은 세 가지 접근방법이 있다.

첫째, 19세기말 한계효용학파 경제학자인 멩거, 제본스, 왈라스, 그리고 신고전학파의 마샬 등에 의해서 전개되어 온 한계효용이론이다. 이들이 기수적 효용이론을 전개시켰다.

둘째, 20세기 초 파레토, 힉스, 슬러츠키, 알렌 등에 의해서 전개되어 온 무차별곡선이론이다. 이들은 양적인 방법으로 효용을 측정하는 것은 객관성이 결여되었다고 하면서 서수적 효용이론을 전개시켰다.

셋째, 힉스, 사무엘슨 등에 의해서 전개된 현시선호이론이다. 이들은 주관적인 효용개념에 기초하여 관광소비자행동이론을 분석하려고 하는 종래의 방법은 객관성이 결여되어 있다고 하면서 새로운 접근방법을 시도하고 있다. 즉 그들의 접근방법은 시장에서 나타난 관광소비자의 시장행동을 관찰하여 관광재화에 대한 관광소비자의 선호순서를 연구하는 이론이다. 그러나 여기에서는 이 이론은 다루지 않기로 한다.

제2절 한계효용이론

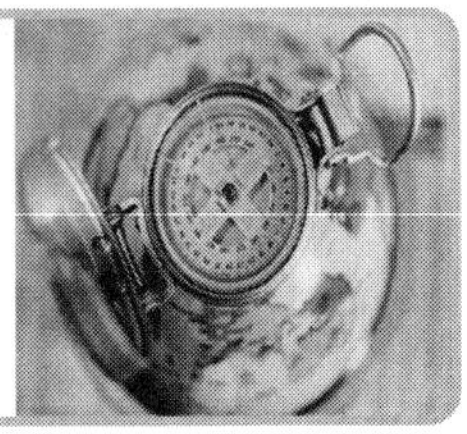

아담스미스는 국부론에서 한 재화의 가치를 이용가치와 교환가치로 나누었다. 물은 교환가치는 매우 작으나 이용가치는 크고, 다이아몬드는 이용가치는 아주 작으나 교환가치는 크다고 하였다. 그러나 인간생활에 필수적인 물이나 공기는 일상생활에서 없어서는 살기 어려워서 이용가치가 큼에도 불구하고, 일상생활에 없어도 살 수 있는 다이아몬드는 교환가치 때문에 비싼 값에 팔리는 문제를 해결하지 못하였다. 그러나 그로부터 1세기 후에 한계효용이론이 나타나면서 이 문제를 해결하였다.

개별 관광소비자의 수요행위를 분석하는 첫 번째 접근방법은 기수적인 효용을 전제로 하는 한계효용이론에 의한 분석이다. 여기서는 효용의 크기를 기수적으로 측정하여 수치로 나타낼 수 있다고 가정한다.

1. 총효용(total utility : *TU*)

총효용이란 관광소비자가 일정기간 동안에 한 관광재화나 서비스의 일정량을 구매하여 소비한다고 할 때, 그 관광재화의 소비로부터 얻게 되는 주관적 만족도의 총량을 의미한다.

예를 들면 어떤 관광소비자가 제주도관광을 한다고 하면 이를 통해 관광소지자는 일정한 만족을 느끼게 되는데, 그 만족의 총량을 제주도관광에 대한 총효용이라 한다. 일반적으로 관광재화의 소비량이 증가함에 따라 일정기간 동안 총효용은 증가한다. 마찬가지로 제주도관광도 일정기간 동안 소비량이 증가함에 따라 총효용도 증가하지만, 소비량이 어느 한계점에 도달하게 되면 총효용은 극대치에 이르게 되며, 그 이상 더 소비하면 총효용은 오히려 감소시키게 된다. 이처럼 총효용이 극대가 되는 소비수준을 만족의 포화점이라 한다. 따라서 총효용은 소비량의 증가함수로 표시될 수 있다.

그런데 효용함수는 다음과 같은 두 가지의 가정을 전제로 하고 있다.

첫째, 효용함수는 관광소비자의 기호나 취향이 단기간에는 변하지 않고 일정하다는 가정을 전제로 한다. 만일 관광소비자의 기호가 변하면 효용함수도 변할 것이다.

둘째, 효용함수는 반드시 일정기간이라는 전제가 필요하다. 왜냐하면 관광재화에 대한 소비기간이 길고 짧음에 따라 관광소비자들이 그 관광재화에서 느끼는 효용도 다르게 나타나기 때문이다.

총효용과 관광재화의 소비량과의 함수관계를 수리적으로 표현한 것을 효용함수라고 한다. 하나의 관광재화만을 생각하고 그 소비량을 Q로 표시하면 그로부터 얻은 총효용을 U로 표시할 때 가장 단순한 형태의 효용함수는 다음과 같다.

$$U = f(Q) \quad \cdots\cdots (5\text{-}1)$$

여기에서 U는 총효용, Q는 관광재화의 소비량, f는 함수형태를 나타낸다.

위 식을 확장하여 관광소비자가 X, Y, Z의 관광재화를 소비한다고 할 때 효용함수를 표시하면 다음과 같다.

$$U = f(X, Y, Z) \quad \cdots\cdots (5\text{-}2)$$

여기에서 U는 총효용, X, Y, Z는 관광재화의 소비량을 나타낸다.

2. 한계효용(marginal utility : MU)

한계효용이란 어떤 관광소비자가 일정기간 동안에 한 관광재화를 소비한다고 할 때, 추가적으로 1단위를 더 소비함으로써 획득할 수 있는 총효용의 증가분을 의미한다. 즉 한계효용(MU)은 총효용(TU)의 증가분(ΔU)을 소비량의 증가분(ΔQ)으로 나눈 값과 같다. 이것을 수식으로 표현하면 다음과 같다.

$$MU = \frac{\Delta U}{\Delta Q} \quad \cdots\cdots (5\text{-}3)$$

여기에서 MU는 한계효용이고, ΔU는 효용의 증가분을 나타내며, ΔQ는 소비량의 증가분을 나타낸다.

만약 소비량의 증가분 ΔQ가 무한히 작은 극한개념을 도입하면 한계효용함수는 다음과 같이 표시할 수 있다.

$$MU = \frac{dU}{dQ} \quad \cdots\cdots (5\text{-}4)$$

여기에서 dU는 효용의 미증분이고, dQ는 소비량의 미증분을 나타낸다.

그러므로 총효용함수를 소비량 Q로 1차미분하면 한계효용함수가 된다.

이제 어떤 관광소비자가 X, Y 두 관광재화를 소비한다고 가정해 보자. 두 관광재화 각각의 한계효용을 나타내기 위해서 먼저 Y관광재화의 소비량은 일정하다고 가정하고, X관광재화의 소비량만 늘려간다면, 이 때 X관광재화 한 단위씩 추가적으로 소비해감에 따라 증가해 가는 총효용의 증가분은 다음과 같이 표시할 수 있다.

$$MU_X = \frac{\Delta U}{\Delta X} = \frac{dU}{dX} \quad \cdots\cdots (5\text{-}5)$$

위 함수식을 X관광재화의 한계효용함수라고 하며, 이 때 MU_X는 X관광재화의 한계효용이고, ΔU는 총효용의 증가분, ΔX는 X관광재화의 소비량 증가분, dU는 총효용의 미증분, dX는 X관광재화의 소비량 미증분을 나타낸다.

마찬가지로 X관광재화의 소비량이 일정하다고 가정하고 Y관광재화의 소비량을 늘려 간다면, 이 때 Y관광재화 한 단위씩 추가적으로 소비해 감에 따라 증가해 가는 총효용의 증가분은 다음과 같이 표시할 수 있다.

$$MU_Y = \frac{\Delta U}{\Delta Y} = \frac{dU}{dY} \quad \cdots\cdots (5\text{-}6)$$

위 함수식을 Y관광재화의 한계효용함수라고 하며, 이 때 MU_Y는 Y관광재화의 한계효용이고, ΔU는 총효용의 증가분, ΔY는 Y관광재화의 소비량 증가분, dU는 총효용의 미증분, dY는 Y관광재화의 소비량 미증분을 나타낸다.

일반적으로 특정관광재화에 대한 욕구가 강할수록 그 관광재화의 한계효용은 높다. 그러나 한계효용이 높은 관광재화라고 하더라도 그 관광재화의 소비를 점차 늘려 가면 한계효용은 줄어드는 것이다. 따라서 한계효용은 욕구에 정비례하고, 관광재화의 소비량에 반비례한다.

3. 총효용과 한계효용과의 관계

어떤 관광재화의 소비량에 대한 총효용과 한계효용과의 함수관계를 살펴보기 위하여 가상의 효용표를 만들어 보았다. 즉 이 표는 X관광재화의 관광횟수의 증가에 따른 총효용과 한계효용의 변화를 보여 주기 위해 가상으로 만든 것이다. 또한 〈표 5-1〉의 총효용과 한계효용을 그림으로 나타낸 것이 〈그림 5-1〉이다.

〈그림 5-1〉의 (A)는 총효용을 나타낸 것이고, 〈그림 5-1〉의 (B)는 한계효용을 나타낸 것이다.

〈표 5-1〉에서 보면 소비량이 전혀 없을 때는 총효용은 0이다. 따라서 이때의 한계효용은 당연히 0이 된다. 그러나 한 단위 소비로부터 총효용과 한계효용은 4로 증가한다. 그리고 소비가 1단위씩 증가함에 따라 총효용은 점점 늘어나다 마침내 4단위 소비에서 극대의 효용을 얻게 된다. 그리고 그 이후의 소비는 오히려 총효용을 감소시키고 있음을 볼 수 있다. 그렇지만 한계효용은 1단위 소비 이후부터 지속적으로 감소한다는 것을 알 수 있다.

따라서 〈표 5-1〉과 〈그림 5-1〉으로부터 다음과 같은 몇 가지 사실을 발견할 수 있다.

첫째, 총효용과 한계효용 중 어느 하나만 주어진다면 나머지 하나를 도출해 낼 수 있다. 왜냐하면 관광재화 1단위의 소비증가에 따른 총효용의 증가분이 한계효용이며, 각 단위의 한계효용의 누계가 총효용이 되기 때문이다. 예를 들면 〈표 5-1〉에서 X관광재화 3단위를 소비할 때의 총효용은 9인데 이것은 제 3단위까지의 한계효용의 누계(4+3+2=9)와 같다는 것이다.

둘째, 총효용이 극대(만족의 포화점)가 될 때 한계효용은 0이 된다. 〈표 5-1〉에서 관광재화 5단위를 소비할 때 총효용은 극대가 되는 것을 보여 주고 있으며, 이 때 한계효용은 0을 나타내고 있다.

셋째, 만족의 포화점에 도달하기까지는 총효용은 증가하나 한계효용은 처음부터 지속적으로 감소한다.

넷째, 총효용이 감소하는 경우에는 한계효용은 부(−)의 값을 가지게 되며 또한 관광재화의 소비량을 증가시켜 갈 때, 한계효용이 양(+)의 값을 갖는 한 총효용은 증가한다.

〈표 5-1〉 총효용과 한계효용

X관광재화의 관광횟수	총효용	한계효용
0	0	–
1	4	4
2	7	3
3	9	2
4	10	1
5	10	0
6	9	−1

이와 같은 관광재화의 총효용과 한계효용의 특성으로부터 우리는 관광소비자이론에 중요한 개념인 한계효용체감의 법칙을 설명할 수 있다. 어떤 관광재화의 소비량을 증가시킬 때 총효용은 증가하지만, 그 증가율은 점점 낮아진다. 즉 관광소비량을 증가시킬 때 한계효용이 체감하는 현상이 발생한다는 것이다. 한계효용이론에서는 이것이 일반적인 현상으로 보아 『한계효용체감의 법칙』(Law of diminishing marginal utility) 또는 『고센의 제1법칙』(Gossen's first law)이라 부른다.

여기서 우리는 개별적인 관광소비자의 수요곡선이 우하향의 형태를 취하게 되는 배후에는 한계효용체감의 법칙이 작용하고 있다는 것을 알 수 있다. 즉 수요량이 증가할수록 한계효용은 체감하기 때문에 관광수요곡선은 우하향의 형태를 취하게 되는 것이다.

〈그림 5-1〉 총효용과 한계효용

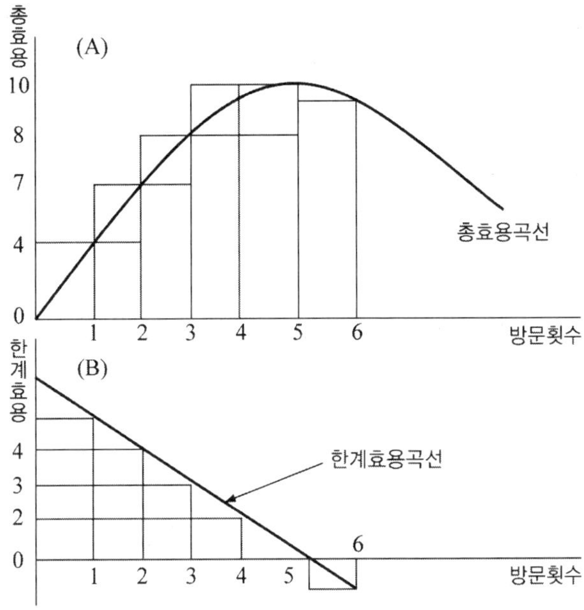

4. 관광소비자균형

만약 관광소비자의 소득이 무한하여 모든 관광재화를 얼마든지 구입할 수 있다면 합리적인 소비계획의 문제는 쉽게 해결할 수 있다. 그러나 관광소비자들의 소득은 한정되어 있다. 따라서 문제는 이 한정된 소득을 가지고 어떻게 하면 관광소비자의 욕망을 최대한으로 만족시킬 수 있을 것인가 하는 것이다. 즉 주어진 소득으로 최대의 효용을 얻기 위하여 여러 가지의 관광재화를 각각 얼마만큼씩 구입하여 소비해야 하느냐가 문제인 것이다. 이것이 효용극대화를 위한 소비자 선택의 문제이다.

먼저 우리는 관광소비자의 일반적인 소비행위를 다음과 같이 가정하고 관광소비자 균형문제를 논하기로 한다.

첫째, 관광소비자는 합리적이고 이성적으로 행동한다. 즉 관광소비자는 최대의 효용 또는 만족을 가져 올 수 있도록 그의 소득을 합리적이고 이성적으로 지출한다.

둘째, 관광소비자의 소득은 단기적으로 일정하다. 즉 관광소비자는 제한된 노동과 생산요소를 기업에 제공하므로 그들의 소득도 단기적으로 일정할 수밖에 없다.

셋째, 모든 관광재화는 가격이 주어지며, 이렇게 주어진 가격은 일정하다. 왜냐하면 완전경쟁 하에서 개별 관광소비자의 수요는 관광재화의 가격변화에 영향을 미치지 못하기 때문이다.

넷째, 관광소비자는 관광재화에 대하여 명백한 선호를 가지고 있다. 그리고 관광소비자는 그의 소득으로 제한된 관광재화를 구입하게 된다. 왜냐하면 제한된 소득으로 특정 관광재화를 구입하는 데에 전액을 지출한다면 다른 관광재화를 구입할 여유가 없어지기 때문이다.

이상과 같은 가정 하에 관광소비자는 소득과 관광재화 및 서비스의 가격이 주어졌을 때 구체적으로 어떻게 소비행위를 하는 것이 과연 효용을 극대화시킬 수 있는가? 이에 대한 해답을 다음에서 설명해 보고자 한다.

우선 여러 가지 관광재화 가운데서 가장 큰 만족(효용)을 가져오는 몇 가지 관광재화만을 구입해야 한다. 그리고 구입한 각 관광재화의 최종 1단위의 한계효용이 모두 같도록 관광재화와 서비스를 구입하면 총효용은 극대를 이룰 수 있다는 것이다. 즉 각 관광재화의 화폐 1단위당 한계효용이 균등하여 주어진 소득으로 한 관광재화를 덜 소비하고 다른 관광재화를 더 소비해도 총효용이 더 이상 증가되지 않을 때 관광소비자는 최대의 효용을 얻게 되는데 이를 『한계효용균등의 법칙』(Law of equi-marginal utility) 혹은 『고센의 제2법칙』(Gossen's second law)이라고 한다.

한계효용이 균등화되면 관광소비자는 그의 소비지출모형이 최선의 상태에 있게 되므로 관광소비자 균형(consumer's equilibrium)에 도달한다.

이와 같이 한계효용균등의 법칙은 관광소비자 효용극대화 제1조건이며 수식으로 표시하면 다음과 같다.

$$MU_X = MU_Y \quad \cdots\cdots (5\text{-}7)$$

여기에서 MU_X는 X관광재화의 한계효용, MU_Y는 Y관광재화의 한계효용을 나타낸다.

이 소비자균형조건은 관광재화 및 서비스의 종류가 많은 경우에도 똑같이 적용될 수 있다. 그러나 현실적으로 관광소비자들이 구매하는 관광재화들은 그 종류에 따라 각각 가격이 다르다. 그러므로 단순한 한계효용균등의 법칙은 극히 제한된 범위 내에서만 적용될 수 있다.

따라서 각 관광재화의 가격이 서로 다른 일반적인 경우의 관광소비자의 효용극대화, 즉 관광소비자 균형조건은 화폐 1단위당 한계효용이 같아야 한다는 것이며 이를 수식으로 표시하면 다음과 같다.

$$\frac{X\text{관광재화의 한계효용}}{X\text{관광재화의 가격}} = \frac{Y\text{관광재화의 한계효용}}{Y\text{관광재화의 가격}} = \text{화폐 1단위 한계효용}$$

즉,

$$\frac{MU_X}{P_X} = \frac{MU_Y}{P_Y} = \text{화폐 1단위 한계효용} \quad \cdots\cdots (5\text{-}8)$$

만일 1단위당 한계효용이 관광재화별로 다르다면 소비자는 균형상태에 있지 않는다는 것을 쉽게 납득할 수 있다. 예를 들어, X관광재화의 화폐1단위당 한계효용이 Y관광재화의 화폐 1단위당 한계효용보다 더 큰 경우에는$\left(\frac{M_X}{P_X} > \frac{M_Y}{P_Y}\right)$, X관광재화의 수요량을 증가시켜 한계효용체감현상을 통하여 Y관광재화의 화폐 1단위당 한계효용과 같아지게 만들어야 한다. 반대로 Y관광재화의 화폐 1단위당 한계효용이 X관광재화보다 큰 경우에는$\left(\frac{MU_X}{P_X} < \frac{MU_Y}{P_Y}\right)$, Y관광재화의 수요량을 증가시켜 한계효용체감 현상을 통하여 X관광재화의 화폐 1단위당 한계효용과 같아지도록 만들어야 소비자의 효용은 극대가 될 것이다.

(5-8)식에서 $\frac{MU_X}{P_X}$ 는 X관광재화의 한계효용을 X관광재화의 가격으로 나눈 것이다. 따라서 그 값은 X관광재화 화폐 1단위당 한계효용이다. 가령 X관광재화 가격이 3원이고 X관광재화 1단위를 더 구입했을 때 한계효용이 15라면, X관광재화 1단위당 한계효용은 5가 되는 셈이다. 마찬가지로 $\frac{MU_Y}{P_Y}$는 Y관광재화 화폐 1단위당 한계효용이다.

즉 〈5-8〉식은 X관광재화 화폐 1단위당 한계효용과 Y관광재화 화폐 1단위당 한계효용이 같아야 한다는 것을 표시하고 있는 것이다. 즉 주어진 소득으로 X관광재화와 Y관광재화를 구입할 때 X관광재화 화폐 1단위당 한계효용과 Y관광재화 화폐 1단위당 한계효용이 균등하도록 X관광재화와 Y관광재화의 구입량을 결정해야 효용이 극대화된다는 것이다. 각 관광재화의 한계효용이 같은 것이 아니라 각 관광재화의 한계효용을 그 관광재화의 가격으로 나눈 값이 같아야 한다는 의미에서『가중된 한계효용균등의 법칙』이라고 한다.

그러나 화폐 1단위 한계효용이 균등하다는 조건이 충족되었다고 하여도 각 관광재화의 구입에 지출한 총비용이 관광소비자의 소득을 초과하게 되면 그들 관광재화의 구입은 불가능하게 된다. 따라서 관광소비자는 주어진 소득의 범위 내에서 화폐 1단위 한계효용의 조건을 충족해야만 효용의 극대화를 이룰 수 있다. 즉 관광소비자의 소득과 총지출액이 일치하여야 한다. 이를『관광소비자 효용극대화 제2조건』이라 하며 수식으로 표시하면 다음과 같다.

$$M = P_X \times X + P_Y \times Y = \text{소득제약조건식} \quad \cdots\cdots\cdots\cdots\cdots\cdots \ (5\text{-}9)$$

여기에서 M은 소득, P_X는 X관광재화의 가격, P_Y는 Y관광재화의 가격, X는 X관광재화의 구입량, Y는 Y관광재화의 구입량을 뜻한다.

위의 두 조건 즉 화폐 1단위한계효용과 소득제약조건이 충족될 때 총효용은 극대가 되며, 관광소비자는 균형을 이루게 되는 것이다. 따라서 이 두 가지 조건을『효용극대화조건』(Conditions of utility maximization)이라 한다. 즉 소득의 범위 내에서 각 관광재화의 화폐1단위당 한계효용이 균등하도록 각 관광재화의 구입을 결정하면 관광소비자의 효용(만족)은 극대화된다는 것이다.

예를 들어 이제 1주일 동안 중국을 관광하는 어떤 여행자의 소득(M)으로, 관광재화(X)와 여가시간(Y)을 구매한다고 가정하고, 관광재화의 가격을 P_X, 여가시간의 가격을 P_Y(즉 1주일 동안 여가시간을 내는 가격으로서 1주일 동안 일할 때 받는 임금으로 환산할 수 있다고 가정)라고 할 때, 관광 재화의 한계효용은 MU_X, 여가시간의 한계효용은 MU_Y가 된다. 이 때 관광소비자의 각 소비재화에 대한 화폐 1단위당 한계효율을 보면 관광재화의 화폐1단위당 한계효율은 $\frac{MU_X}{P_X}$, 여가시간의 화폐1단위당 한계효율은 $\frac{MU_Y}{P_Y}$가 된다.

따라서 관광소비자균형조건은 다음과 같은 두 가지 조건에 맞아야 한다.

$$\frac{MU_X}{P_X} = \frac{MU_Y}{P_Y} \quad \cdots\cdots (5\text{-}10)$$

$$M = P_X \times X + P_Y \times Y \quad \cdots\cdots (5\text{-}11)$$

5. 관광소비자의 수요곡선 도출

이제 관광소비자 균형조건으로부터 수요곡선이 어떻게 도출되는가를 살펴보자. 관광소비자는 주어진 소득으로 두 관광재화, 즉 X관광재화와 Y관광재화만을 구입한다고 가정하고, X관광재화에 대한 수요곡선을 도출해 보자.

X관광재화의 가격을 P_X, X관광재화의 한계효용을 MU_X라고 하고, Y관광재화의 가격을 P_Y, Y관광재화의 한계효용을 MU_Y라고 할 때, 전술한 바와 같이 관광소비자는 $\frac{MU_X}{P_X} = \frac{MU_Y}{P_Y}$에서 효용의 극대화를 이룬다.

이러한 관광소비자균형은 그 관광재화에 대한 관광소비자의 수요곡선상의 한 점에서 나타난다.

이제 X관광재화의 가격 P_X가 상승하였다고 가정해 보자. 그러면 $\frac{MU_X}{P_X}$의 크기가 감소하기 때문에 다음의 관계식이 성립할 것이다.

$$\frac{MU_X}{P_X} < \frac{MU_Y}{P_Y} \quad \cdots\cdots (5-12)$$

이렇게 되면 관광소비자는 효용의 극대화를 이루지 못하게 되는 것이다. 이 때 관광소비자는 다시 균형을 이루기 위하여 소비행동에 변화를 보여야 한다. 즉, $\frac{MU_Y}{P_Y}$의 값을 줄임과 동시에 $\frac{MU_X}{P_X}$의 값을 높여서 이들 두 개의 값이 같게 해야 한다. 그렇게 하자면 X관광재화의 소비를 줄이고 Y관광재화의 소비를 늘려야 한다. 이러한 과정을 언제까지 계속 해야 하느냐면 관광소비자의 새로운 균형 즉 $\frac{MU_X}{P_X} = \frac{MU_Y}{P_Y}$가 성립될 때까지 계속해야 한다. 이와 같이 X관광재화의 가격상승은 그 관광재화의 수요량을 감소시키는데, 어느 수준까지 감소시키느냐 하면 X관광재화의 수요 감소로 인하여 MU_X가 충분히 증가하여 새로이 $\frac{MU_X}{P_X} = \frac{MU_Y}{P_Y}$가 성립할 때까지 감소해야 할 것이다.

이 새로운 관광소비자 균형은 수요곡선 상에서 과거 관광소비자 균형점과는 다른 새로운 균형점을 나타내는 한 점의 이동으로 표시된다. 이처럼 관광소비자는 효용극대화를 유지하기 위하여 가격이 상승한 관광재화에 대해서는 관광수요량을 감소시키고, 가격이 하락한 관광재화는 관광수요량을 증가시킨다. 그리고 관광재화의 가격이 변화할 때마다 이와 같은 과정을 반복하여 얻은 점들을 모두 연결하면 한 관광재화에 대한 개별관광소비자 수요곡선이 도출되며, 그 수요곡선은 수요의 법칙을 설명하는 우하향의 형태를 띠게 된다.

이제 가상적인 사례를 들어 보자. 관광소비자의 소득이 26원이고 〈표 5-1〉과 같은 가상의 효용표가 있다고 하자. 이를 이용하여 관광소비자의 효용극대화에 따른 수요곡선을 도출해 보기로 한다.

〈표 5-2〉 효용표

X재 : P_X= 3원				Y재 : P_Y= 2원			
X재 소비량	TU_X	MU_X	$\frac{M_X}{P_X}$	Y재 소비량	TU_Y	MU_Y	$\frac{M_Y}{P_Y}$
1	28	28	9.3	1	18	18	9
2	54	26	8.6	2	34	16	8
3	78	24	8.0	3	48	14	7
4	100	22	7.3	4	60	12	6
5	120	20	6.6	5	70	10	5
6	138	18	6.0	6	78	8	4
7	154	16	5.3	7	84	6	3
8	168	14	4.6	8	88	4	2
9	180	12	4.0	9	90	2	1

관광소비자는 $\frac{MU_X}{P_X} = \frac{MU_Y}{P_Y}$에서 효용극대화가 되는 소비자균형을 이룬다.

〈표 5-2〉에서 볼 수 있는 것과 같이 X관광재화 6 단위, Y관광재화 4단위일 때 각각의 화폐 1단위 한계효용은 $\frac{MU_X}{P_X} = \frac{MU_Y}{P_Y} = 6$으로 같게 되어 효용극대화가 이루어진다. 또한 소득제약조건식인 $M = P_X \times X + P_Y \times Y$도 $(3\times6)+(2\times4)=26$으로 만족하게 된다.

이 때 관광소비자가 얻은 총효용은 X관광재화로부터 138, Y관광재화로부터 60으로 198이 되는데, 이것은 주어진 X관광재화와 Y관광재화의 가격과 소득으로 얻을 수 있는 최대효용이다. 이와 같은 조건에서 총효용이 어느 조건을 선택해도 198을 넘지 못한다.

이제 X관광재화의 가격이 3원에서 2원으로 하락한 경우를 나타낸 효용표가 〈표 5-3〉이다.

〈표 5-3〉 가격변화에 따른 효용표

수 량	$\frac{MU_Y}{P_Y}$	MU_X	$\frac{MU_X}{P_X=3}$	$\frac{MU_X}{P_X=2}$
1	9	28	9.3	14
2	8	26	8.6	13
3	7	24	8.0	12
4	6	22	7.3	11
5	5	20	6.6	10
6	4	18	6.0	9
7	3	16	5.3	8
8	2	14	4.6	7
9	1	12	4.0	6

〈표 5-3〉에서 볼 수 있는 것과 같이 이제는 X관광재화 9 단위, Y관광재화 4단위일 때 각각의 화폐 1단위 한계효용은 $\frac{MU_X}{P_X} = \frac{MU_Y}{P_Y} = 6$으로 같게 되어 효용극대화가 이루어진다. 또한 소득제약조건식인 $M = P_X \times X + P_Y \times Y$ 도 $(3 \times 6) + (2 \times 4) = 26$으로 만족하게 된다.

〈그림 5-2〉 관광소비자균형과 수요곡선

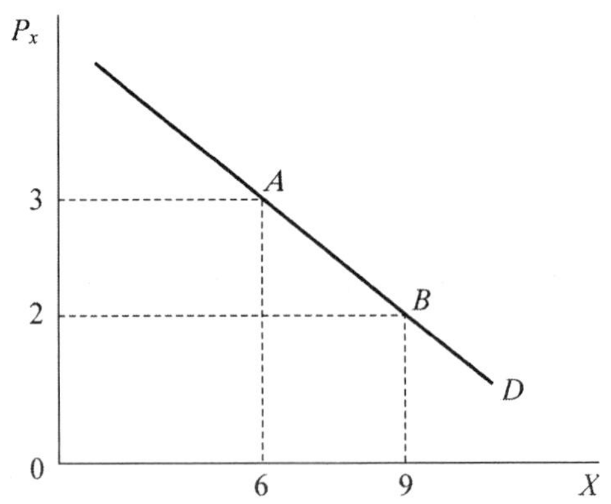

지금까지의 결과를 가지고 수요곡선을 도출해 보자. 〈그림 5-2〉에서 X재화의 가격이 3원일 때에는 6단위를 구입하여 A점에서 균형을 이룬다. 반면에 X관광재화의 가격이 2원으로 하락하게 되면 9단위를 구입하게 되어 B점에서 균형을 이루게 된다. 이 A점과 B점을 연결한 선이 바로 X관광재화의 수요곡선(D)이 된다.

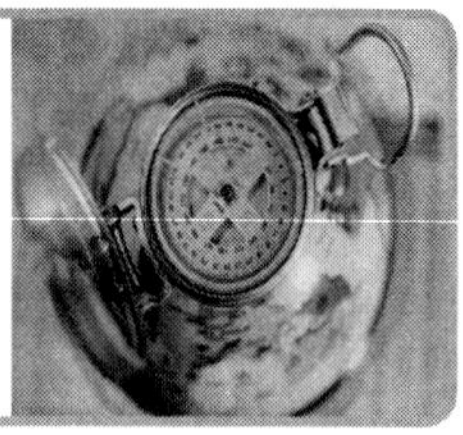

제3절 무차별곡선이론

1. 무차별곡선의 개념과 성질

(1) 무차별곡선의 개념

한계효용이론은 관광소비자가 느끼는 효용을 수량적으로 측정할 수 있다는 효용의 가측성을 전제로 한다. 즉 관광재화에 대한 관광소비자의 효용은 수치적 비교가 가능하다는 기수적 효용의 개념을 그 기초로 삼고 있다. 이에 반해 무차별곡선이론은 효용을 수량적으로 측정할 수 있다는 기수적 효용개념을 배격하고, 그 대신 관광재화들 간 효용의 서열관계, 즉 효용의 선호순위를 나타내는 서수적 효용의 개념에 그 기초를 두고 있다. 예를 들면 X관광재화와 Y관광재화 두 관광재화 중 Y관광재화 몇 단위의 효용이 X관광재화 몇 단위의 효용보다 크다, 작다 또는 동일하다는 것만 관광소비자가 판단할 수 있다고 가정한다.

이러한 무차별곡선이론은 한계효용이론에서 효용을 수량적으로 측정할 수 있다는 문제점을 극복하고자 힉스가 창안한 이론이다.

무차별곡선(indifference curve)이란 관광소비자에게 똑 같은 만족 혹은 효용을 주는 관광재화의 조합 중에서 어느 조합을 선택해도 상관이 없으며, 이와 같이 똑 같은 만족을 주는 관광재화의 조합들에 대하여 관광소비자는 무차별하다고 말할 수 있는데, 이들 무차별한 관광재화의 조합 점들을 연결한 곡선을 말한다.

관광소비자는 일정한 소득과 주어진 가격에 의하여 각종 관광재화나 서비스를 구입하게 된다. 〈표 5-2〉은 동등한 만족을 주는 X관광재화와 Y관광재화의 여러 가지 수량적 조합을 가상적으로 나타낸 것이다. 이들 각 조합점 A, B, C, D, E는 X관광재화와 Y관광재화가 수량적으로 다르지만 그들 각 조합(Combination)으로부터 얻는 효용의 크기는 같다. 그러므로 어떤 조합을 택하여도 효용의 크기에는 차별이 없다. 즉 총효용은 무차별한 것이다.

이들 조합을 그래프로 옮기면 〈그림 5-2〉와 같은 곡선을 얻게 된다. 이 무차별곡선의 점 A, B, C, D, E 는 〈표 5-2〉의 해당 조합을 뜻한다. 이 곡선의 모든 점은 같은 곡선 위에 있으므로 관광소비자에게 동일한 효용(만족)을 주게 된다.

〈표 5-2〉 무차별 조합

조 합	A	B	C	D	E
*X*관광재화의 수량	1	2	3	4	5
*Y*관광재화의 수량	12	8	5	3	2
효 용	100	100	100	100	100

물론 여기에 표시된 *X*관광재화와 *Y*관광재화의 배합 A, B, C, D, E 외에도 여러 가지 배합이 있으며, 그 무수한 배합은 관광소비자에게 동등한 수준의 효용을 주고 있는 것은 물론이다.

〈그림 5-2〉 무차별곡선

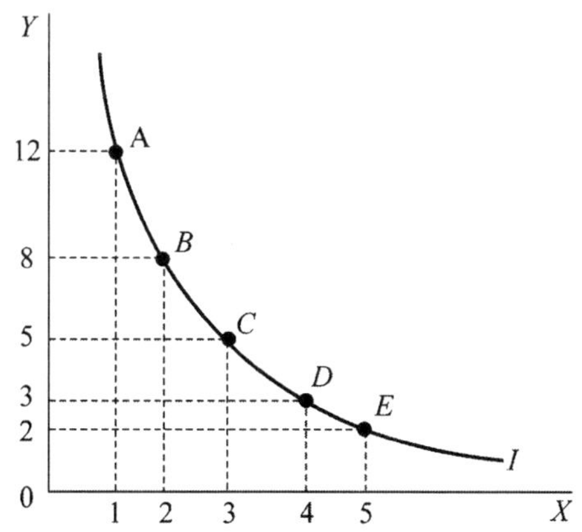

(2) 무차별지도

무차별곡선은 〈그림 5-3〉에서 볼 수 있는 것처럼 I_1, I_2, I_3와 같이 무수히 그릴 수 있다. 이를 무차별지도(indifference map)라 한다. 그러나 무차별 곡선은 그래프의 원점으로부터 우측으로 멀어져 갈수록 더 높은 수준의 효용을 의미한다. 반대로 원점에서 가까워질수록 효용수준은 낮아진다. 그 이유는 무차별곡선의 성질에서 살펴보기로 한다.

그러나 무차별곡선 I_3가 무차별곡선 I_2보다, I_2는 I_1보다 더 큰 만족을 표시하는 것은 확실하지만, 구체적으로 얼마나 큰가 하는 것은 알 수가 없을 뿐만 아니라, 알 수 있다고 하더라도 그것이 지니는 의미는 별로 중요하지 않다. 이것이 기수적 측정에 바탕을 둔 한계효용이론보다 서수적 측정에 바탕을 둔 무차별곡선이론이 우월하게 평가하는 이유가 된다. 오직 무차별곡선의 이론은 선호에 관한 순서만 밝히면 되기 때문이다.

〈그림 5-3〉 무차별지도

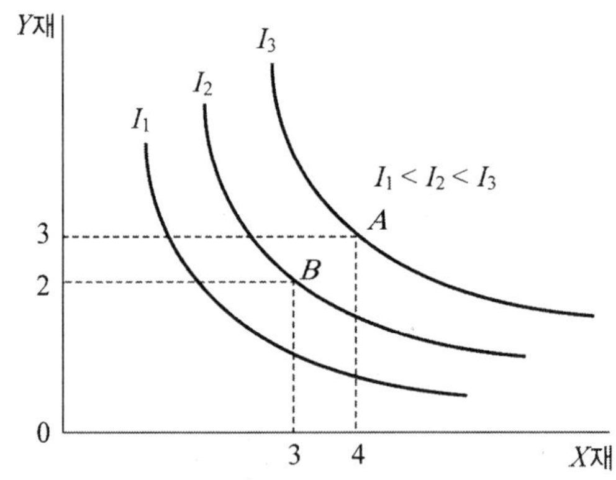

(3) 무차별곡선의 성질

무차별곡선은 다음과 같은 기본적인 성질을 가지고 있는데, 그 전제조건은 관광재화 X와 관광재화 Y의 교환이 가능하며, 또한 싫증나지 않는다는 것이며,

앞서도 말했듯이 소비액은 소득을 초과할 수 없다는 것이다.

① 무차별곡선은 우하향의 기울기(dawn-sloping)를 가진다. 관광소비자가 머물러 있는 한 무차별곡선 상에서 X관광재화의 몇 단위를 포기하게 되면 그로 인한 만족의 손실은 다른 Y관광재화를 더 소비하여 보충하지 않으면 안 된다. 다시 말해서 X관광재화를 적게 소비하는 대신 Y관광재화를 더 소비해야만 동일한 만족수준을 유지할 수 있다. 이런 경우 두 관광재화는 서로 대체재인 것을 의미한다.
이렇게 무차별곡선 상에서 X관광재화의 수량과 Y관광재화의 수량의 조합방향은 서로 반대방향으로 움직인다. 그러므로 무차별곡선은 〈그림 5-2〉처럼 우하향의 기울기를 가지게 된다.

② 원점에서 멀리 떨어진 무차별곡선일수록 높은 만족수준을 나타낸다. 이는 〈그림 5-3〉 무차별지도에서 보면 무차별곡선 I_3위의 A점에서 X관광재화와 Y관광재화의 소비량(X관광재화 : 4, Y관광재화 : 3)은 무차별곡선 I_2위의 B점에서의 X관광재화와 Y관광재화의 소비량(X관광재화 : 3, Y관광재화 : 2)보다 많기 때문이다. 그러므로 원점에서 더 멀리 떨어진 무차별곡선 I_3는 무차별곡선 I_2 보다 더 높은 수준의 효용을 가져다주는 것이 분명하다. 이처럼 어떤 관광재화나 서비스를 많이 소비할수록 좋다는 다다익선의 결과이다.

③ 무차별곡선은 원점에 대하여 볼록하다. 이는 한계대체율체감의 법칙이 작용하기 때문이다.
그러면 한계대체율이란 무엇인가에 대해서 살펴보자. 한계대체율이란 관광소비자가 X관광재화 한 단위를 더 얻기 위하여 포기하는 Y관광재화의 수량을 말한다. 즉 Y관광재화의 감소분 ΔY에 대한 X관광재화의 증가분 ΔX의 비율 $-\dfrac{\Delta Y}{\Delta X}$를 말한다. X관광재화에 대한 Y관광재화의 한계대체율 또는 Y관광재화로 표시한 X관광재화의 한계대체율은 다음과 같이 표시할 수 있다.

$$MRS = -\frac{\Delta Y}{\Delta X} = -\frac{Y\text{관광재화의 감소분}}{X\text{관광재화의 증가분}} \quad \cdots\cdots\cdots\cdots (5\text{-}13)$$

여기에서 마이너스(-)부호를 사용하는 것은 한계대체율 값을 플러스(+)값으로 표시하기 위한 형식상의 이유 때문이다.

예를 들면 〈표 5-3〉에서 조합점 A에서 관광소비자가 조합점 B로 이동하는 것은 X관광재화 1단위를 얻기 위하여 Y관광재화 4단위를 포기함을 뜻한다. 관광소비자는 X관광재화 1단위와 Y관광재화 3단위를 바꾸는 것, 즉 대체하는 것이다. 이 때 한계대체율(MRS)은 $-\frac{\Delta Y}{\Delta X} = -\frac{-4}{1} = +4$가 된다.

그러나 B점에서 C점으로 옮기면 X관광재화는 1단위를 얻는 대신 Y관광재화 3단위를 포기하면 된다. 이 때의 한계대체율은 $-\frac{\Delta Y}{\Delta X} = -\frac{-3}{1} = +3$이다.

또한 C점에서 D점으로 이동하는 경우는 2, D점에서 E점으로 이동할 경우 1이된다. 〈표 5-3〉를 그림으로 표시한 것이 〈그림 5-4〉이다.

〈표 5-3〉 한계대체율

조 합	A	B	C	D	E
X관광재화의 수량	1	2	3	4	5
Y관광재화의 수량	12	8	5	3	2
X관광재화의 증가분(ΔX)	1	1	1	1	1
Y관광재화의 감소분(ΔY)		-4	-3	-2	-1
한계대체율($-\frac{\Delta Y}{\Delta X}$)		4	3	2	1

〈그림 5-4〉에서 무차별곡선을 따라 우측으로 이동하면 할수록 한계대체율 $-\frac{\Delta Y}{\Delta X}$의 값은 점점 감소하고 있음을 볼 수 있다. 이것은 두 관광재화가 서로 대체재이긴 하지만 궁극적으로는 불완전 대체재임을 의미한다. 이와 같이 X관광재화를 더 얻기 위해 포기해야 하는 Y관광재화의 수량은 점점 작아지는 현상을 『한계대체율 체감의 법칙』이라고 한다. 한계대체율이 체감하기 때문에 무차별곡선은 원점에 대해 볼록한 것이다.

〈그림 5-4 〉 한계대체율

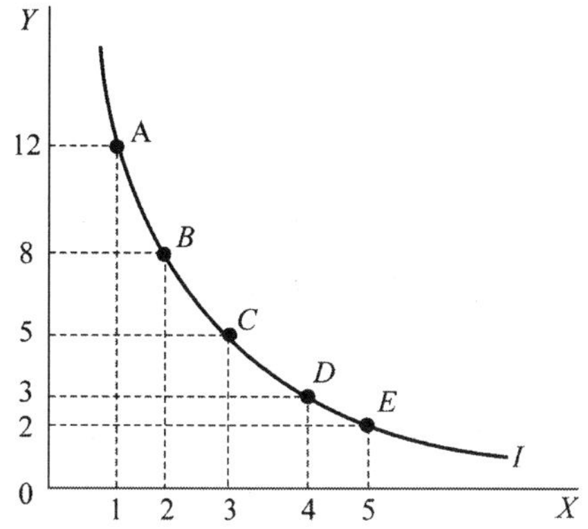

④ 무차별곡선은 서로 교차할 수 없다. 그 이유를 〈그림 5-5〉를 통해서 설명해 보자. 〈그림 5-5〉의 *G*점은 무차별곡선 I_1위에 있으며 효용이 200이다. *H*점은 무차별곡선 I_2위에 있으며 효용은 100이다. 그러나 *C*점은 무차별곡선 I_1과 I_2의 교차점에 놓여 있다. 이는 서로 만족수준이 같다는 의미이다. 그러나 서로 다른 만족수준을 갖는 *G*점과 *H*점이 *C*점과 같아진다는 의미이다.

〈그림 5-5〉 무차별곡선의 교차

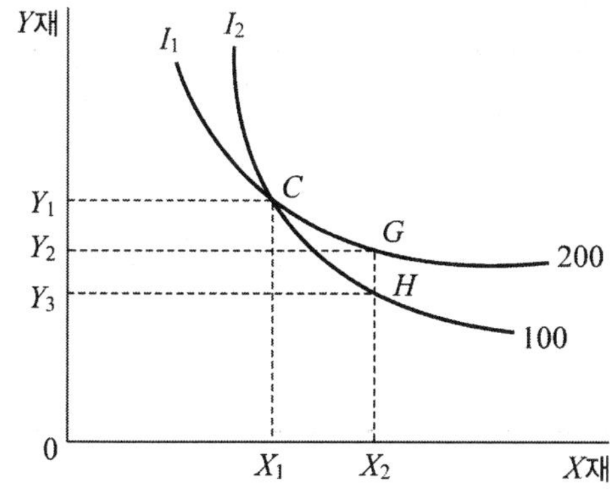

그런데 이것은 무차별곡선 I_1과 I_2가 동일한 만족을 준다고 하는 모순을 초래한다. 따라서 서로 다른 무차별곡선은 교차할 수 없는 것이다.

2. 가격선(예산선)

관광소비자 균형조건을 구하기 위해서는 무차별곡선과 더불어 가격선(예산선)을 도입하여야 한다. 무차별곡선은 관광소비자의 선호에 관한 것이고, 그 선호를 실현시킬 수 있는 것은 관광소비자의 소득수준, 즉 구매력이다.

가격선이란 일정한 소득과 주어진 가격 하에서 구입할 수 있는 두 관광재화의 여러 가지 수량적 조합을 나타내는 직선을 말하며, 예산선이라고도 한다.

즉 관광재화에 대한 관광소비자의 구매능력을 나타내는 것이며, 주어진 소득 또는 예산을 사용해서 구입할 수 있는 관광재화의 여러 가지 조합을 나타내는 직선이다.

예를 들어 어떤 관광소비자가 일정한 소득을 가지고 X관광재화와 Y관광재화 두 관광재화만을 구입한다고 하자. 이 때 관광소비자의 총지출가능금액은 36,000원이며, X관광재화의 단위당 가격은 4,000원, Y관광재화의 단위당 가격은 2,000원이라 하자. 이 관광소비자는 주어진 총지출가능금액 36,000원으로 X관광재화와 Y관광재화의 여러 가지 조합 중에서 어느 하나를 선택할 수 있을 것이다. 이 두 관광재화의 구입조합을 나타낸 것이 〈표 5-4〉이다.

〈표 5-4〉 관광재화의 구입조합

관광재화조합	X관광재화	Y관광재화
A	0	18
B	2	14
C	4	10
D	6	6
E	9	0

〈표 5-4〉와 같이 총지출가능금액 36,000원으로 Y관광재화만 구입한다면 조

합 A의 18단위(2,000×18=36,000)를 구입할 수 있으며, 반대로 X관광재화만 구입한다면 E의 9단위(4,000×9=36,000)를 구입할 수 있다. 그 외에도 조합 B, C, D 의 조합을 선택할 수가 있다.

〈그림 5-6〉 가격선

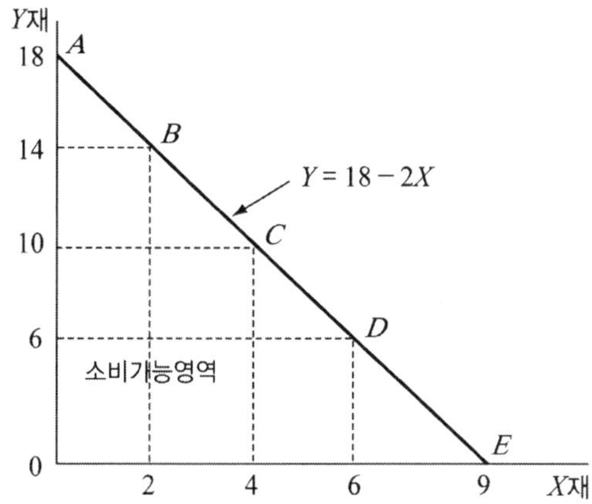

〈표 5-4〉를 그래프로 나타내면 〈그림 5-6〉과 같다. 이는 일정한 소득과 가격으로 X관광재화와 Y관광재화의 다섯 가지 조합을 보여 주는 것이며, 각 조합점을 연결하면 직선 AE를 얻게 된다. 이 직선을 가격선 또는 예산선이라고 한다.

따라서 관광소비자가 자신의 지출 가능한 소득 전부를 X관광재화와 Y관광재화만을 구입하는데 지출하고자 할 경우에는 다음 식과 같은 조건이 성립해야 한다.

$$M = P_X \times X + P_Y \times Y = \text{가격조건식} \quad \cdots\cdots\cdots\cdots \quad (5-14)$$

여기서 M은 지출가능한 소득, P_X는 X관광재화의 가격, P_Y는 Y관광재화의 가격, 그리고 X 및 Y는 X관광재화와 Y관광재화의 구입수량을 표시한다.

(5-14)식은 좌변의 소득이 우변의 소비지출액과 같아야 한다는 것인데, 이를 변형하여 다음과 같이 쓸 수도 있다.

$$Y = \frac{M}{P_Y} - \frac{P_X}{P_Y} \times X = \text{가격조건식} \quad \cdots\cdots (5-15)$$

(5-15)의 가격조건식에 〈표 5-4〉에 표시된 $P_X = 4,000$원, $P_Y = 2,000$원 $M = 36,000$원을 대입하면 다음 방정식을 얻는다.

$$Y = \frac{36000}{2000} - \frac{4000}{2000}X \rightarrow Y = 18 - 2X \quad \cdots\cdots (5-16)$$

우리는 (5-16)식에서 의하여 36,000원의 지출가능금액으로 살 수 있는 X관광재화와 Y관광재화의 수량 구성(조합)을 계산할 수 있다.

다음으로 가격선의 기울기는 무엇을 표시하는 가를 〈그림 5-6〉에서 생각해 보자. 〈그림 5-6〉에 있어서 가격선의 기울기는 $\frac{0A}{0E}$와 같다.

즉 $\frac{0A}{0E} = \frac{18}{9} = 2$가 된다.

그리고 $0A = \frac{M}{P_Y}$이고, $0E = \frac{M}{P_X}$이므로 다음 식과 같은 관계가 성립한다.

$$\frac{0A}{0E} = \frac{\frac{M}{P_Y}}{\frac{M}{P_X}} = \frac{M}{P_Y} \times \frac{P_X}{M} = \frac{P_X}{P_Y} \quad \cdots\cdots (5-17)$$

따라서 가격선의 기울기는 (5-17)식에서 보는 바와 같이 X관광재화와 Y관광재화의 가격비를 나타내고 있다는 것을 알 수 있다.

3. 관광소비자균형

무차별곡선과 가격선을 통하여 관광소비자균형을 설명하고자 한다. 〈그림 5-7〉에서 가격선은 AB는 많은 무차별곡선과 만나거나 접한다. 그 중에서 무차별곡선 I_2는 가격선 AB와 E점에서 접하고 있다. 이 E점에서 관광소비자는 주어진 가격과 일정한 지출로 최대의 만족을 얻을 수 있다. 그러므로 관광소비자는 이 조합을 선택하게 된다. 물론 〈그림 5-7〉에서 보면 가격선과 무차별곡선이 C점과 D점에서도 만나고 있다. 그러나 이 점들은 만족수준이 무차별곡선 I_2 보다 낮은 무차별곡선 I_1과 가격선 AB의 교차점이다. 따라서 합리적인 관광소비자라면 같은 지출로 낮은 효용을 선택할 아무런 이유가 없을 것이기 때문에 점 C, D점을 택하지 않는다.

한편, 무차별곡선 I_3는 소득이 증가하지 않는 한 성취할 수 없는 효용수준이다. 그러므로 관광소비자는 무차별곡선 I_2와 가격선 AB가 접하는 E점을 선택하는 것이 최선의 관광소비자의 행동으로 평가된다.

〈그림 5-7〉 관광소비자균형

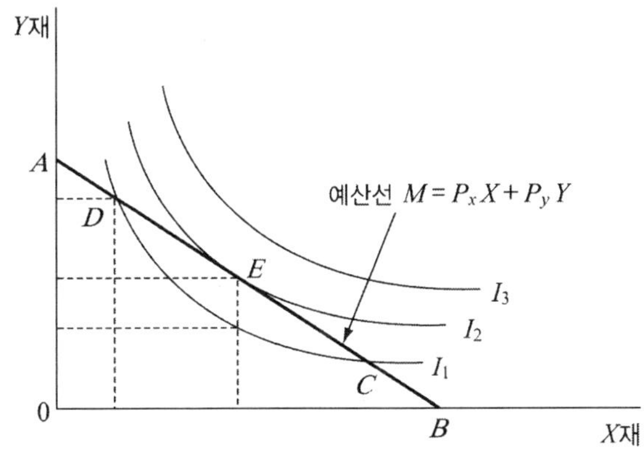

E에서 가격선의 기울기 $\frac{P_X}{P_Y}$와 무차별곡선의 기울기 $-\frac{\Delta Y}{\Delta X}$가 일치하는 즉, $\frac{P_X}{P_Y} = -\frac{\Delta Y}{\Delta X}$의 등식이 성립한다. 따라서 관광소비자균형은 당연히 E점에서 성립된다.

이처럼 관광소비자균형은 바로 이들 두 관광재화의 가격비율$\left(\frac{P_X}{P_Y}\right)$과 한계대체율$\left(-\frac{\Delta Y}{\Delta X}\right)$이 일치하는 점에서 달성되는 것이다. 즉 관광소비자 균형조건은 다음 식과 같다.

$$\frac{P_X}{P_Y} = -\frac{\Delta Y}{\Delta X} \quad \cdots\cdots (5\text{-}18)$$

한편,〈그림 5-7〉의 D점에서는 한계대체율 $-\frac{\Delta Y}{\Delta X}$가 두 관광재화의 가격비 $\frac{P_X}{P_Y}$보다 크다. 즉 $-\frac{\Delta Y}{\Delta X} > \frac{P_X}{P_Y}$이다. 다시 말하면 D점에서는 X관광재화의 한계효용 가치가 Y관광재화의 한계효용 가치보다 크다는 것을 의미한다.

이런 경우 관광소비자는 X관광재화의 구입을 증가하고, Y관광재화의 구입을 감소함으로써 더 큰 만족을 얻을 수 있다.

〈그림 5-7〉의 C점에서는 D점과 반대로 한계대체율 $-\frac{\Delta Y}{\Delta X}$가 두 관광재화의 가격비 $\frac{P_X}{P_Y}$보다 작다. 즉 $-\frac{\Delta Y}{\Delta X} < \frac{P_X}{P_Y}$ 이다. 이 말은 Y관광재화의 한계효용가치가 X관광재화의 한계효용가치보다 작다는 것을 의미한다. 그러므로 관광소비자는 Y관광재화구입을 증가시키고 X관광재화의 구입을 감소함으로써 더 큰 만족을 가져 올 수 있는 것이다.

이상과 같이 D점에서는 X관광재화의 구입을 증가하고, Y관광재화의 구입을 감소하며, C점에서는 Y관광재화의 구입을 증가하고 X관광재화의 구입을 감소하는 소비변화가 있게 되며, 『한계대체율 체감의 법칙』에 따라 결국 점 D와 점 C는 가격선을 따라 E점으로 이동하는 것을 내포하고 있다. 이렇게 하여 관광소비자는 낮은 무차별곡선 I_1에서 더 높은 만족수준의 무차별곡선 I_2로 접근하게 되며 소비자균형이 달성된다.

무차별곡선의 기울기 $-\frac{\Delta Y}{\Delta X}$는 한계대체율($MRS_{XY}$)이다. 따라서 이들은 다음 식과 같은 관계가 성립한다.

$$-\frac{\Delta Y}{\Delta X}=\frac{MU_X}{MU_Y}=MRS_{XY}=\text{한계대체율} \quad \cdots\cdots\cdots\cdots\cdots (5-19)$$

즉, (5-19)식은 무차별곡선의 기울기와 X관광재화와 Y관광재화의 한계효용의 비율이 같다는 것이다. 그리고 가격선(또는 예산선)의 기울기는 $\frac{P_X}{P_Y}$이다. 따라서 관광소비자균형점에서는 다음과 같은 관계가 성립된다.

$$MRS_{XY}=-\frac{\Delta Y}{\Delta X}=\frac{MU_X}{MU_Y}=\frac{P_X}{P_Y} \quad \cdots\cdots\cdots\cdots\cdots\cdots\cdots\cdots (5-20)$$

그러므로 관광소비자균형은 다음과 나타낼 수 있다.

$$\frac{MU_X}{P_X}=\frac{MU_Y}{P_Y} \quad \cdots\cdots\cdots\cdots\cdots\cdots\cdots\cdots\cdots\cdots\cdots\cdots\cdots\cdots\cdots\cdots (5-21)$$

이러한 결론은 이미 우리가 기수적인 효용을 전제로 한 한계효용분석에서 얻은 것과 동일하다. 즉 한계효용분석에 의해서나 무차별곡선분석에 의해서나 관광소비자의 효용을 극대화하기 위해서는 1단위당 『한계효용균등의 법칙』이 성립하도록 관광재화들을 수요하여야 하며, 이때 관광소비자 균형조건이 충족된다는 사실은 같게 된다. 다만, 차이는 무차별곡선분석에서는 효용의 가측성을 전제로 하지 않는다는 것이다.

4. 관광소비자균형의 이동

(1) 소득효과와 소득소비곡선

앞서 살펴본 바와 같이, 관광소비자균형은 가격선과 무차별곡선이 접선을 이루는 곳에서 이루어진다. 그런데 가격선은 두 관광재화의 가격 변화가 없는 한, 소득(예산)이 증가함에 따라 우상향으로 평행이동하고 소득이 감소하면 좌하향으로 평행이동하게 된다. 이렇게 평행 이동된 가격선은 보다 높거나 낮은 만족수준을 나타내는 어떠한 무차별곡선과 접하게 될 것이다. 이에 따라 관광소비자 균형점도 당연히 변하게 될 것이다. 이처럼 소득의 변화는 관광소비자 균형점을 변화시키는데, 소득변화에 의한 균형점 변화의 정도를 소득효과라고 한다. 다음 〈그림 5-8〉을 통해서 소득효과를 살펴보고자 한다.

〈그림 5-8〉에서 관광소비자균형은 무차별곡선 I_1과 가격선 AB의 접선 E_1에서 이루어지고 있다고 가정하자. 그런데 X관광재화와 Y관광재화의 가격은 불변인데, 관광소비자의 실질소득이 증가하였다고 가정하면 어떻게 될 것인가.

그 증가된 실질소득의 크기를 X관광재화로 표시하면 $0A'$, Y관광재화로 표시하면 $0B'$가 되고, 가격선은 $A'B'$가 될 것이다. 그러면 새로운 관광소비자 균형점은 무차별곡선 I_1보다 더 많은 만족을 주는 무차별곡선 I_2와 가격선 $A'B'$의 접점인 E_2가 될 것이다. 이 때 X관광재화의 균형구입량이 $0X_2$가 되어 소득증가가 있기 전보다는 X_1X_2만큼 증가하였다. 그러므로 X관광재화의 소득효과는 X_1X_2이다. 마찬가지로 Y관광재화의 소득효과는 Y_1Y_2가 된다. 이와 같이 소득효과는 일반적으로 관광재화구입을 증대시킨다.

〈그림 5-8〉 소득효과와 소득소비곡선

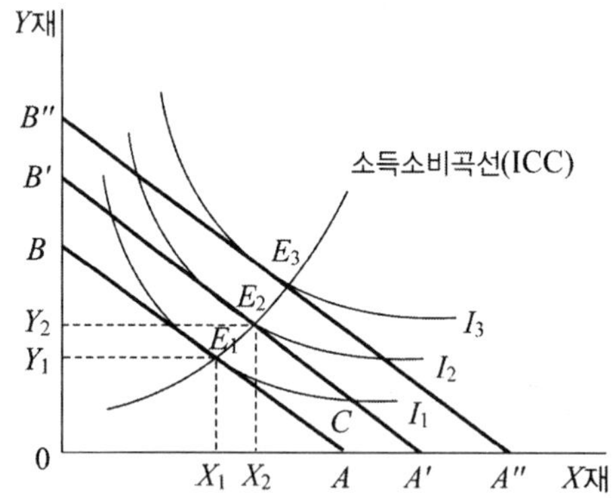

만약 소득이 지속적으로 증가해 간다면, 관광소비자균형점은 보다 높은 수준의 무차별곡선과 가격선이 접하는 점에서 이루어질 것이다. 즉 〈그림 5-8〉에서

처럼 $E_1 \rightarrow E_2 \rightarrow E_3$으로 균형점이 이동하게 될 것이다. 따라서 이들 관광소비자 균형점을 연결한 궤적을 소득소비곡선(ICC)이라 하며, 흔히 ICC곡선으로 불리운다.

요컨대 소득소비곡선은 두 관광재화의 상대가격이 일정불변일 때 소득의 변화에 따라 관광소비자 균형점이 어떻게 변해 가는지를 보여주는 곡선이라고 할 수 있다.

(2) 가격효과와 가격소비곡선

이제 소득이 불변이고, 가격이 변화하는 경우를 살펴보자.

가격이 변화하면 수요의 법칙에 의해 구입량이 변화한다. 이처럼 가격의 변화가 균형구입량의 변화를 일으킨 정도를 가격효과라고 한다.

소득이 일정불변이라고 가정하고 X, Y 두 관광재화 중 한 관광재화 이를테면 X관광재화의 가격이 하락하는 경우를 그림을 통해서 생각해 보기로 한다.

〈그림 5-9〉에서 X재의 가격이 하락하면 원래의 가격선 AB는 A_1B로 이동한다. 그리고 관광소비자균형구입 점 E_1는 E_2로 이동할 것이다. 이에 따라 X관광재화의 가격하락으로 X관광재화의 구입은 X_1X_2만큼 증가시켰으나 Y관광재화의 구입은 Y_1Y_2만큼 감소시킨 것이 된다.

〈그림 5-9〉 가격효과와 가격소비곡선

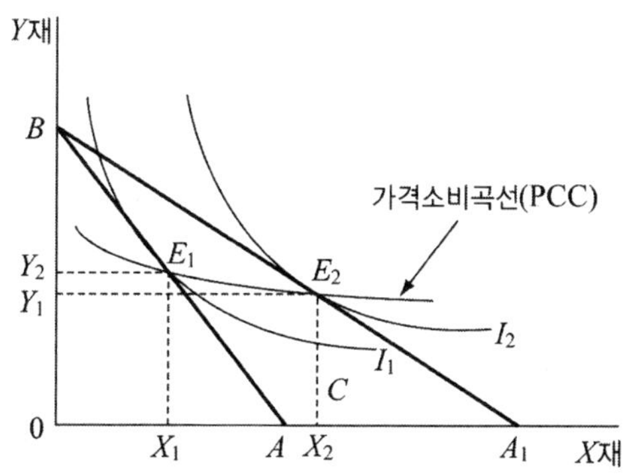

이와 같이 가격효과는 일반적으로 가격이 하락한 관광재화의 구입을 증가시키고, 가격이 불변인(상대적으로 상승한) 관광재화의 구입을 감소시킨다. 그리고 가격변화에 따라 이동된 관광소비자 균형점 E_1과 E_2의 궤적을 연결한 선을 가격소비곡선(PCC)이라 한다.

(3) 대체효과와 소득효과

가격의 변화에 따라 발생하는 가격효과는 소득효과와 대체효과가 혼합된 합성효과라고 볼 수 있는데 그 이유는 다음과 같다.

첫째, 다른 관광재화의 가격과 관광소비자의 소득이 불변일 때, X관광재화의 가격만 하락하면, 관광소비자는 가격이 하락한 것만큼 실질소득이 증가했다고 생각할 수 있다. 그리고 그러한 실질소득의 증가로 인하여 관광소비자는 가격이 하락한 X관광재화의 소비를 증가시킬 것이다. 이처럼 X관광재화의 가격변화에 따른 실질소득의 증감이 X관광재화 구입량에 미치는 효과를 가리켜 소득효과라 한다.

가령 어떤 관광소비자가 주어진 소득 100,000원으로 가격 1,000원인 Y관광재화 60단위와 가격이 2,000원인 X관광재화 20단위를 구입하여 소비함으로써 균형상태에 있다고 하자. 이제 소득과 Y관광재화의 가격은 불변인데 X관광재화의 가격만 2,000원에서 1,000원으로 하락한다면, 종전과 같이 Y관광재화 60단위와 X관광재화 20단위를 구입해도 20,000원이 남는다. 이것은 관광소비자의 입장에서 보면 가격이 내린 X관광재화나 가격이 불변인 Y관광재화를 종전보다 20,000원어치만큼 더 살 수 있게 되었으므로 실질소득(상품구매력)이 증가한 것과 같다.

둘째, X관광재화의 가격하락은 X관광재화와 Y관광재화의 가격비율이 달라짐을 의미한다. 그리고 소득변화가 없다는 조건에서는 가격이 하락한 X관광재화의 구입은 증가할 것이고, 가격이 불변인 관광재화의 구입은 감소할 것이다. 다시 말하면 X관광재화 가격이 하락함에 따라 관광소비자는 상대적으로 높은 가격수준이 된 Y관광재화를 상대적으로 낮은 가격수준의 X관광재화로 대체하려고 한다는 것이다. 이러한 현상을 대체효과라고 한다.

이와 같은 소득효과와 대체효과를 〈그림 5-10〉에서 살펴보자. 그림에서 맨 처음의 균형구입점은 가격선 AB와 무차별곡선 I_1이 접하는 E_1에서 이루어지고 있다. 그런데 X관광재화의 가격이 하락했다고 가정하면 가격선은 AB에서 A_1B로 이동할 것이고, 균형구입점은 A_1B와 무차별곡선 I_2의 접점인 E_2로 이동할 것이다. 따라서 X관광재화의 가격하락에 의한 가격효과는 X_1X_3로 표시된다(즉 가격변화가 전의 구입량 $0X_1$은 가격하락으로 $0X_3$로 증가한다. 따라서 구입량의 차이는 $0X_3 - 0X_1 = X_1X_3$가 된다).

그런데 X관광재화의 가격효과 X_1X_3는 대체효과와 소득효과의 합성효과라고 앞에서 설명한 바 있다. 〈그림 5-10〉에서 먼저 대체효과를 찾아보기로 하자.

〈그림 5-10〉 소득효과와 대체효과

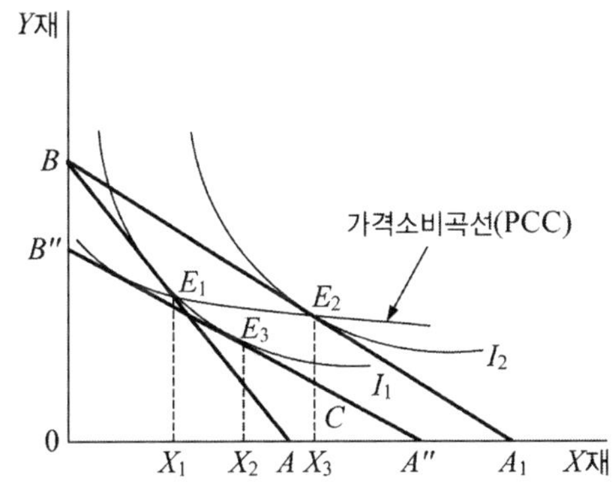

가격변화에 의한 대체효과를 계산하기 위해서는 새로운 가격선 A_1B를 가격변화 이전의 수준에 머물고 있었던 무차별곡선 I_1에 접하도록 평행 이동시킨다. A_1B가 무차별곡선 I_1에 평행 이동한 가격선은 그림에서 $A'B'$로 표시되었다. 그리고 $A'B'$와 I_1은 E_3에서 접하고 있다. 이 접점 E_3가 바로 대체효과를 나타내는 균형점이다. 즉 대체효과는 X_1X_2이다.

이제 소득효과를 보자. 단순한 산술적 계산에 의하면 가격효과 X_1X_3에서 대체효과 X_1X_2를 차감하면 소득효과는 X_2X_3가 되는 것이다. 가격하락은 소득증가를 뜻하고, 소득증가는 가격선 $A'B'$를 우상향으로 평행 이동시켜 A_1B로 만든다. 따라서 보다 높은 수준에 있는 가격선 A_1B는 보다 높은 무차별곡선 I_2와 접하게 될 것이고, 이 때의 균형점은 E_3에서 E_2로 이동할 것이다. 이에 따라 균형구입량은 $0X_2$에서 $0X_3$로 이동하여 X_2X_3만큼 증가한다. 이것이 곧 소득효과를 나타내는 변화량이다.

일반적으로 대체효과는 가격변화와는 반대로 움직인다. 가격이 하락한 관광재화는 구입량이 증가되고, 가격이 상승한 관광재화는 구입량이 감소한다. 따라서 대체효과는 항상 음(−)의 부호를 지닌다. 그러나 소득효과의 부호는 단정하기 어렵다. 가격하락은 실질소득의 증가를 의미하기 때문에 상급재나 정상재를 보다 많이 구입하게 만든다. 즉 가격변화와는 반대방향으로 구입량이 변화한다. 따라서 상급재화나 정상재화의 소득효과 부호는 음(−)이다. 이와는 대조적으로 열등재의 경우는 소득이 늘어나면서 구입량이 감소하기 때문에 가격변화와 같은 방향으로 움직인다는 것을 알 수 있다. 즉 소득효과의 부호는 양(+)이다.

6

관광비용 및 수입

제1절 관광비용의 개념

관광비용이란 관광재화를 생산하는데 소요되는 화폐비용과 관광재화의 생산으로 인한 다른 재화의 생산을 희생시킨 대가를 화폐금액으로 환산한 것을 말한다.

관광기업은 관광소비자에게 양질의 재화와 서비스를 제공하는 것 이외에 다른 기업과 같이 최소의 비용으로 최대의 이익을 획득하기를 기대한다. 따라서 관광비용은 관광기업의 경영관리수준을 반영하는 기초적인 지표가 된다. 이러한 관광비용에는 다음과 같은 것이 포함된다.

첫째, 임금 · 지대 · 이자 등 생산요소의 가격인데, 이것은 생산요소의 소유자에게 지불되는 비용이다. 둘째, 자본소모분의 가액인데, 여기에는 원료비, 보조원료비, 고정자본의 소모비 등이 포함된다. 셋째, 기업가에 대한 정상적인 보수인데, 이것은 생산비용에 포함시키기도 하고 포함시키지 않고 이윤으로 취급할 때도 있다. 넷째, 특허권사용료, 조세, 보험료 등 기타 비용이다.

따라서 관광비용에는 다음과 같은 의의가 있다.

첫째, 관광기업이 경쟁력을 높여, 수익성을 향상시키는 데에는 비용의 절감노력이 불가피하다. 비용은 관광기업이 동업자와 경쟁에서 이기는 데 결정적인 요소가 된다. 둘째, 관광기업의 경영관리수준을 향상시키는 자극제가 된다. 비용이 낮으면 낮은 만큼, 경영관리수준은 높고, 원재료, 노동생산성, 시설가동률 등이 합리적으로 운영되는지 여부가 비용을 통해 반영된다. 비용은 관광기업의 경영관리수준을 통합적으로 반영하는 것이다. 셋째, 비용은 세수 및 거시경제에 영향을 미친다. 산출량이 일정한 상황에서 비용이 증대하면 이익이 감소하고, 이로 인해 법인세의 감소를 초래한다. 반대로 비용이 감소하면 이익의 증가와 함께 법인세의 증가로 연결된다.

관광기업은 주어진 생산량에 대해서 각종 비용을 극소화시킴으로써 이윤극대화를 달성하고자 한다. 관광비용은 회계학에서 사용하는 회계학적 비용과 경제학에서 사용하는 경제학적 생산비가 있는데, 이들은 계산방식에 차이가 있다. 이들의 차이를 살펴보고자 한다.

일반적으로 말해 X라는 관광재화를 한 단위 생산하는 데 드는 기회비용은 X 관광재화를 생산하기 위하여 생산할 수 없었던 다른 어떤 관광재화 Y의 포기된 생산량이라고 규정할 수 있다. 기회비용의 개념은 모든 종류의 관광자원을 사용하는 데 대하여 적용될 수 있다. 즉 어떤 관광자원을 사용함으로써 생기는 기회비용은, 이로 말미암아 희생된 다른 용도에서 사용하게 되는 가치가 된다. 경제학에서 뜻하는 비용은 이러한 기회비용을 의미하는데 경제학적 비용이라고도 한다.

경제학적 비용은 실제로 지출된 비용만을 포괄하는 관광기업의 회계학적 비용과 암묵적 비용(잠재적 비용)까지 포함한 의미를 갖는다. 회계학적 비용은 관광기업회계에서 생산요소의 구입에 따른 화폐지출이 실제로 일어나는 비용을 말하는데, 여기에는 임금, 지대, 이자 등 생산요소에 대한 지출, 원료비, 고정자본소모비, 보조원료비 등 자본 소모분 그리고 조세, 보험료 등이 포함되는데 이를 현시적 비용이라고 한다. 즉 이 비용들은 관광기업이 실제로 화폐를 지불한 비용이라는 뜻에서 현시적 비용이라고 한다.

이에 반해 회계학적 비용에 포함되지 않은 암묵적 비용은 자기 소유의 관광자원이 다른 용도에 사용함으로써 받을 수 있는 금액이다. 예를 들어 자가 고용의 경우 암묵적 임금이란 어떤 사람이 자기 자신의 영업을 하지 않고 다른 직장을 다녔을 때 받을 수 있는 임금이다. 또한 암묵적 이자란 자신 소유의 자본을 자신이 경영하는 사업에 투입하지 않고 다른 용도에 빌려주었을 때 받을 수 있는 이자이다.

이와 같이 경제학적 비용은 어떤 관광기업이 관광자원을 사용하는 데서 초래되는 비용은 이 관광자원을 다른 용도에 사용함으로써 받을 수 있는 가치인 기회비용이므로 여기에는 현시적 비용은 물론이고 암묵적 비용도 포함된다. 그러나 실제 관광기업회계에서 의미하는 비용은 이러한 기회비용의 개념이 아니며 오직 현시적 비용만을 포함하는 것이 보통이므로 경제학에서 뜻하는 비용과는 차이가 있다.

다음과 같은 가상의 예를 통해 이들 차이를 비교해 보고자 한다. 어떤 사람이 자신이 소유하고 있는 땅에 건물을 지어 관광식당을 개업할 것인지 여부를 심사숙고하고 있다고 가정해 보자. 이 사람이 관광식당을 개업할 경우 건물 신축에 1억원과 식기세척기, 조리기, 식기 등 기구구입에 3천만원이 소요되는데, 이 돈은 은행에서 연 10%의 이자율로 대출받고, 건물과 기구의 내구연한은 각각 10년과 3년이라고 가정해 보자. 또 관광식당을 짓지 않고 대지를 임대하였을 때 임대수입은 1년에 5백만원, 이 사람이 관광식당을 경영하지 않고 다른 직장에 고용되어 받을 수 있는 암묵적 임금은 연 1천 2백만원이라고 가정해 보자. 이러한 가정 하에서 식당을 개업하였을 때의 1년간 비용은 다음 〈표 6-1〉과 같이 나타낼 수 있다.

〈표 6-1〉 경제학적 비용과 회계학적 비용 계산

	경제학적 비용	회계학적 비용
종업원임금	2,000만원	2,000만원
이자지급	1,300만원	1,300만원
감가상각		
	건물: 1,000만원	1,000만원
	기구: 1,000만원	1,000만원
원료구입	3,000만원	3,000만원
경영자의 암묵적 임금	1,200만원	0원
땅의 암묵적 지대	500만원	0원
합 계	1억원	8,300만원

〈표 6-1〉에서 보면 경영자의 암묵적 임금과 땅의 암묵적 지대를 합한 1,700만원은 관광식당 경영자 자신의 노동과 땅의 기회비용이며, 회계학적 비용에 이를 합하면 1억원의 경제학적 비용이 된다. 이 사람이 회계학적 비용만을 고려한다면, 1년에 총수입이 8,300만원을 넘는다고 확신할 때 관광식당을 개업할 것이다. 그러나 사실은 총 수입이 1억원을 초과하지 않는다면 자신의 노동과 땅을 관광식당 개업보다는 남에게 임대하는 것이 낫기 때문에, 회계학적 비용만을 고려하는 것은 자신의 관광자원을 비효율적으로 배분하는 결과를 초래할 수 있는 것이다.

제2절 단기의 비용이론

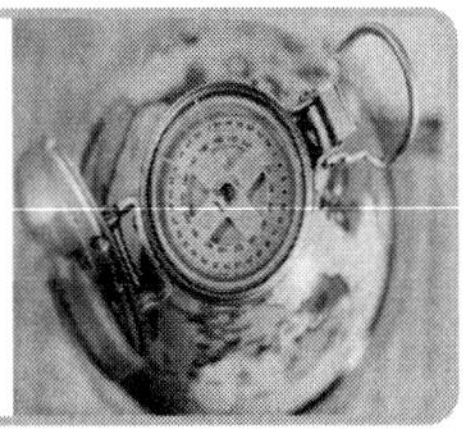

1. 총비용(total cost : *TC*)

지금까지 경제학적 비용의 개념에 대해서 살펴보았다. 이제 비용이론에 관하여 분석해 보기로 한다. 비용이론은 크게 단기비용이론과 장기비용이론으로 나누어 볼 수 있다. 단기비용이론은 고정요소가 있는 경우의 생산비용에 관하여 분석하는 것이며, 장기비용이론은 모든 생산요소가 가변요소인 경우의 생산비에 관하여 분석하는 것이라고 말할 수 있는데 먼저 단기에 대해서 살펴보고자 한다.

단기에서의 총비용(TC)은 고정요소가 있을 때 어떤 산출량의 수준을 생산하기 위하여 필요한 최저의 비용을 말하는데, 총비용(TC)는 총고정비용(TFC)과 총가변비용(TVC)을 합한 것이다. 따라서 총비용은 다음과 같이 나타낼 수 있다.

$$TC = TFC + TVC \quad \cdots\cdots (6-1)$$

총고정비용(TFC)은 어떤 관광재화의 생산량수준과는 관계없이 소요되는 비용을 말하는데, 이를 경상비라 한다. 예를 들면, 단기에서는 자본시설인 경우 생산을 하든지 안 하든지 관계없이 임대료, 감가상각비, 유지비, 보험료 등이 들어가며 자본시설을 위해 필요한 자금을 은행에서 빌렸다면 이자를 지불해야 하고, 다른 사람이 소유한 땅을 임대하여 시설을 건축했다면 땅에 대한 지대도 지불해야 한다.

총가변비용(TVC)이란 생산량을 늘림에 따라 증가하는 비용을 말한다. 예를 들면 어떤 관광재화의 생산량을 증가시킴에 따라 노동, 원재료, 연료 등의 사용이 증가하면 임금, 원재료비, 연료비 등이 늘어난다.

즉, 총고정비용(TFC)은 산출량의 수준과는 독립적으로 일정하게 주어진 생산비용을 말하며, 총가변비용(TVC)은 산출량의 수준에 따라서 변화하는 비용을 말한다.

총비용(TC)과 총고정비용(TFC) 및 총가변비용(TVC)의 관계가 〈그림6-1〉에 나타나 있다. 여기서 볼 수 있는 것처럼 총비용곡선은 총가변비용곡선을 총고정비용만큼 수직으로 올려 주면 얻을 수 있다.

〈그림 6-1〉 총비용곡선

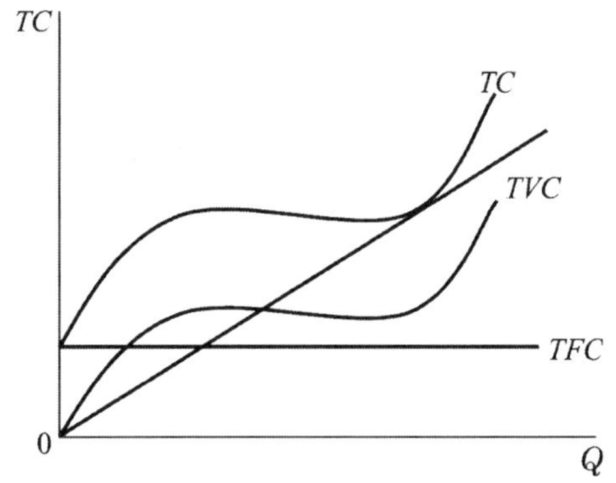

2. 평균비용(average cost : AC)

평균비용(AC)이란 한 단위의 생산량을 생산하는 데 소요되는 비용이므로 총비용을 생산량으로 나눈 값을 말한다. 평균비용은 생산량 수준이 달라지면서 생산물 1단위 비용이 어떻게 변동되고 있는가를 보여주고 있는데 다음과 같은 수식으로 표시할 수 있다.

$$AC = \frac{TC}{Q} \quad \cdots\cdots (6-2)$$

여기에서 AC는 평균비용, TC는 총비용, Q는 총생산량을 나타낸다.

또한 평균비용은 생산물 1단위당 고정비용, 즉 평균고정비용(식 6-3)과 생산물 1단위당 가변비용, 즉 평균가변비용(식 6-4)을 합한 것으로 나타낼 수도 있다.

$$AFC = \frac{TFC}{Q} \quad \cdots\cdots (6\text{-}3)$$

$$AVC = \frac{TVC}{Q} \quad \cdots\cdots (6\text{-}4)$$

$$AC = \frac{TC}{Q} = \frac{TFC}{Q} + \frac{TVC}{Q} = AFC + AVC \quad \cdots\cdots (6\text{-}5)$$

여기에서 AFC는 평균고정비용, TFC는 총고정비용, AVC는 평균가변비용, TVC는 총가변비용, Q는 총생산량을 나타낸다.

평균고정비용(AFC)은 일정한 생산량을 산출하기 위해서 고정요소에 지출된 생산량의 단위당 화폐량을 말하는 것으로 〈그림 6-2〉의 (B)에서 보는 바와 같이 생산량이 증가함에 따라 감소한다. 그 이유는 〈그림 6-2〉의 (A)에서 보는 바와 같이 총고정비용(TFC)이 생산량에 관계없이 일정한 크기를 갖기 때문이다.

〈그림 6-2〉 총고정비용 및 평균고정비용곡선

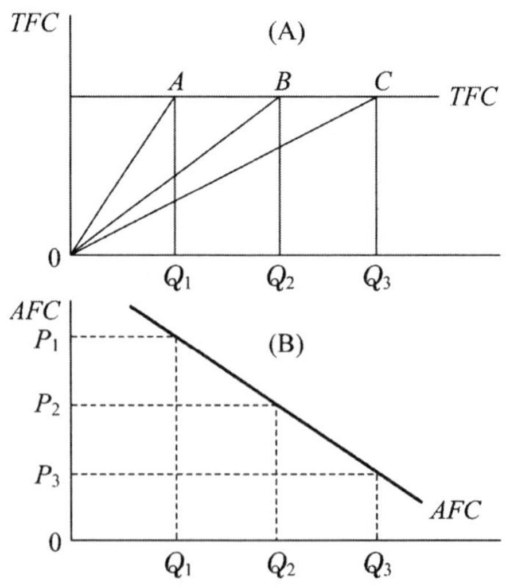

평균고정비용(AFC)은 일정한 생산량을 생산하는 데 있어서 생산량의 단위당 고정요소에 지출된 화폐량을 말하는 것으로, 일정한 범위 내에서는 생산량이 증가함에 따라 감소할 것이다. 그것은 원료나 노동을 대량으로 구매할 때 좀 더 싸게 구매할 수 있는 것이 일반적이기 때문이다. 〈그림 6-2〉의 (A)에서 생산량 Q_1에 대한 평균고정비용(AFC)를 살펴보면 AFC는 $\frac{TFC}{Q}$이므로 Q_1의 AFC는 $\frac{Q_1A}{0Q_1}$이다. 따라서 원점으로부터 Q_1에 대응하는 총고정비용(TFC) 곡선위의 점 A를 연결하는 직선 $0A$의 기울기 값이 Q_1의 평균고정비용(AFC)이다. 마찬가지로 Q_2의 AFC는 $\frac{Q_2B}{0Q_2}$, Q_3의 AFC는 $\frac{Q_3C}{0Q_3}$가 된다. 그림에서와 같이 생산량이 증가함에 따라 원점에서부터 연결되는 직선의 기울기 값이 감소하고 있으며, 이와 같은 관계를 그린 것이 〈그림 6-2〉의 (B)이다. 평균고정비용(AFC)에 생산량을 곱한 것이 총고정비용(TFC)이고 TFC는 생산량에 관계없이 일정하기 때문에 평균비용곡선(AFC)은 직각쌍곡선의 형태를 취한다.

〈그림 6-3〉 총가변비용 및 평균가변비용곡선

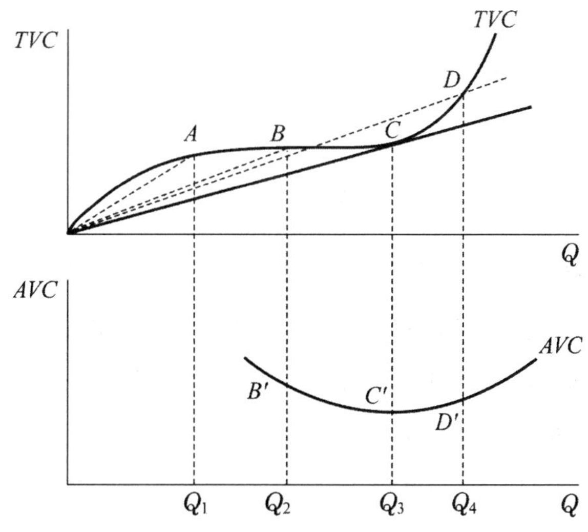

마찬가지로 〈그림 6-3〉에서 보는 바와 같이 평균가변비용은 총가변비용곡선으로부터 도출할 수 있다. 즉 원점으로부터 각 생산량에 대응하는 총가변비용곡선 위의 점을 연결하는 직선의 기울기 값이 각각의 생산량에 대응하는 평균가변비용(AVC)이 된다. 이것은 〈그림 6-3〉에서 보는 바와 같이 U자형의 평균가변비용곡선이 된다.

그러나 평균가변비용은 일정한 범위를 지나 생산량이 증가함에 따라 결국에는 그 비용도 증가하게 된다. 그것은 관광기업이 구매하려고 하는 가변요소들이 부족하게 되어 가격이 오를 것이기 때문이다.

평균비용곡선은 〈그림 6-4〉의 (B)에서와 같이 총비용곡선으로부터 직접 도출할 수도 있다. 원점으로부터 각 생산량에 대응하는 총비용곡선 위의 점을 연결하는 직선의 기울기 값이 평균비용이 된다. 생산량 수준이 Q_2에 이르기 까지 원점을 출발하는 직선의 기울기 값이 점점 감소하다가 Q_2수준에서 평균비용은 가장 작은 값을 가지게 된다. Q_2수준 이상일 때는 기울기 값이 증가하여 평균비용이 상승하게 된다.

3. 한계비용(marginal cost : MC)

한계비용이란 생산량을 1단위 증가시킬 때 발생하는 추가적인 비용의 증가분이다. 즉 다음과 같이 표시할 수 있다.

$$MC = \frac{\Delta TC}{\Delta Q} = \frac{\Delta TFC + \Delta TVC}{\Delta Q} \quad \cdots\cdots\cdots\cdots (6-6)$$

여기에서 MC는 한계비용, ΔTC=총비용의 증가분, ΔTFC는 총고정비용의 증가분, ΔTVC는 총가변비용의 증가분, ΔQ는 총생산량의 증가분을 나타낸다.

만약 총고정비용의 증가분(ΔTFC)은 없다고 가정하면 ΔTFC는 0이 된다. 따라서 한계비용은 생산량의 변화분에 따른 총가변비용의 변화분을 뜻한다. 즉 다음과 같이 나타낼 수 있다.

$$MC = \frac{\Delta TVC}{\Delta Q} \quad \cdots\cdots\cdots\cdots\cdots\cdots\cdots\cdots\cdots\cdots (6-7)$$

한계비용곡선도 평균비용곡선과 마찬가지로 총비용곡선으로부터 도출할 수 있다. 왜냐하면 각 생산량 수준에 대응하는 총비용곡선 위의 접선의 기울기 값이 그 생산량의 한계비용이기 때문이다. 즉 한계비용(MC)은 총비용곡선상의 한 점에서의 기울기와 같다. 〈그림 6-4〉의 (A)에서 총비용곡선의 기울기가 가장 완만하게 그려져 있는 C점이 (B)의 한계비용곡선이 최저가 되는 C_1점과 일치한다. 그러나 이 점을 지나서 생산량이 증가하면 총비용곡선의 기울기는 보다 급격히 상승한다. 또한 이에 대응해서 한계비용곡선은 C_1점을 넘어서면 그림에서 보듯이 상승한다.

〈그림 6-4〉 총비용곡선과 평균 및 한계비용곡선

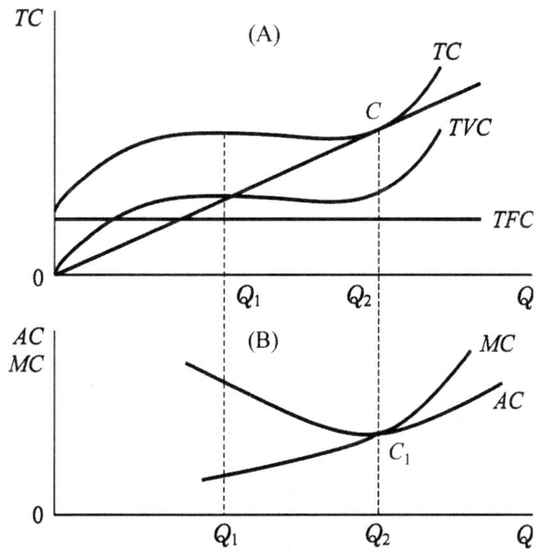

4. 평균비용과 한계비용간의 관계

총비용이 변화하면서 한계비용과 평균비용도 변화하게 되는데, 이들이 어떠한 관계를 가지면서 변화하고 있는지 〈그림 6-4〉의 (B)를 통해 살펴보면 평균비용곡선과 한계비용곡선과의 관계를 다음과 같이 정리할 수 있다.

① 평균비용이 감소할 때는 한계비용이 평균비용보다 적다(즉 AC가 감소하면 $MC < AC$).

② 평균비용이 상승할 때는 한계비용이 평균비용보다 크다(즉 AC가 증가하면, $MC > AC$).

③ 한계비용곡선은 반드시 평균비용곡선의 최저점을 통과한다(즉 $MC = AC$이면 AC는 최저).

지금까지 설명한 여러 가지 비용곡선을 한 곳에 모아 그려놓은 것이 〈그림 6-5〉이다. 이 그림을 통해서 알 수 있듯이 한계비용곡선은 평균비용곡선의 최저점과 평균가변비용곡선의 최저점을 통과한다. 한계비용은 총비용곡선이나 총가변비용곡선 어느 쪽에서 도출해도 동일하다. 총비용곡선은 총가변비용곡선을 총고정비용만큼 위로 이동시킨 것에 불과하기 때문에 각 생산량에 대응하는 접선의 기울기는 같게 된다.

〈그림 6-5〉 각종 비용곡선

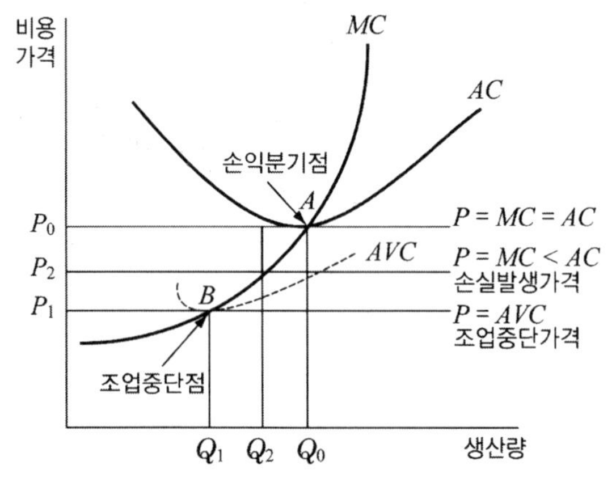

그러나 총비용곡선 및 총가변비용곡선의 한 점과 원점을 연결한 직선의 기울기는 각각 다르기 때문에 한계비용이 각각 다른 생산량 수준에서 평균비용곡선 및 평균가변비용곡선과 만나게 된다. 즉 평균가변비용의 최저점(B점)은 평균비용의 최저점(A점)보다 왼쪽에 위치하게 된다. 그 이유는 평균가변비용이 증가하는 단계에서도 평균고정비용은 계속해서 감소하고 있으므로 평균고정비용의 감소가 평균가변비용의 증가를 상쇄하는 단계까지는 평균비용이 감소하기 때문이다. 그리고 평균비용과 평균가변비용의 최저가 되는 A점과 B점은 각각 관광기업의 손익분기점과 조업중단점이 되는 것이다.

〈그림 6-5〉에서 손익분기점 A는 시장가격과 평균비용이 일치($P=AC$)하는 상황에 있게 되며, 이때의 이윤은 0이다. 시장가격이 손익분기점보다 높게 되면 즉 $P>AC$이면 관광기업은 정(+)의 이윤을 얻는다. 한편, 시장가격이 손익분기점보다 낮으면 즉 $P<AC$이면 관광기업은 부(−)의 이윤(손실)을 얻는다. 조업중단점 B는 시장가격이 평균가변비용에도 못 미치는 상황이기($P<AVC$) 때문에 관광기업은 생산을 중단해야 한다. 그러나 시장가격이 평균가변비용보다 높으면($P>AVC$), 비록 시장가격이 평균비용보다 낮아 손실이 발생하더라도, 관광기업은 생산을 중단하여서는 안 된다. 총수입은 총가변비용보다 크기 때문에, 생산을 중단하는 것은 가변비용을 지불하고 남은 수입부분을 포기하게 되는 것이다. 따라서 단기적으로 생산을 계속하는 것이 낫다.

5. 단기비용이론

이제 어떤 관광기업에 대하여 가상적인 여러 가지의 비용의 실례를 가지고 단기비용분석을 해 보고자 한다. 그 실례를 든 것이 〈표 6-2〉이다. 〈표 6-2〉에서 (1)은 산출량 Q의 수준을 나타낸다. (2)는 총고정비용(TFC)이므로 산출량 수준과는 독립적으로 55원으로 표시되어 있다. 즉 산출량의 수준이 0일 때에도 임대료와 같은 고정비용은 발생한다. (3)은 총가변비용(TVC)이므로 산출량 수준이 증가함에 따라서 상승하게 된다. 예를 들면 원재료비나 임금과 같은 것이다. (2)와 (3)을 더하면 총비용(TC) (4)를 얻게 된다. (5)는 한계비용(MC)을 나타내는

데, 예를 들면 산출량 4단위를 생산하는 데 드는 총비용이 160원이고, 5단위를 생산하는 데 드는 총비용이 210원이라면, 4단위를 생산하다가 추가로 한 단위를 더 생산하는 데 드는 한계비용은 50원(210－160)이 된다. 또한 한계비용은 앞뒤 두열로 되어 있다. 총비용의 앞뒤 수치의 차액을 계산한 것이 앞 열이고, 그것의 평균한 값이 뒤 열이다. 뒤 열은 한계비용을 곡선으로 표시할 때 모가 나지 않고 원활하게 되도록 계산한 것이다.

〈표 6-2〉 여러 가지 종류의 가상비용

산출량 Q	고정비용 TFC	가변비용 TVC	총비용 TC	한계비용 MC		평균비용 AC	평균 고정비용 AFC	평균 가변비용 AVC
(1)	(2)	(3)	(4)= (2)+(3)	(5)		(6)= (4)÷(1)	(7)= (2)÷(1)	(8)= (3)÷(1)
0	55	0	55			∞	∞	
1	55	30	85	30	27.5	85	55	30
2	55	55	110	25	22.5	55	27.5	27.5
3	55	75	130	20	25	43.3	18.3	25
4	55	105	160	30	40	40	13.7	26.2
5	55	155	210	50	60	42	11	31
6	55	225	280	70	80	46.6	9.1	37.5
7	55	315	370	90	100	52.9	7.9	45
8	55	425	480	110	120	60	6.9	53.1
9	55	555	610	130	140	67.8	6.1	61.7
10	55	705	760	150		76	5.5	70.5

총비용 가운데 고정비용은 일정하므로 가변비용만을 가지고도 한계비용을 산출할 수 있다. 한계비용은 처음에는 감소하다가 나중에는 증가하는 것을 볼 수 있다. (6)은 평균비용(AC)인데, (4)의 총비용을 (1)의 산출량의 크기로 나눈 것이다. 평균비용도 처음에는 감소하다가 일정 산출량 수준이 지나면 상승한다. (7)의 평균고정비용(AFC)은 (2)의 고정비용을 (1)의 산출량의 크기로 나눈 것인데, 고정비용은 일정한데 증가하는 산출량(Q)으로 나누게 되므로 점점 더 작아지게 된다. (8)의 평균가변비용(AVC)은 (3)의 가변비용을 (1)의 산출량의 크기로 나눈 것인데, 평균비용과 마찬가지로 처음에는 감소하다가 일정 산출량 수준

이 지나면 상승한다.

이와 같이 관광기업의 각종 비용을 나타낸 〈표 6-2〉를 참고하여 이를 곡선의 그래프로 나타낸 것이 〈그림 6-6〉, 〈그림 6-7〉이다. 〈그림 6-6〉은 총비용곡선, 총고정비용곡선 및 총가변비용곡선을 〈표 6-2〉의 비용자료에 따라서 나타낸 것이다. 마찬가지로 〈그림 6-7〉은 평균비용곡선, 평균가변비용곡선, 평균고정비용곡선 및 한계비용곡선을 〈표 5-2〉의 비용자료에 기초하여 그린 것이다.

〈그림 6-6〉에서는 총비용, 총가변비용 및 총고정비용의 관계가 나타나 있다. 생산량의 증가에도 불구하고 총고정비용곡선(TFC)은 일정불변으로 55원의 수준에서 산출량의 크기와는 상관없이 수평선으로 나타난다. 그 위에 산출량이 증가함에 따라서 상승하는 총가변비용(TVC)을 더하면 총비용곡선(TC)을 얻게 된다. 이 때 총비용곡선과 총고정비용비용 간의 거리가 총가변비용을 나타낸다.

〈그림 6-6〉 총비용곡선과 총가변비용 및 총고정비용곡선

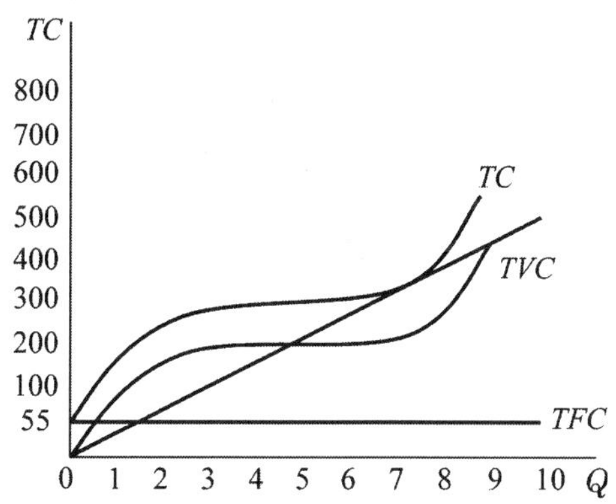

〈그림 6-7〉에서 평균고정비용곡선(AFC)은 산출량이 증가함에 따라서 계속적으로 감소해 간다. 그 이유는 생산량이 증가함에 따라 고정된 비용금액이 보다 많은 생산량으로 나누어지기 때문이다. 그리하여 평균고정비용곡선은 직각쌍곡선의 형태를 취한다. 그 이유는 평균고정비용(AFC)는 총고정비용(TFC)를 산

출량(Q)으로 나눈 것인데, 이는 곧 TFC는 AFC에 Q를 곱한 것과 같다. 그러나 총고정비용(TFC)은 55원의 수준에 고정되어 있으므로 평균고정비용곡선(AFC)은 직각쌍곡선이다.

〈그림 6-7〉에서 평균가변비용곡선(AVC)은 처음에는 감소하다가 A점에서 최저에 이른 후 다시 상승한다. AVC가 최저에 이르는 A점에서 평균가변비용곡선과 한계비용곡선이 만나게 된다($AVC=MC$). 그 이유는 한계비용(MC)이 평균가변비용(AVC)보다 작을 때($MC < AVC$), 즉 MC곡선이 AVC곡선 밑에 있을 때는, MC가 AVC를 밑으로 끌어 내려서 하락하도록 만든다.

〈그림 6-7〉 한계비용곡선과 평균비용곡선

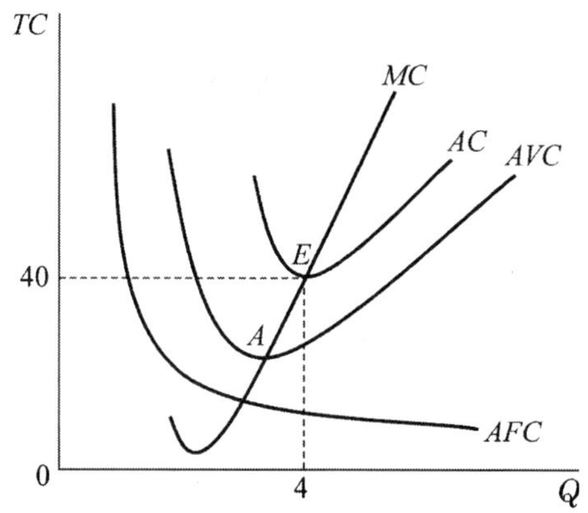

반면에 한계비용곡선이 위에 있는 구간에서는, 즉 한계비용(MC)이 평균가변비용(AVC)보다 클 때($MC > AVC$)는 한계비용이 평균가변비용을 끌어 올리므로 평균가변비용은 상승하게 된다. 따라서 평균가변비용이 최저(A점)에 도달하였을 때는 $MC=AVC$가 된다. 그리고 평균가변비용곡선이 지니는 또 하나의 성질은 산출량의 수준이 커질수록 평균고정비용(AFC)은 감소하므로 자연히 평균가변비용(AVC)은 평균비용(AC)에 점차 접근하게 된다.

〈그림 6-7〉에서 평균비용곡선(AC)은 처음에는 감소하다가 점 E에서 최저에

도달한 후 다시 상승하는 형태를 취하고 있다. 평균비용(AC)은 평균고정비용(AFC)과 평균가변비용(AVC)을 합한 것이므로 평균비용곡선의 형태는 평균고정비용 및 평균가변비용곡선의 형태에 달려 있다. 따라서 AFC과 AVC 모두가 감소할 때는 AC도 감소한다. AC의 하락은 AVC이 상승하기 시작한 후에도 얼마 동안은 계속되는데, 이는 AFC의 감소가 더 크기 때문이다. 그러나 결국 AVC의 상승이 AFC의 감소를 능가하게 되면 AC도 상승하게 된다.

AC가 최저(E점)에 도달할 때 $MC = AC$가 된다는 것은 앞의 AVC의 경우와 같다. 그 이유는 MC가 AC보다 작을 때($MC < AC$)에는 AC를 끌어내리므로 평균비용곡선은 하락하나, MC가 AC보다 크면($MC > AC$) AC를 끌어 올리므로 AC는 상승하게 된다. 따라서 AC가 최저에 있을 때 $MC = AC$가 된다.

〈그림 6-7〉에서 한계비용은 처음에는 감소하다가 최저가 된 후 다시 상승한다. MC곡선이 AVC와 AC가 각각 최저(A점과 E점)에 도달할 때 이들 곡선과 만난다는 것은 앞에서도 지적하였다. 또한, AVC와 AC가 하락하는 구간에서는 MC가 각각 AVC와 AC의 밑에 있게 된다. 그 이유는 MC가 AVC 및 AC보다 작아야만 이들을 끌어내릴 수 있기 때문이다. 반대로 AC와 AVC가 상승하는 구간에서는 MC가 이들보다 커서 위에 있는데, 그래야만 AC와 AVC를 끌어올릴 수 있다.

제3절 장기의 비용이론

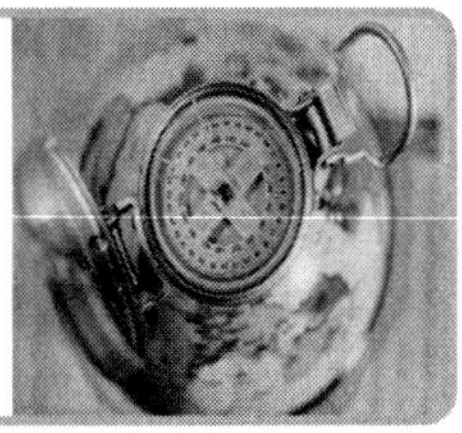

일반적으로 관광기업 입장에서 보면 단기에는 투입량을 증대시킬 수 없는 고정요소가 존재하는데, 예를 들면 시설의 규모가 그것이다. 그런데 장기에는 모든 생산요소가 가변요소이므로 시설 같은 것도 마음대로 변화시킬 수 있다. 그러나 장기의 각종 비용도 단기의 경우와 유사하게 정의된다.

장기총비용(LTC)은 모든 생산요소의 투입량을 마음대로 변화시킬 수 있을 때, 어떤 일정한 수준의 산출량을 생산하는 데 드는 최저의 총비용이다. 장기평균비용(LAC)은 장기총비용을 산출량(Q)으로 나눈 것이다. 또한 장기한계비용(LMC)도 산출량이 1단위 더 증가할 때 드는 장기총비용(LTC)의 증가분으로 정의된다. 그러나 장기에는 고정비용은 존재하지 않으므로 단기에서처럼 고정비용이나 가변비용의 구별도 없고 평균고정비용이나 평균가변비용도 존재하지 않는다.

이제 장기평균비용곡선에 관하여 살펴보자. 관광기업은 매 기당 생산량이 정해지면 이에 알맞은 생산규모 하에서 가변요소를 투입하여 비용의 극소화를 꽤할 것이다. 그런데 단기비용과 장기비용 사이에는 밀접한 관계가 있게 되는데, 장기비용곡선은 각 생산규모에 대응하는 여러 개의 단기비용곡선 중에서 주어진 생산량을 최소의 비용으로 생산할 수 있는 점들을 연결하여 얻는다. 이를 다른 말로 표현하면, 장기총비용곡선($LRTC$)은 여러 개의 단기총비용 곡선을 에워 싼 포락선이다. 마찬가지로 장기평균비용곡선은 단기평균비용곡선($SRAC$)의 포락선이다. 그러나 장기한계비용곡선($LRMC$)은 단기한계비용($SRMC$)의 포락선이 아니다는 것에 주의해야 한다.

〈그림 6-8〉은 장기평균비용곡선과 장기 한계비용곡선이 장기 총비용곡선으

로부터 어떻게 도출되는가를 보여준다. 〈그림 6-8〉 (A)의 TC_1, TC_2, TC_3은 3개의 단기 총비용곡선이며, 이 3개의 단기총비용곡선의 포락선이 하나의 장기 총비용곡선($LRTC$)을 이루고 있다.〈그림 6-8〉 (B)는 이들 단기총비용곡선으로부터 3개의 단기평균비용곡선 AC_1, AC_2, AC_3 및 단기한계비용곡선 MC_1, MC_2, MC_3가 도출되고 있다. 장기총비용곡선($LRTC$) 상의 점 A, B, C에 각

〈그림 6-8〉 단기 및 장기비용곡선

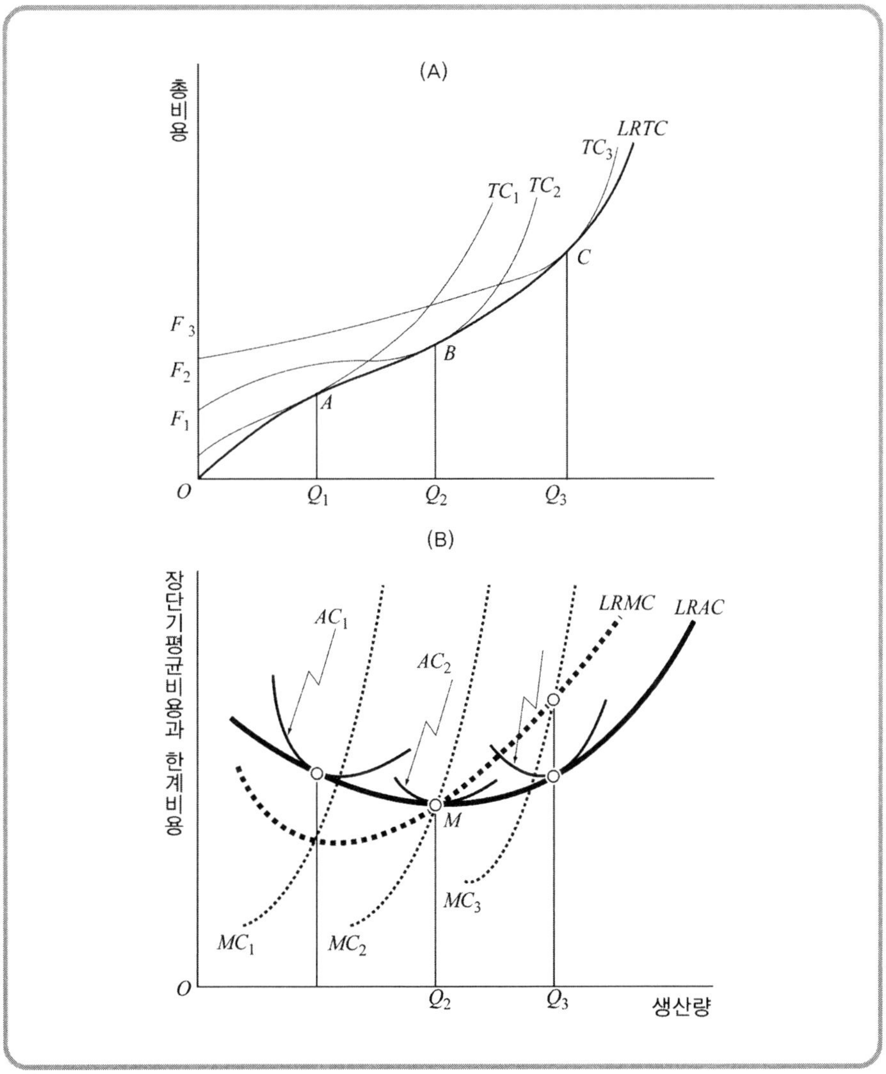

각 대응하고 있으며 장기평균비용곡선은 단기평균비용곡선의 포락선임을 보여주고 있다. 그러나 장기평균비용곡선이 단기평균비용곡선의 최저점과 반드시 접하는 것은 아니라는 사실에 유의해야 한다.

생산규모가 확대됨에 따라 장기평균비용이 감소하는 경우를 수익증가라고 하고, 생산규모 확대와 더불어 평균비용이 증가하는 경우를 수익감소라고 한다. 그리고 생산규모가 확대되거나 감소하더라도 장기평균비용이 불변한 경우를 수익불변이라 부른다. 그리고 장기평균비용곡선의 최저점과 접하는 단기평균비용곡선의 시설규모를 최적시설규모라 하고 이때의 생산량(Q_2)을 최적생산량이라 한다.

제4절 기업의 수익분석

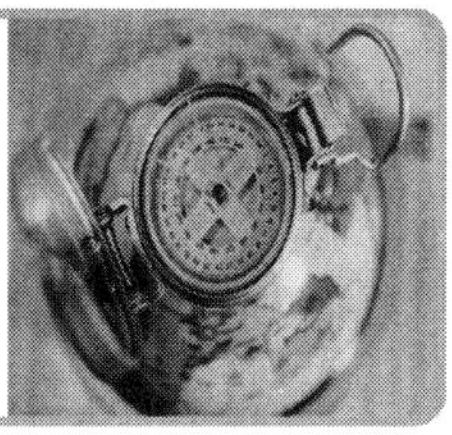

1. 총수입(total revenue : TR)

총수입(TR)이란 관광판매가격에 관광판매수량을 곱한 것을 말한다. 예를 들면 어떤 관광기업의 제주도관광 판매가격이 200,000원이고 관광객 수가 100명이라면 이때의 총수입은 20,000,000원이 된다.

이를 수식으로 표시하면 다음과 같다.

$$TR = P \times Q \quad \cdots\cdots (6\text{-}7)$$

여기에서 TR는 총수입, P는 판매가격, Q는 판매량을 나타낸다.

2. 한계수입(marginal revenue : MR)

한계수입(MR)은 판매수량을 1단위 증가시킴으로써 발생한 총수익의 증가분이다. 이를 다음과 같이 나타낼 수 있다.

$$MR = \frac{\Delta TR}{\Delta Q} \quad \cdots\cdots (6\text{-}8)$$

여기에서 MR는 한계수입, ΔTR는 총수입의 증가분, ΔQ는 판매량 증가분을 나타낸다.

이 때 한계수입(MR)은 총수입곡선상의 한 점에서의 기울기와 같다.

3. 평균수입(average revenue : AR)

평균수입(AR)이란 공급자의 가격을 의미하는데, 즉 이것은 총수입을 판매량으로 나누는 것이 평균수입이 된다. 이를 다음과 같이 나타낼 수 있다.

$$AR = \frac{TR}{Q} \qquad \cdots\cdots (6-9)$$

여기에서 AR는 평균수입, TR는 총수입, Q는 판매량을 나타낸다.

이를 다시 표현하면

$$AR = \frac{TR}{Q} = \frac{P \times Q}{Q} = P$$

이 된다. 따라서 평균수입은 판매가격이 되는 것이다.

4. 기업의 수익분석

위와 같은 개념들을 간단하게 설명하기 위하여 한 산업을 한 기업이 독점하고 있는 독점기업의 가상의 여러 가지 수입을 표로 만들어 보았다.

〈표 6-3〉 수입분석

수량(Q)	가격(P)	총수입 (TR=P×Q)	한계수입(MR)		평균수입(AR)
(1)	(2)	(3)=(1)×(2)	(4)		(5)=(3)÷(1)
0	200	0			200
1	180	180	180	160	180
2	160	320	140	120	160
3	140	420	100	80	140
4	120	480	60	40	120
5	100	500	20	0	100
6	80	480	−20	−40	80
7	60	420	−60	−80	60
8	40	320	−100		40

〈표 6-3〉에서 (1)은 판매량을 나타내고, (2)는 (1)의 수량을 판매할 수 있는 가격수준을 나타낸다. (3)는 판매량에 가격을 곱한 총수입 즉 (1)과 (2) 곱한 결과이다. (4)는 한계수입인데 판매수량을 1단위 증가시킴으로써 발생한 총수입의 증가분이다. 따라서 이것은 (3)에서 계산된다. 0단위의 수량에서는 총수입이 0 이지만, 1단위를 생산판매함으로써 총수입은 180이 되었다. 즉 1단위의 수량증가에 의해서 총수입은 180이 증가한 셈이다. 그러므로 한계수입은 180이다. 또한 단위의 수량 증가로 2단위를 생산 판매하면 총수입은 320으로 되어 1 단위의 수량 때보다 140이 증가되었다. 이때의 한계수입은 140이 된다. 여기서 1단위 생산했을 때의 한계수입을 도출할 수 있다. 즉 앞뒤의 180과 140을 평균하여 160을 1단위 생산했을 때의 한계수입으로 잡는 것이다. (4)의 한계수입은 이렇게 하여 계산된 것이다.

〈표 6-4〉 비용분석

산출량 Q	고정비용 TFC	가변비용 TVC	총비용 TC	한계비용 MC		평균비용 AC	총수입 (TR=P×Q)	총이윤 π
0	145	0	145			∞	0	−145
1	145	30	175	30	27.5	175	180	5
2	145	55	200	25	22.5	100	320	120
3	145	75	220	20	25	73.3	420	200
4	145	105	250	30	40	62.5	480	230
5	145	155	300	50	60	60	500	200
6	145	225	370	70	80	61.7	480	110
7	145	315	460	90	100	64.3	420	−40
8	145	425	570	110		71.3	320	−250

이제 총이윤에 대해서 살펴보고자 한다. 〈표 6-4〉는 〈표 6-3〉에 상응하는 가상의 비용분석을 한 것이다. 〈표 6-4〉의 총이윤은 총비용과 〈표 6-3〉의 총수입을 대입하여 계산한 것이다. 즉 총이윤은 수입분석에서의 총수입에서 비용분석에서의 총비용을 뺀 것이다.

총이윤에서 최대치 즉, 극대치는 230으로 수량 4단위이고, 그 때의 가격수준은 120이다. 그리고 이때의 한계수입이 40인데 대하여 한계비용도 40이다. 즉 극대이윤을 가져오는 수량과 가격수준에서는 언제나 한계수입과 한계비용이 같다는 것이다. 그러므로 이윤극대화를 위한 기업의 행동원리는 한계수입과 한계비용이 일치하는 점에서 이루어진다는 것이다.

The economics of tourism

7

완전경쟁의 관광시장

제1절 관광시장의 개념 및 형태

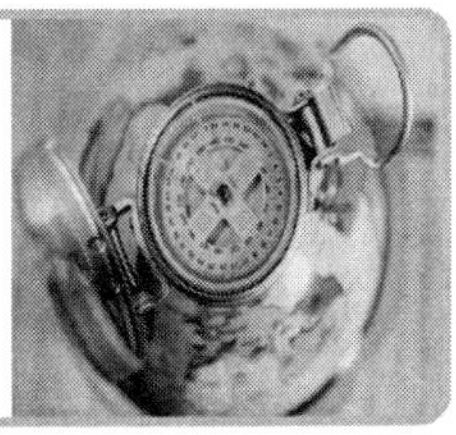

1. 관광시장의 개념

시장이란 동일한 재화와 대체성이 높은 재화, 즉 같은 종류의 재화가 거래되는 생산자(판매자)와 소비자(구매자)의 집단을 의미한다. 따라서 어떤 재화의 수요와 공급에 의해 그 재화의 가격이 형성되고, 재화의 거래가 규칙적으로 이루어지는 구체적 또는 추상적인 장소를 말한다. 경제학적인 시장개념은 재화의 수요자와 공급자가 모여 거래행위가 이루어지는 특정한 장소뿐만 아니라 어떤 재화의 수요와 공급에 관한 정보가 수요자와 공급자 사이에 교환되어 그 재화가 매매되는 추상적인 장소까지 포함한다. 예를 들면 농산물시장, 수산물시장, 증권거래소 등과 같이 수요자와 공급자들이 특정한 장소에 모여 상품을 거래하는 경우도 있고 외환시장, 금융시장, 노동시장과 같이 전화나 전신에 의하여 먼 거리에 있는 수요자와 공급자가 서로 각 시장의 상품에 대한 정보를 교환하고 매매가 이루어지는 경우도 있다.

시장에서는 항상 상호 이해관계가 대립되는 두 힘이 작용한다. 하나는 재화를 판매하려고 하는 사람들의 경쟁관계이며 또다른 하나는 재화를 구입하고자 하는 사람들의 경쟁관계인데, 이러한 두 힘은 최선의 조건을 획득하고자 하는 과정에서 충돌과 경쟁이 계속되며 서로의 실질적인 이익을 충족시키기 위해서 노력한다. 시장에서는 조화나 협력보다는 경쟁이나 이해의 상충이 반복적으로 발생한다. 그러나 부분적 또는 개별적 경쟁관계가 국민경제 전체의 입장에서 볼 때는 발전적인 조화를 형성하게 되어 국민경제적 질서의 동기가 되는 것이다.

시장에서는 상호 이해관계를 갖는 집단에 의해 가격기구가 작용한다. 즉 수요와 공급의 법칙에 의해서 어떤 재화의 균형가격과 균형 수급량이 결정된다. 이러한 자유경쟁시장의 매력은 재화의 수요자와 공급자가 그 재화에 대한 정보를 자율적으로 교환하고 수요와 공급의 법칙에 의하여 결정된 그 재화의 균형가격으로 그 상품을 자율적으로 매매함으로써 거래당사자에게 이익을 가져다 준다. 이것이 바로 아담 스미스의 '보이지 않는 손'의 작용을 의미한다.

관광시장도 일반시장과 대부분 동일하다. 당초 관광업자와 관광소비자의 대면적 교환이었던 것이 관광소비자로부터 위탁받은 여행사나 중계도매상, 유통과정을 담당하는 업계단체, 정부관계기관 등이 교환에 개입함으로써 교환관계는 복잡하게 된다. 이렇게 오늘날 관광시장은 특정 일시, 교환시장이라는 틀을 넘은 관광재화의 교환이라는 경제활동 모두를 집약한 것으로 이해되고 있다.

2. 관광시장의 형태

관광시장의 양상은 관광소비자와 관광공급자의 수, 관광재화 간의 차이, 관광시장에 대한 진입조건(기업에 의한 가격통제의 정도) 등에 따라 달라진다. 관광시장의 형태를 분류하는 기준은 〈표 7-1〉과 같이 나타낼 수 있다. 〈표 7-1〉에서 보는 바와 같이 재화시장은 크게 완전경쟁관광시장과 불완전경쟁관광시장으로 나누어진다. 불완전경쟁관광시장은 다시 독점관광시장, 독점적 경쟁관광시장, 과점관광시장으로 나누어진다.

〈표 7-1〉 관광시장의 형태

시장의 형태	기업의 수	시장의 동질성	기업에 의한 가격통제의 정도
완전경쟁	수없이 많음	동질적	전혀 없음
불완전경쟁			
(1) 독점	하나	동질적	아주 큼
(2) 과점	몇 개	동질적, 이질적	꽤 큼
(3) 독점적 경쟁	많음	이질적	어느 정도 있음

완전경쟁관광시장이란 수많은 관광소비자와 관광공급자가 주어진 관광시장가

격하에서 동질의 관광재화를 자유스럽게 사고파는 관광시장을 말한다. 완전경쟁관광시장에서 각 관광소비자와 관광공급자가 사고파는 관광재화수량은 전체 관광시장거래량에 비추어 볼 때 너무 미미하다. 따라서 개별관광소비자나 관광공급자는 관광시장가격을 스스로의 힘으로 변경시킬 수 없다. 주어진 관광시장가격 수준에서 자기가 사고자 하거나 팔고자 하는 수량을 결정할 수 있을 뿐이다.

개별관광소비자나 관광공급자가 관광시장가격을 단독으로 변경시킬 수 없기 때문에 관광시장가격을 주어진 그대로 받아들이는 것을 가격수용형태라 한다. 가격수용형태가 완전경쟁관광시장의 가장 두드러진 특징이다.

불완전경쟁관광시장에서는 관광공급자인 관광기업이 관광시장가격을 결정할 수 있는 힘, 즉 관광시장지배력을 갖는다. 관광기업이 하나이냐, 소수이냐, 다수이냐에 따라 독점관광시장, 독점적 관광경쟁시장, 과점관광시장으로 구분한다. 일반적으로 관광기업의 수가 소수일수록 관광공급자의 관광시장 지배력이 커진다.

제2절 완전경쟁관광시장이론

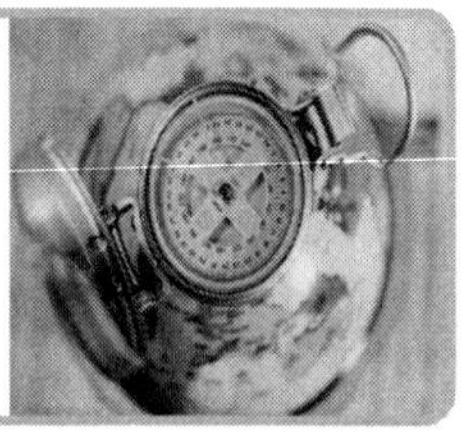

1. 완전경쟁시장의 성립조건

완전경쟁시장에서는 한 재화에 단 하나의 가격만이 있을 수 있다. 즉 일물일가의 법칙이 성립된다. 그리고 완전경쟁이 성립하기 위해서는 수많은 수요자와 공급자가 있어야 하며, 동질적인 재화가 공급되어야 하며, 자원이 자유롭게 이동할 수 있어야 하고, 경제주체들이 완전한 정보를 가지고 있는 네 가지 조건이 충족되어야 한다. 그러나 우리가 곧 알 수 있는 것은 현실적으로 존재하는 어떠한 시장도 이 네 조건을 모두 충족시킬 수 없다는 것이다. 심지어 농산물시장의 경우에도 처음 세 가지 조건은 충족될 수 있으나, 네번째 조건인 완전한 정보를 가지고 있어야 한다는 것은 기후의 변화를 정확하게 예측할 수는 없으므로 충족될 수가 없는 것이다.

그러면 문제는 자연히 왜 현실적으로 존재하지도 않는 완전경쟁시장에 대하여 분석하느냐 하는 것이다. 이 의문에 대한 답변은, 첫째로 방법론에 관해서 볼 때 모든 이론은 불가피하게 복잡한 현실을 단순화하고 추상화한 것이라는 점이다. 즉 어떤 이론도 현실을 완전히 그릴 수는 없다는 것이다. 둘째는 완전경쟁시장이론이 현실을 비교적 잘 설명하고 예측한다는 것이다. 즉 비록 가정은 비현실적이지만 이론의 현실에 대한 예측이나 설명이 훌륭하므로 유용하다는 것이다. 셋째는 완전경쟁시장모형은 하나의 이상적인 상황을 전제로 한 것이므로, 현실적으로 존재하는 불완전경쟁시장을 평가할 수 있는 기준을 제공하는 것이다.

2. 관광시장수요곡선과 관광기업의 수요곡선

(1) 관광시장수요곡선과 관광기업의 수요곡선

완전경쟁관광시장 하에서 관광기업이 가격순응자라는 말은 하나의 관광기업이 공급량을 증감시키더라도 그 관광기업이 판매하는 재화의 가격에는 영향을 미치지 못한다는 의미인데, 이는 정확하게 표현해서 완전경쟁관광기업의 관광수요곡선은 완전탄력적인 수평선의 형태를 이룬다는 것이다.

〈그림 7-1〉 관광시장 및 관광기업의 수요곡선

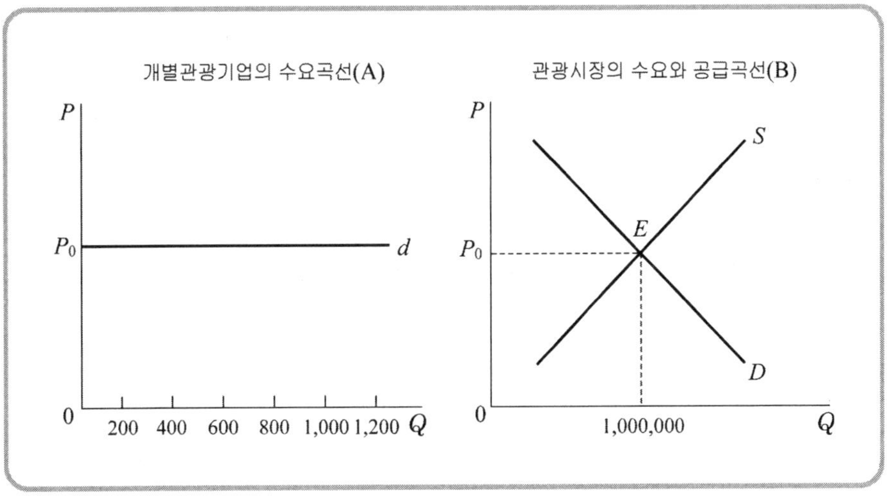

이와 같은 관광수요곡선은 〈그림 7-1〉(A)에서 나타나는데, 여기서 한 관광기업의 최고공급량 수준은 1,200으로 가정되어 있다. 이 관광기업이 직면한 전체 관광산업 부문의 경쟁시장에서 관광수요와 관광공급곡선은 (B)에 나타나 있다. 이 관광수요와 관광공급의 교차점에서 균형관광시장가격 P_0와 균형관광시장의 수급량인 100만 단위가 형성된다.

관광기업의 관광수요곡선은 두 가지 이유에서 완전탄력적으로 된다. 첫째, 한 관광기업의 재화는 다른 관광기업의 재화와 같은 성격을 띠므로 그 관광기업이 가격을 올린다면 관광소비자는 그보다 낮은 가격인 P_0로서 다른 관광기업의 재화를 사게 될 것이다. 둘째, 한 관광기업의 공급은 관광산업 전체와 비교할 때 큰 물통 속의 물 한 방울과 같은 아주 작은 비중을 차지하므로 관광시장균형가격인 P_0로서 각 관광기업의 전 공급량을 효과적으로 판매할 수가 있다.

〈그림 7-1〉의 (A)와 (B)에서 두 가지 점을 포착할 수 있다. 첫째, 개별관광기업은 아주 작은 부분을 차지하고 있기 때문에 관광시장에서 결정된 가격인 P_0에는 하등의 영향력을 미치지 못한다는 점이다. 그러나 이 개별관광기업의 모임인 전체의 흐름은 관광시장가격에 영향을 미치기 때문에 전체 관광산업의 관광시장수요곡선은 개별관광수요곡선인 D가 수평선인데 반해 우하향의 곡선을 그리게 된다.

둘째, 가격은 모든 관광소비자와 공급자 간에서 결정되지만 일단 (B)에서 P_0라는 가격이 결정되면 개별관광기업의 생산량이란 물 한 방울과 같기 때문에 이 가격에 영향을 주지 못한다. (A)의 1,200이라는 단위는 (B)에서는 조그마한 점에 불과하다.

(2) 완전경쟁관광기업의 총수입과 평균 및 한계수입

한 개의 관광수요곡선에서 두 가지 면을 관찰할 수 있다. 하나는 각기 상이한 가격에서 관광소비자가 구입하고자 하는 양이고, 다른 하나는 공급자가 얻는 상이한 양에 해당하는 가격, 즉 수입이다. 이제는 우리는 이 두 번째인 수입면을 보기로 한다.

개별관광기업은 다음과 같이 총수입(TR)에서 총비용(TC)을 뺀 이윤(Π)을 극대화하고자 한다.

$$\Pi = TR - TC \quad \cdots\cdots (7-1)$$

이윤이 극대화된다는 것은 단순히 총수입이 극대화되거나 총비용이 극소화되는 것을 뜻하지 않는다. 그러나 이윤을 극대로 하는 생산수준이 일단 결정되면 이 생산량을 생산하는 총비용은 극소화되어야 한다. 관광기업의 정상이윤은 그 관광기업의 총비용에 포함되므로 여기에서 정의한 이윤은 정상이윤을 초과하는 이윤을 말한다. 관광기업은 이윤을 극대로 하는 산출량을 생산할 때 균형을 이루게 된다. 극대이윤을 보장해 주는 산출량 수준에서 벗어나 다른 산출량을 생산하려는 유인이 없기 때문에 균형인 것이다.

관광기업의 총수입(TR)은 다음과 같이 재화의 관광시장가격(P)과 판매량(Q)과의 곱으로 나타낸다.

$$TR = P \times Q \quad \cdots\cdots (7-2)$$

평균수입(AR)은 생산물 한 단위당 얻을 수 있는 수입을 말하며 다음과 같이 나타낸다.

$$AR = \frac{TR}{Q} = \frac{P \times Q}{Q} = P \quad \cdots\cdots (7-3)$$

따라서 평균수입은 식 (7-2)를 이용하면, 식 (7-3)처럼 관광시장가격 P와 같게 됨을 알 수 있다.

한계수입은 생산물 한 단위를 추가로 판매할 때 얻어지는 총수입의 증가분이다.

$$MR = \frac{\Delta TR}{\Delta Q} = \frac{P \times \Delta Q}{\Delta Q} = P \quad \cdots\cdots (7-4)$$

완전경쟁관광시장에서는 관광시장가격이 관광기업의 공급량과 관계없이 일정하므로 총수입의 증가분은 $\Delta TR = P \times \Delta Q$ 로 표시된다. 따라서 한계수입(MR)은 (7-4)식과 같이 관광시장가격(P)과 같게 된다. 따라서 완전경쟁관광기업의 평균수입 및 한계수입은 관광시장가격과 같게 된다. 즉 $P = AR = MR$ 이다. 이와 같이 $AR = MR$이 되는 것이 완전경쟁관광시장이다. 다른 세 종류의 시장기구인 독점, 독점적 경쟁 및 과점관광시장에서는 이런 관계가 성립되지 않는다.

〈그림 7-2〉 (A)는 총수입곡선을 나타낸 것이고, (B)는 평균수입과 한계수입곡선을 나타낸 것이다. 그림에서 볼 수 있는 것과 같이 평균수입곡선과 한계수입곡선은 같다. 이는 총수입곡선을 통해서 확인된다.

〈그림 7-2〉 (A)에서 각 생산량에 대응하는 총수입곡선의 기울기는 일정하다. 각 생산량에 대응하는 총수입곡선의 기울기는 한계수입이다. 따라서 한계수입도 일정하다. 또한 총수입곡선이 원점을 통과하는 직선이기 때문에 총수입곡선 전체의 기울기인 평균수입도 일정하다. 물론 그림에서 각 공급량에 대응하는 총수입곡선의 기울기와 총수입곡선 전체의 기울기는 같다. 결국 한계수입과 평균수입이 일정하고 같게 된다는 것을 알 수 있다.

〈그림 7-2〉 총수입곡선과 평균수입 및 한계수입곡선

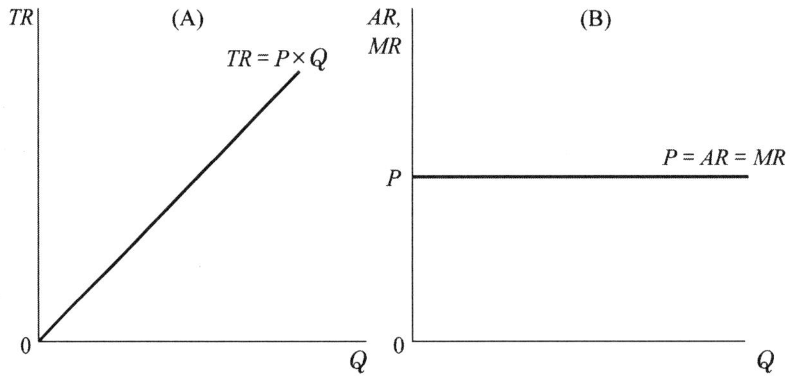

따라서 평균수입곡선은 개별기업이 직면하는 수요곡선이 된다. 완전경쟁시장이든 불완전경쟁시장이든 간에 한 관광기업의 평균수입곡선이 그 관광기업의 공급량에 대한 수요곡선이다. 이는 앞에서 설명한 바와 같이 평균수입이 시장가격과 같은데 기인한다. 관광기업이 판매한 공급량의 각 단위는 누군가가 구매하기 때문에, 관광소비자의 입장에서 보면 평균수입의 각 수준에서 관광기업의 공급량을 몇 단위 구매할 것인가를 나타나게 되므로 평균수입곡선은 곧 수요곡선이 되는 것이다.

제3절 완전경쟁 관광기업의 단기균형

1. 완전경쟁 관광기업의 이윤극대화

완전경쟁 관광시장에서 관광시장 수요곡선과 관광시장 공급곡선이 서로 교차하여 균형가격이 결정되면, 이는 개별적인 완전경쟁 관광기업에게는 주어진 여건이 된다. 따라서 이윤을 극대화하려는 완전경쟁 관광기업은 가격은 일정하게 주어진 것이므로 공급량만을 조절할 수 있다. 이제 시설규모가 고정되어 있는 단기에서 완전경쟁 관광기업이 공급량을 어떤 수준에서 결정하여야 극대이윤을 얻을 수 있는가를 살펴보기로 하자.

관광기업의 목표가 이윤극대화라고 하면 앞에서 살펴본 것처럼 이윤은 총수입에서 총비용을 뺀 나머지이므로 다음과 같은 등식으로 표시된다.

$$\Pi = TR(P \times Q) - TC \quad \cdots\cdots (7\text{-}5)$$

여기에서 Π는 이윤, TR는 총수입, P는 가격, Q는 판매량, TC는 총비용이다. P는 관광시장에서 결정된 가격수준이므로 개별관광기업으로서는 하나의 주어진 상수로 간주할 수 있다.

총수입과 총비용은 모두 판매량(Q)의 함수이므로 이윤도 판매량의 함수이다. 따라서 (7-5)식을 Q에 관해서 1차미분하고 0으로 두면 극대이윤의 필요조건이 구해진다.

$$\frac{d\Pi}{dQ} = P - \frac{dC}{dQ} = 0 \quad \cdots\cdots (7\text{-}6)$$

$$P = \frac{dC}{dQ} \quad \cdots\cdots (7\text{-}7)$$

또는

$$P = MC \quad \cdots\cdots (7\text{-}8)$$

(7-8)식에서 좌변은 가격을 나타내고, 우변은 총비용을 생산량에 관해서 1차 미분한 값이므로 한계비용에 해당한다. 그러므로 완전경쟁 관광기업의 극대이윤은 관광가격과 한계비용(MC)이 일치하는 판매량에서 이루어진다. 따라서 관광기업의 균형도 관광가격과 한계비용이 일치하는 점에서 이루어진다.

그런데 극대화의 충분조건은 (7-5)식을 Q에 관해서 2차미분한 값이 0보다 작아야 한다는 것이다. 즉

$$\frac{d^2 \Pi}{dQ^2} = -\frac{d^2 C}{dQ^2} < 0 \quad \cdots\cdots (7\text{-}9)$$

여기서 $\frac{d^2 \Pi}{dQ^2}$는 한계비용(MC)을 Q에 관해서 1차미분한 것이므로 다음과 같이 나타낼 수 있다.

$$\frac{d^2 \Pi}{dQ^2} = -\frac{d(MC)}{dQ} < 0 \quad \cdots\cdots (7\text{-}10)$$

그러므로

$$\frac{d(MC)}{dQ} > 0 \quad \cdots\cdots (7\text{-}11)$$

이것은 한계비용곡선의 기울기가 정(+)의 값을 가져야 한다는 것이다. 즉 한계비용곡선이 우상향으로 올라가는 부분에서 극대이윤이 보장된다는 것을 말해주고 있다.

완전경쟁 관광기업의 경우는 앞에서 살펴본 바와 같이 수요곡선이 관광시장가격수준에서 횡축에 평행하는 직선으로 표시되므로 관광가격(P)=평균수입(AR)=한계수입(MR)의 관계가 성립한다. 그러므로 완전경쟁 관광기업의 균형조건 $P = MC$는 모든 관광기업의 일반적인 균형조건인 한계수입(MR)=한계비용

(MC)과 모순되지 않는다.

이제 단기에서 완전경쟁 관광기업이 공급량을 어떤 수준에서 결정하여야 이윤을 극대화할 수 있는가를 〈그림 7-3〉을 이용하여 살펴보기로 하자. 이윤을 극대화시키는 산출량의 수준을 결정하는 문제는 〈그림 7-3〉 (A)처럼 총수입과 총비용을 사용하여 설명할 수 있고, (B)처럼 한계수입과 한계비용을 사용하여 설명할 수 있다. 즉, (A)와 (B)는 동일한 문제를 놓고 하나는 TR, TC와 같은 총개념, 다른 하나는 MR, MC와 같은 한계개념을 사용하여 설명하고 있는 것이다.

〈그림 7-3〉 완전경쟁 관광기업의 단기균형

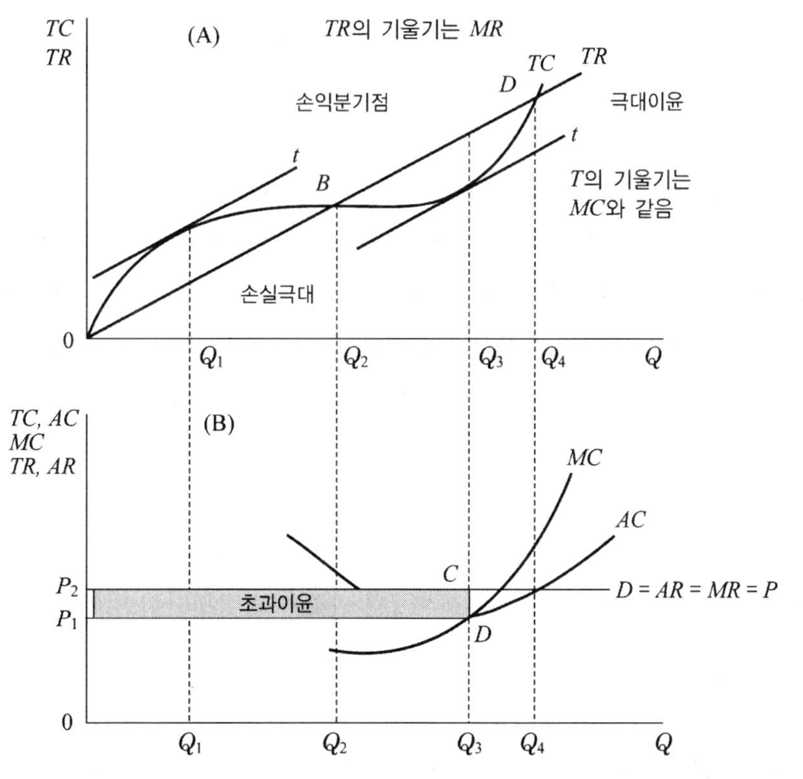

우선 〈그림 7-3〉(A)에서 총개념을 사용하여 이윤극대화를 보장하는 공급량의 수준을 찾아보자. 여기에서 총비용(TC)는 어떤 형태의 관광시장에 속해 있는 관광기업에게나 동일하다고 가정한다. 그리고 총수입(TR)은 재화의 가격 P에 판매량 Q를 곱한 $P \times Q$ 인데, 완전경쟁 관광기업에게는 P가 일정하게 주어졌으므로 TR의 곡선은 원점에서 시작하며 P의 기울기를 가지는 직선이 된다.

이윤 Ⅱ는 $TR-TC$인데, 〈그림 7-3〉에서 보면 산출량의 수준이 Q_3일 때가 $\Pi = TR-TC$가 극대가 되므로 Q_3가 이윤극대화를 보장하는 공급량의 수준이며, 이 만큼을 공급할 때 완전경쟁 관광기업은 단기균형에 처해 있게 된다. 그런데 공급량이 Q_3일 때 TR곡선의 기울기인 MR, TC곡선의 기울기인 MC(그림에서 t)는 서로 평행을 이루므로 $MR=MC$가 된다. 이에 반해 공급량이 Q_1일 때에도 TR곡선에 대한 접선의 기울기인 MR, TC곡선에 대한 접선의 기울기인 MC는 서로 평행이므로 $MR=MC$가 되나, 이때는 이윤이 아니라 손실이 극대가 된다.

이번에는 〈그림 7-3〉(B)에서 한계 및 평균개념을 사용하여 이윤극대화를 보장하는 공급량의 수준을 찾아보자. 먼저 수입측면에서 살펴보자. 완전경쟁 관광기업에게는 관광시장가격은 일정하게 주어진 여건이므로, 이 관광기업이 완전경쟁 관광시장에서 직면하게 되는 수요곡선 D는 주어진 관광시장가격 P_2에서 수평선으로 나타난다. 또한 평균수입 AR은 TR을 판매량 Q로 나눈 것이므로 $AR=P_2$ 가 된다. 따라서 AR과 산출량 Q 사이의 관계를 나타내는 AR곡선은, 가격과 산출량 사이의 관계를 나타내는 수요곡선과 동일하다. 즉 AR곡선은 수요곡선이 된다. 완전경쟁 관광기업에게는 수요곡선이 수평선이므로 AR곡선도 수평선이다. 가격이 일정하므로 추가로 재화를 한 단위 더 팔아서 얻는 한계수입 MR도 가격과 같다. 따라서 완전경쟁 관광기업의 경우에는 다음이 성립된다.

$$D = AR = MR = P_2 \quad \cdots\cdots (7\text{-}12)$$

이제 비용측면에서 살펴보자. AC, MC 등의 비용곡선은 모든 형태의 관광시장에 속해 있는 관광기업들에게 공통적으로 적용되는 동일한 모양이다. 그리고

〈그림 7-3〉의 (A)에서 공급량이 Q_4일 때 $TR = TC$이므로, (B)에서도 $AR = AC$가 되는데 유의하여야 한다. 또한 MC곡선은 AC곡선의 최저점을 통과하여야 한다. 이제 이런 점에 유념하면서 한계개념을 사용하여 이윤을 극대화시키는 공급량의 수준을 찾아보자.

한계수입(MR)은 재화를 한 단위 추가로 더 파는 데서 얻는 총수입의 증가분이며, 한계비용(MC)는 재화를 한 단위 추가로 더 생산하는데 드는 총비용의 증가분이다. 그래서 완전경쟁 관광기업은 $MR > MC$이면 공급량을 증대시킬 것이며, $MR < MC$이면 공급량을 줄일 것이다. 결국 앞서 살펴본 것과 같이 $MR = MC$일 때의 공급량이 균형공급량이 되며, 더 이상 공급량의 수준을 변동시킬 필요가 없게 된다. 즉 그림 (B)에 나타난 것처럼 공급량이 Q_3일 때 $MR = MC$가 되며, 이 때 이윤은 극대화되어 완전경쟁 관광기업이 단기균형 상태에 있게 된다. 공급량이 Q_1일 때에도 $MR = MC$는 성립하나 이때는 이윤이 아니라 손실이 극대화 된다. 즉 이윤을 극대화하기 위해서는 $MR = MC$가 성립하여야 하는데 이는 필요조건이며, 충분조건은 MC가 감소하는 것이 아니라 상승하면서 MR과 만나야 한다는 것이다. 왜냐하면, 산출량을 늘릴 때 MC가 감소한다면 이는 균형산출량이 될 수 없기 때문이다.

따라서 모든 형태의 관광기업에 적용될 수 있는 일반적인 이윤극대화조건을 다음과 같이 쓸 수 있다.

$$MR = MC \quad \cdots\cdots (7\text{-}13)$$

완전경쟁 관광기업의 경우에는 $P = MR$이므로 이윤극대화조건 또는 단기균형조건은 다음과 같이 쓸 수도 있다.

$$P = MC \quad \cdots\cdots (7\text{-}14)$$

그림 (B)에서 이 조건을 충족시키는 공급량은 Q_3인데, 이 때 한 단위의 재화를 파는 데서 얻는 평균수입은 CQ_3이며 한 단위를 생산하는데 드는 평균비용은 DQ_3이므로 단위당 이윤은 CD가 된다. 따라서 Q_3를 팔 때의 단기균형에서의 이윤은 $0Q_3 \times CD$이다. 따라서 완전경쟁 관광기업의 경우에도 단기균형에서는 이처럼 초과이윤이 발생한다.

2. 완전경쟁관광기업의 관광공급곡선

지금까지 완전경쟁 관광기업이 이윤을 극대화시키고자 할 때는 가격과 한계비용이 일치하는 즉 $P = MC$일 때, 한계비용과 한계수입이 일치하는 즉 $MR = MC$일 때까지 공급함으로써 단기균형 상태에 있게 된다는 것을 보았다. 이제 완전경쟁 관광기업의 단기공급곡선을 도출하여 보자.

관광시장에 새로운 관광기업의 전출입이 일어날 수 없는 단기간에 있어서도 관광시장의 경기변동에 따라 관광기업이 이윤을 발생할 때도 있고, 관광기업이 손실을 볼 때도 있다. 그러나 경기가 어려워 단기적으로 손실이 발생하더라도 즉시 조업을 중단한다든가 관광기업을 해산한다든가 하는 것은 성급한 일이다. 왜냐하면 경기는 언제든지 회복되어 관광기업 수지가 호전될 수도 있기 때문이다.

그러므로 기업경영에 있어서 손실이 발생하게 되면 조업을 중단해야 할 것인가, 아니면 조업을 일정수준에서 계속해야 할 것이냐 하는 문제가 나타나게 된다. 이제 이 문제에 대해서 언급해 보고자 한다.

앞에서도 살펴보았듯이 총비용은 고정비용과 가변비용이 합한 것인데, 고정비용은 생산을 하든 안하든 관계없이 발생된 비용이고, 가변비용은 생산을 함으로써 발생하는 비용이다.

따라서 가격(=평균수입)이 평균비용보다 낮아서 조업을 계속하면 손실이 발생한다고 생각될 때도 조업을 계속할 필요가 있다. 그 수입이 평균가변비용(AVC) 이상은 감당하고 있으므로 그 남은 수입으로 고정비용의 일부를 감당할 수 있게 되므로 그 관광기업은 조업을 중단하기보다는 조업을 계속하는 것이 유리하다. 그러나 관광시장가격수준이 평균가변비용보다 낮으면 생산을 중지해야 할 것이다. 왜냐하면 이 경우는 고정비용의 일부는커녕 평균가변비용도 건지지 못하기 때문이다.

〈그림 7-4〉에서 관광시장가격이 P_1일 때의 관광기업균형점인 D점을 조업중

단점이라 한다. 이때는 평균가변비용(AVC)조차 얻지 못하기 때문에 조업을 중단해야만 한다. 만약 관광시장가격이 P_2가 되면 관광기업의 공급량은 Q_2로 증가하지만 초과이윤은 전혀 존재하지 않고 정상이윤만 있게 된다. 그러므로 F점을 손익분기점이라 한다.

〈그림 7-4〉 완전경쟁 관광기업의 단기균형

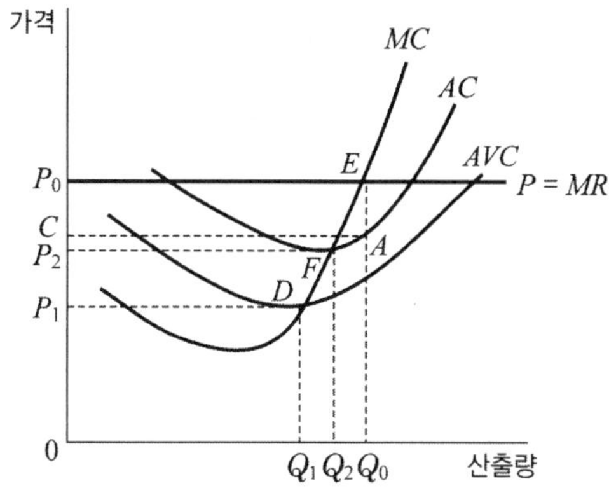

그런데 완전경쟁 관광기업은 이윤을 극대화하기 위하여 항상 관광시장 가격수준을 나타내는 수요곡선과 한계비용곡선이 교차하는 점에서 생산하여 그 생산량을 관광시장에 공급한다. 그러므로 가격의 변동에 따라 관광기업의 수요곡선이 상하로 이동하면 균형가격과 균형공급량은 한계비용곡선에 따라 변동한다. 따라서 가격과 공급량과의 함수관계를 나타내는 관광기업의 공급곡선은 바로 한계비용곡선이다. 그러나 가격수준이 평균가변비용보다 낮으면 생산, 공급이 중지될 것이므로 관광기업의 공급곡선은 평균가변비용곡선 이상의 한계비용곡선의 부분이다. 그러므로 〈그림 7-4〉에서 D점 즉 AVC의 최저에서부터 F점 즉 AC의 최저와 E점($MR=MC$)을 통과하는 점을 연결한 단기 한계비용곡선부분이 완전경쟁 관광기업의 단기 공급곡선이 된다.

3. 완전경쟁 관광시장의 관광공급곡선

관광시장 공급곡선은 그 관광시장에 참여하고 있는 모든 공급자(관광기업)들의 개별공급곡선들을 횡으로 합계해서 그려진다. 각 관광기업들은 관광시장가격수준에 맞추어서 얼마만큼 생산 · 공급할 것인가를 결정하기 때문에 관광시장에 공급하는 모든 관광기업들의 총공급량도 관광시장 가격수준에 의존할 것이다.

〈그림 7-5〉에서 관광시장 공급곡선을 설명해 보자. 설명의 단순화를 위하여 A관광기업과 B관광기업 두 관광기업만이 한 관광시장에 공급하고 있는데, A관광기업의 공급곡선(한계비용곡선)은 (A)의 S_A곡선으로 표시되고, B관광기업의 공급곡선(한계비용곡선)은 (B)의 S_B곡선으로 표시된다고 가정하자. 그러면 관광시장가격수준 P_1에서 A관광기업은 Q_1만큼 공급할 것이고, B관광기업은 Q_2만큼 공급할 것이다. 그러므로 가격수준 P_1에서 관광시장공급량은 $Q(=Q_1+Q_2)$이 될 것이고, 이것이 (C)에 나타나 있다.

〈그림 7-5〉 관광시장공급곡선

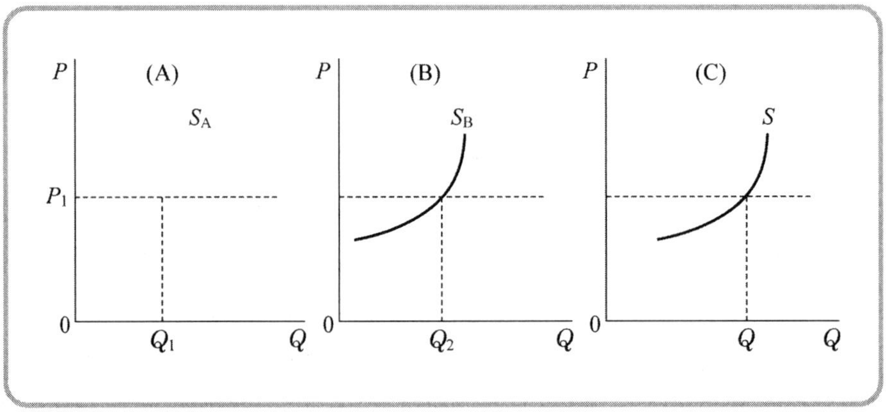

이와 같이 각 가격수준에 대응하는 각 관광기업의 공급량을 횡적으로 합계하면 (C)의 S와 같은 관광시장공급곡선이 형성된다. 이 관광시장공급곡선은 정(+)의 기울기를 가지므로 가격이 상승하면 공급량은 증가하고, 반대로 가격이 하락하면 공급량이 줄어든다. 특히 단기 관광시장공급곡선을 산업의 단기 공급곡선이라고도 한다.

제4절 완전경쟁 관광기업의 장기균형

1. 장기균형

완전경쟁 관광기업의 경우 단기에는 한계비용(MC)이 관광시장가격과 일치하도록 공급량의 수준만을 조절할 수 있다. 그러나 장기에는 시설규모도 변경시킬 수 있는 충분한 기간이기 때문에 개별기업들은 장기비용곡선에 의해서 의사결정을 하게 된다. 즉 장기에는 완전경쟁 관광기업은 손실이 날 때는 속해 있던 산업에서 빠져 나갈 수도 있고, 반면에 이윤이 높을 때는 이 산업으로 신규의 관광기업이 자유롭게 진입할 수도 있는 것이다. 이와 같이 이윤동기에 의하여 산업에 존재하는 기업의 수가 조정된다는 사실이야말로 장기균형 달성에 중요한 요소가 된다.

완전경쟁 관광기업의 장기균형 상태는 〈그림 7-6〉와 같이 나타낼 수 있다. 여기서 볼 수 있는 것은 완전경쟁 관광기업은 다음이 성립할 때 장기균형 상태에 있다는 것이다.

$$SMC = LMC = SAC = LAC$$
$$= P_0 = MR = AR = D \quad \cdots\cdots (7\text{-}15)$$

이제 여기에서 그 이유를 살펴보고자 한다. 만약 관광시장가격이 P_0보다 크다면 완전경쟁 관광기업은 정상이윤 이상의 초과이윤을 얻게 된다. 앞에서도 지적했듯이 여기서 유의할 것은 경제학에서 비용이란 개념 속에는 정상이윤을 포함하고 있으며, 이러한 정상이윤을 초과하는 부분을 초과이윤 또는 순수이윤이라고 본다는 점이다. 즉 정상이윤은 이미 투자된 자원을 가장 이윤이 높은 곳에 사용하였을 때 얻을 수 있는 수익을 뜻하는데, 이는 이미 비용 안에 포함된 것이다.

관광시장가격이 P_0보다 높아서 완전경쟁 관광시장에 참여하고 있는 완전경쟁 관광기업이 초과이윤을 얻고 있다면 새로운 관광기업들이 이 관광시장으로 진입하게 될 것이다. 이때는 관광시장 공급곡선은 오른편으로 이동하며, 이에 따라서 관광시장 균형가격도 하락하고 개별적인 완전경쟁 관광기업이 직면하게 되는 수평선인 수요곡선도 아래로 이동할 것이다.

〈그림 7-6〉 완전경쟁 관광기업의 장기균형

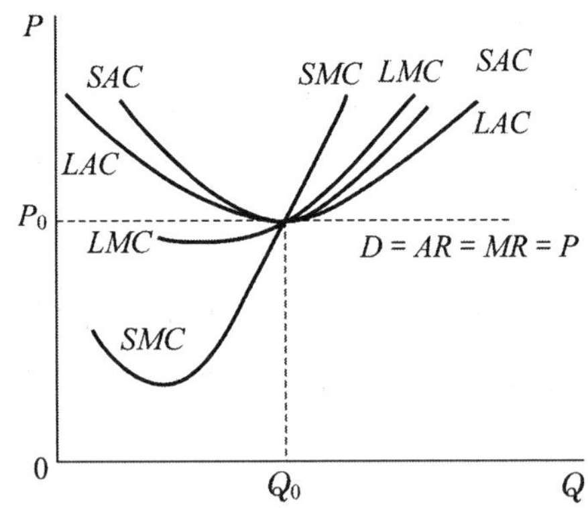

반면에 관광시장가격이 P_0보다 낮아서 완전경쟁 관광시장에 참여하고 있는 완전경쟁 관광기업이 순손실을 보고 있다면, 이들 중 일부는 이 산업을 떠날 것이다. 그 때는 관광시장 공급곡선이 위에서와는 달리 왼편으로 이동하게 될 것이다. 이는 관광시장가격의 상승을 초래할 것이며, 이에 따라서 개별적인 완전경쟁 관광기업이 직면하게 되는 수요곡선도 위로 이동할 것이다. 이러한 조정을 거쳐 장기에는 〈그림 7-6〉에서처럼 P_0의 균형가격과 Q_0의 균형공급량이 결정된다.

따라서 완전경쟁 관광기업은 $SMC = LMC = SAC = LAC = P_0 = MR = AR = D$인 때에만 장기균형 상태에 있을 수 있는 것이다. 여기서 완전경쟁 관광기업들은 초과이윤도 얻지 않고 순손실도 초래하지 않으므로, 새로운 관광기업이 이 산업으로 유입하지도 않고 기존의 관광기업이 이 산업으로부터 빠져 나갈 이유도 없는 것이다. 즉 이 산업에 참여하고 있는 완전경쟁 관광기업들은 이윤이 가장 높은 데서 얻을 수 있는 것과 동일한 정상이윤만을 얻고 있는 것이다.

또한 장기균형 아래에서는 가격이 최저의 LAC와 같으므로 완전경쟁 관광기업은 최적규모로 최적산출량을 생산하고 있으며 이때의 산출량 수준을 최소의 비용을 초래하는 효율적인 규모라고도 부른다. 그 이유는 만일 완전경쟁 관광기업이 최저의 LAC에서 생산하지 않고 있다면 공장규모를 줄이거나 늘림에 의해서 비용을 줄일 수 있기 때문이다.

2. 장기에서의 진입, 퇴출조건

관광기업이 관광시장으로부터 퇴출하고자 하는 결정도 단기조업중단 결정과 비슷하게 이루어진다. 관광기업이 관광시장에서 퇴출하면, 수입이 없어지지만 고정비용과 가변비용도 지출하지 않게 된다. 따라서 관광기업은 총수입이 총비용보다 작아지게 되면 관광시장으로부터 퇴출한다.

관광기업은 이윤을 극대화하고자 하는 것이 궁극적 목표이기 때문에 앞에서 본 것과 같이 장기균형에서도 이윤을 계산하는데 다음과 같이 나타낼 수 있다.

$$\Pi = TR - TC \quad \cdots\cdots (7-16)$$

(7-16)식 오른쪽 항들을 다음과 같이 Q로 나눈 뒤 Q를 곱하여 다음과 같이 쓸 수 있다.

$$\Pi = \left(\frac{TR}{Q} - \frac{TC}{Q}\right) \times Q \quad \cdots\cdots (7-17)$$

(7-17)식에서 $\frac{TR}{Q}$는 평균수입(AR)이므로 가격이다. 그리고 $\frac{TC}{Q}$는 평균비용이다. 따라서 (7-17)식을 다음과 같이 다시 쓸 수 있다.

$$\Pi = (P - AC) \times Q \quad \cdots\cdots (7-18)$$

이 때 관광기업의 퇴출조건은 총수입(TR)이 총비용(TC)보다 작은 경우로서 $TR < TC$이다. 즉 총수입이 총비용보다 작으면 관광기업은 퇴출한다는 것이다. $TR < TC$에서 부등호의 양변을 수량(Q)으로 나누면 다음과 같다.

$$\frac{TR}{Q} < \frac{TC}{Q} \quad \cdots\cdots (7-19)$$

여기서 $\frac{TR}{Q}$는 평균수입(AR)이므로 가격(P)이 되며, $\frac{TC}{Q}$는 평균비용(AC)이다. 따라서 관광기업의 퇴출조건은 다음과 같이 쓸 수 있다.

$$P < AC \quad \cdots\cdots (7-20)$$

즉 관광기업은 자기가 만드는 재화의 가격이 평균비용보다 작아지면 퇴출한다는 것이다.

이와 같은 논리가 지금 관광기업을 시작하려고 하는 기업인에게도 적용된다. 관광시장에 진입하고자 하는 기업인은 관광시장진입 후에 이윤을 낼 수 있으면 진입하고자 할 것이다. 그리고 이것은 가격이 평균비용보다 클 때 성립된다. 따라서 진입조건은 다음과 같다.

$$P > AC \quad \cdots\cdots (7-21)$$

따라서 관광기업의 장기이윤극대화전략은 다음과 같이 정의할 수 있다. 관광시장에서 경쟁을 하고 있는 관광기업들은 한계수입과 한계비용이 일치하는 점에서 생산을 하며, 그 수량에서 가격이 평균비용보다 작으면 관광기업은 퇴출하거나 진입을 포기한다.

이러한 결과가 〈그림 7-7〉에 나타나 있다. 〈그림 7-7〉의 (A)는 관광시장의 수요공급을 나타내어 산업균형을 알려 주고 있고, (B)는 개별관광기업의 균형을 보여 주고 있다. 가령 (A)에서 관광시장수요곡선이 D이고, 관광시장공급곡선이 S_0이면 관광시장균형가격은 P_0로 된다. 그러면 개별관광기업은 이 관광시장가격을 지표로 삼아 (B)에서 나타나는 바와 같이 생산량을 $0Q_2$로 하여 사각형에 해당하는 초과이윤을 획득할 수 있다.

초과이윤은 사회적 정상이윤을 초과하는 이윤이므로 이것이 새로운 투자를 유인할 것이며, 초과이윤이 존재하는 한 장기적으로는 새로운 관광기업들이 이 산업으로 전입해서 생산 · 공급을 개시하게 될 것이다. 그러면 동일가격수준에서 공급량이 늘어나므로 관광시장공급곡선은 우측으로 즉 S_1으로 이동해 갈 것이다. 수요의 변화가 없다고 하면 수요곡선은 일정하기 때문에 공급곡선의 우측이동으로 균형가격이 하락 즉, P_1이 될 것이다.

〈그림 7-7〉 새로운 관광기업의 전입과 장기균형

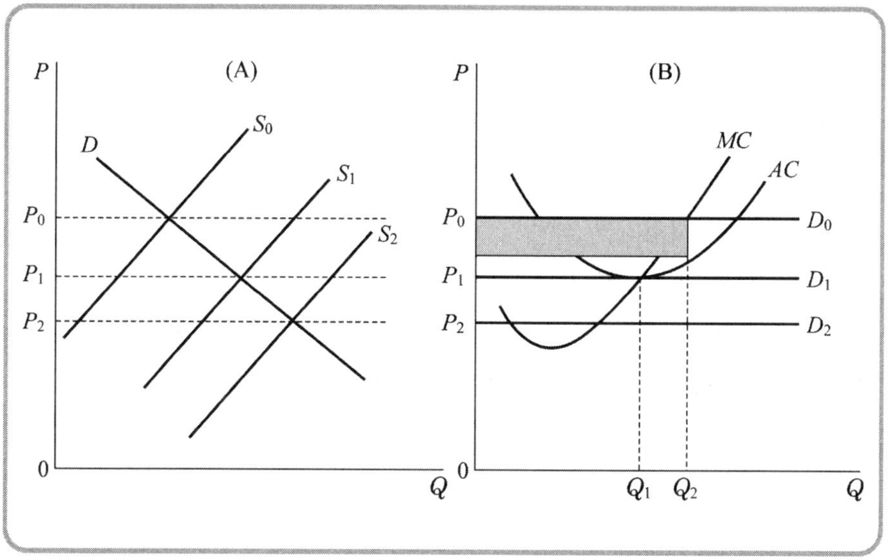

이와 같은 새로운 관광기업의 전입과 공급곡선의 우측이동 및 가격하락은 산업내에 초과이윤이 존재하는 한 계속될 것이다. 그러므로 관광시장가격이 관광기업의 평균비용곡선 최저점에 대응하는 P_1이 될 때까지 새로운 관광기업의 전입이 계속될 것이다. 관광시장가격이 P_1으로 되면 초과이윤이 없어지므로 관광기업들의 전입이 없어지고, 기존 관광기업들은 정상이윤을 획득하면서 조업하게 될 것이므로 장기적으로 산업균형이 달성될 것이다.

이제는 기존 관광기업들의 전출을 통해서 산업균형과 관광기업균형을 조절되는 경우를 보기로 하자. (A)에서 관광시장공급곡선이 S_2로 주어지면 관광시장가격은 P_2로 결정된다. 관광시장가격이 P_2로 주어지면 가격순응자인 개별관광기업은 (B)에서처럼 D_2의 수요곡선을 갖게 되고, 따라서 어떠한 생산량수준에서도 손실을 보게 된다. 왜냐하면 가격수준이 어떠한 생산량수준에서도 평균비용 이하($P< AC$)이기 때문이다.

장기적으로 다소 손실이 있다 할지라도 개별관광기업들은 경기회복을 기다리면서 조업을 계속할지 모르지만, 장기적으로 손실이 있게 되면 개별관광기업들은 손실을 회피하기 위하여 그 산업으로부터 전출하게 될 것이다. 관광기업들의 일부가 그 산업으로부터 전출하게 되면 그 산업의 생산 · 공급량이 줄어들어 관광시장 공급곡선이 좌측으로 이동하게 될 것이고, 이에 따라 관광시장가격이 상승하게 될 것이다. 이와 같은 관광기업들의 전출과 관광시장 공급곡선의 좌측이동 및 관광시장가격 상승은 산업내의 장기적 손실이 존재하는 한 계속될 것이다.

위와 같은 관광산업의 균형조절은 관광시장가격이 관광기업의 최저평균비용과 같게 될 때 비로소 끝이 나게 된다. 〈그림 7-7〉에서 그 가격수준이 P_1이다. 가격수준 P_1에서는 관광기업의 손실도 사라졌지만, 초과이윤도 존재하지 않기 때문에 관광기업들의 전출입이 없어지고, 장기적인 산업균형과 관광기업균형이 동시에 달성된다.

The economics of tourism

8

독점의 관광시장

제1절 독점관광시장의 개념 및 특징

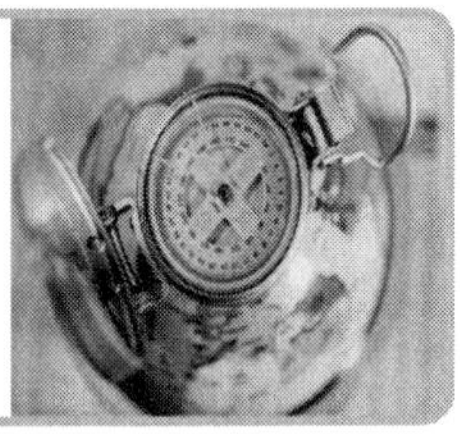

1. 독점관광시장의 개념

오늘날 독과점이란 용어가 널리 사용되고 있는데, 이 용어는 한 산업이 소수의 대기업에 의해 점유되고 있어서 새로운 기업들의 진입이 어려운 시장형태를 의미한다. 독점과 과점의 시장성과가 어떤 면에서는 유사하기 때문에 일상생활에서는 독점과 과점을 합쳐서 독과점이라고 부르고 있는 것이다.

독점관광시장이란 관광산업을 하나의 관광기업이 독점적으로 지배하는 시장형태를 말한다. 즉 한 관광재화나 서비스의 공급이 단일 관광기업에 의하여 이루어지는 시장조직형태를 말한다. 이러한 시장형태를 특히 독과점과 구별해서 순수독점 관광시장 혹은 완전독점 관광시장이라 부른다. 또 이러한 단일 관광기업을 독점관광기업이라 하고 독점관광기업이 공급하는 관광재화나 서비스를 독점관광재화라 한다. 그러므로 독점관광기업은 하등의 경쟁적 압력 없이 자기 이익이 극대가 되도록 공급량과 가격을 마음대로 조절할 수 있다.

경제학에서 순수독점은 완전경쟁과 더불어 대단히 유용한 분석모델이지만 완전경쟁과 마찬가지로 현실 경제에 있어서 찾아보기 어려운 시장형태이다. 그러나 모델의 가치는 그것의 예측능력에 의해서 평가되는 것이지 모델구성을 위한 현실성 여부에 의해서 평가되는 것이 아니다. 순수독점론도 현실성이 별로 없지만 예측능력을 인정받아 대단히 유용한 분석모델로 취급되고 있다.

순수독점 관광시장은 다음과 같은 이유 때문에 완전경쟁 관광시장과는 정반대되는 시장형태로 취급된다. 완전경쟁 관광시장에서는 대단히 많은 경쟁자들이 있기 때문에 관광기업들 간의 경쟁이 극도로 치열해진다. 그러나 순수독점 관광시장에는 경쟁자가 전혀 없기 때문에 경쟁이 성립하지 않는다.

그러나 다음과 같은 사실을 인정하지 않을 수 없다. 순수독점 관광공급자의 정책(가격정책 또는 수량정책)도 어떤 간접적 · 잠재적인 경쟁에 의해서 영향을 받게 된다는 것이다. 실제로 독점공급자라 할지라도 여타의 모든 경제부문의 활동영역으로부터 완전히 격리되어 있는 것이 아니기 때문이다. 모든 관광재화들은 관광소비자 기호를 맞추는데 경쟁하고 있다. 물론 그 경쟁의 강도는 다른 종류의 관광재화가 독점관광기업의 관광재화와 어느 정도 대체적인가에 달려 있다.

독점공급자는 또한 잠재적 경쟁 때문에 독점력을 충분히 발휘하지 못하게 된다. 만약 독점관광기업이 가격을 어떤 수준 이상으로 설정하게 되면 새로운 관광기업들이 그 시장에 진입해서 독점관광시장을 파괴할 것이기 때문이다.

2. 독점관광시장의 특징

한 관광재화를 공급하는 관광기업의 수가 무수히 많은 완전경쟁 관광시장과 정반대로 단 하나뿐인 독점관광시장은 완전경쟁 관광시장과 다른 여러 가지 특징을 가진다.

첫째, 독점관광기업의 공급량은 그 관광재화에 대한 시장의 총공급량과 일치한다. 즉 독점관광기업=독점산업이다. 따라서 독점관광기업의 수요곡선은 우하향의 수요곡선에 직면하게 된다. 독점관광기업이 관광재화의 매기 당 공급량을 증가시키면 관광재화가격은 하락하며 공급량을 감소시키면 관광재화가격이 상승한다.

둘째, 독점관광기업은 시장지배력을 가진다. 시장지배력이란 가격 · 수량 · 기술진보 등 시장의 결과를 지배하는 힘을 말한다. 완전경쟁 관광기업은 시장가격을 그대로 받아들이는 가격수용자로서 시장지배력이 전혀 없다. 이와 반면에 독점관광기업은 가격결정자로서 자기가 원한다면 시장가격을 임의의 수준으로 결정할 수 있다.

셋째, 독점관광시장은 다른 시장조직과 대비해 볼 때 아주 밀접한 대체재를 공급하는 경쟁상대 관광기업으로부터 도전을 받지 않는 시장이다. 완전경쟁 하에서는 무수히 많은 관광기업들이 동질의 관광재화를 공급하기 때문에 한 관광기업의 관광재화는 다른 모든 관광기업들의 관광재화와 완전대체재의 관계를 이루면서 격심한 경쟁을 벌인다. 반면에 독점관광시장 하에서는 동질의 관광재화나 밀접한 대체재를 공급하는 다른 관광기업들이 존재하지 않기 때문에 이러한 경쟁관계를 경험하지 않는다.

그러나 현실경제에서 어느 독점재화든지 어느 정도의 대체성을 가지는 관광재화가 존재하기 때문에 독점관광시장은 현실경제에서 흔히 볼 수 있는 시장형태라고 할 수는 없다. 관광재화시장의 범위를 어떻게 잡느냐에 따라서 독점관광시장이 다음에서 다루는 과점관광시장으로 분류될 수도 있다. 예컨대 지하철서비스는 지하철공사가 혼자 공급한다는 뜻에서 독점이지만, 대중교통서비스로 시장범위를 넓히면 시내버스도 있기 때문에 더 이상 독점관광기업이 아니다.

경제학에서 독점기업의 행동을 분석하는 이유는 현실적으로 대부분을 차지하는 과점 및 독점적 경쟁기업들의 행동은 독점기업의 행동을 기초로 하여 분석될 수 있으므로 완전경쟁기업과 독점기업이 행동을 완전히 이해하게 되면 다른 시장형태를 분석하기가 비교적 용이해지기 때문이다.

3. 독점관광시장의 형성원인

하나의 판매자 혹은 하나의 관광기업이 어떤 한 산업부문을 독차지할 수 있는, 즉 하나의 공급자가 되는 상황을 조성하는 데는 세 가지 조건이 개재되어야 한다. 첫째, 어떤 특수한 자원의 단독적(배타적)인 소유, 둘째, 규모의 경제가 존재, 셋째, 정부의 법적인 뒷받침 등이 그것이다.

(1) 특수자원의 단독소유

어떤 특수 관광자원에 대한 단독적 소유는 독점을 가능하게 한다. 강원랜드의 카지노는 내국인이 출입할 수 있는 유일한 곳이며, 제주도 여미지 식물원, 경주 불국사의 석굴암 등과 같은 자원은 그들만이 소유하고 있기 때문에 독점을 이룰 수 있다.

(2) 규모의 경제(규모에 대한 보수의 증가)

관광산업의 생산기술이 규모의 경제를 조성할 경우, 그 관광기업의 장기평균비용곡선(그 산업의 수요곡선이 커버하는 범위 내에서는)은 산출량이 늘어나는 데 따라 아래로 떨어져 비용이 감소한다. 이와 같이 장기평균비용곡선이 떨어지게 되면, 이 관광기업은 다른 관광기업에 대한 경쟁적 우위성을 차지하게 되어 공급량을 늘리는데, 이 공급량의 증가가 비용의 감소를 가져와서 낮은 가격을 부과할 수 있게 된다. 이렇게 되면 새롭게 진입하는 관광기업으로서는 감당할 수 없는 낮은 가격을 형성하게 되므로 그 재화에 대한 독점이 가능하게 된다.

이러한 규모의 경제에서 관광산업이 대규모의 관광기업에 의해서 이루어지는 독점을 자연독점이라고도 부른다. 자연독점은 공익사업회사 등에서 흔히 볼 수 있는 형태이다.

(3) 정부시책에 의한 독점

완전히 보장된 독점이란 정부에서 허용하거나 법에 의해서 이루어지는 독점형태에서만 찾아볼 수 있을 정도로 인위적이며, 정부의 뒷받침이 있는 한 영속성을 지닌다. 즉 이것은 자원의 단독 소유주에 의한 독점과 같이 정부에서 그 판매권과 공급권을 보장하는 독점이다. 특허권 · 면허 · 판권 · 단독적 경영권 등의 공권력을 가진 관광기업이 그 예이다.

제2절 독점관광기업의 수요곡선

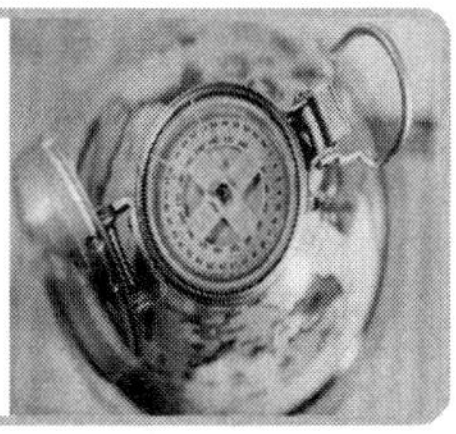

1. 독점관광기업의 수요곡선

독점관광시장에는 독점관광기업 하나만 존재하므로 여기서는 관광기업과 관광시장 또는 관광산업이 모두 동일한 것이며 구별할 필요가 없다. 왜냐하면 독점관광기업이란 한 관광재화를 공급하는 유일한 관광기업이므로 관광시장수요곡선과 관광산업수요곡선이 바로 독점관광기업의 수요곡선이기 때문이다.

우선 고정요소가 존재하는 단기에 있어서 이윤극대화를 추구하는 독점관광기업의 단기균형에 관하여 살펴보기로 한다. 이는 그대로 독점관광시장의 단기균형을 분석하는 것이 된다.

완전경쟁 관광기업과 독점관광기업이 이윤극대화를 초래하는 가격과 공급량을 결정할 때 비용측면은 동일하다고 가정하므로 주된 차이는 수요측면에 있다.

완전경쟁 관광기업의 경우에는 관광시장가격을 주어진 여건으로 봄으로써 완전경쟁 관광기업이 직면하는 관광수요곡선은 주어진 가격수준에서 수평선이 된다. 따라서 완전경쟁 관광기업에게는 $P_0 = D = AR = MR$의 관계가 성립한다. 그러나 독점관광기업의 경우에는 공급량을 늘리면 가격은 하락하며 공급량을 줄이면 가격이 상승하므로, 독점관광기업이 직면하는 관광수요곡선 또는 독점관광시장의 관광수요곡선은 부(−)의 기울기를 가지는 우하향의 형태를 취하게 된다. 즉 완전경쟁 관광기업이 직면하는 관광수요곡선이 수평선인데 반하여, 독점관광기업의 관광수요곡선은 우하향의 형태를 취하기 때문에 평균수입과 한계수입이 같지 않게 되며($AR \neq MR$), 이것이 완전경쟁 관광시장의 경우와는 완전히 다른 점이다.

이제 독점관광기업의 수요곡선과 평균수입, 한계수입 및 총수입 사이의 관계를 보기 위하여 〈표 8-1〉과 같이 가상적인 예를 들어 보자.

〈표 8-1〉에서 (1)은 독점관광기업의 공급량 Q를 나타낸다. (2)는 해당관광재화의 단위당가격 P를 보이는데, 평균수입인 AR과 같다. 왜냐하면, 총수입 TR은 $P \times Q$ 인데 TR을 Q로 나누면 AR인 P를 얻기 때문이다. (3)은 $P \times Q$인 TR이다. (4)는 공급량이 한 단위 늘 때 총수입이 얼마나 증가하는가를 보이는 $\frac{\Delta TR}{\Delta Q}$, 즉 한계수입($MR$)이다.

〈표 8-1〉 독점관광기업의 총수입 및 한계수입

(1) 가격(P)	(2) 수량(Q)	(3) 총수입(TR)	(4) 한계수입(MR)	
200	0	0		
180	1	180	180	160
160	2	320	140	120
140	3	420	100	80
120	4	480	60	40
100	5	500	20	0
80	6	480	−20	−40
60	7	420	−60	−80
40	8	320	−100	−120
20	9	180	−140	−160
0	10	0	−180	

이제 〈표 8-1〉을 그림으로 나타내면 〈그림 8-1〉를 얻는다. 〈그림 8-1〉 (a)의 D는 독점관광기업이 직면하게 되는 수요곡선이며, MR은 〈표 8-1〉 (4)의 한계수입 자료를 그림표로 나타낸 후 이를 연속적인 직선으로 표시한 한계수입곡선이다. 수요곡선이 우하향의 형태를 취할 때에는 평균수입보다 한계수입이 항상 작은데($AR > MR$), 그 이유는 추가로 산출량을 한 단위 더 팔기 위해서는 지금까지 보다 더 높은 가격으로 팔렸던 공급량을 모두 낮은 가격으로 팔아야 하므로 맨 끝 단위 관광재화의 가격보다는 한계수입이 적기 마련인 것이다. 예를 들면, 〈표 8-1〉에서 1단위를 팔 때의 가격은 180원이어서 총수입도 180원이다. 이제 추가로 한 단위를 더 팔려면 수요곡선이 우하향의 형태를 취하므로 가격은 160원으로 하락한다. 따라서 총수입은 320원이 된다.

그러나 두 번째 단위의 관광재화가 160원의 가격으로 팔리지만 한계수입은 140원으로 이보다 적다. 그 이유는 추가로 한 단위의 관광재화를 더 팔기 위하여 180원에 팔렸던 첫 단위의 관광재화도 이제는 160원에 팔아야 하므로 20원의 손실이 생긴 것이고, 이것을 두 번째 관광재화를 판 데서 얻은 160원에서 빼야만 하므로 한계수입은 두 번째 단위의 가격보다 적은 140원이 되는 것이다.

〈그림 8-1〉 (a)에서 D는 직선이므로 그 중간점, 즉 산출량이 5단위일 때의 수요의 가격탄력도 E는 1이 되며, 그 왼편에서는 $E>1$이고, 오른편에서는

〈그림 8-1〉 독점관광기업의 수요곡선과 수입곡선

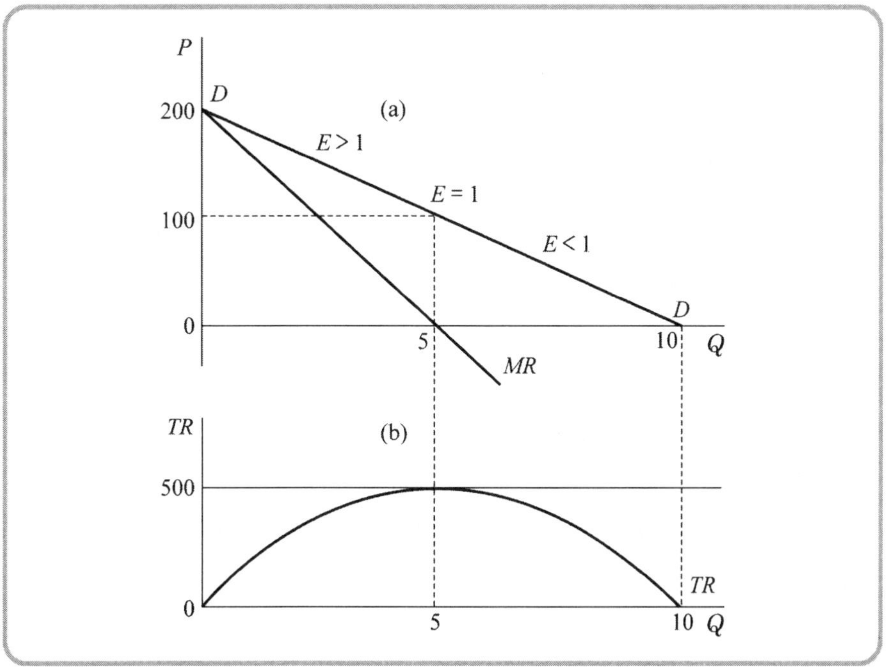

$E<1$이 된다. $E>1$인 경우에는 가격의 하락률보다 수요량의 증가율이 더 크므로, 그림 (b)가 표시하는 것처럼 총수입은 증가한다. 반면에 $E<1$인 경우에는 가격의 하락률보다 수요량의 증가율이 더 작으므로 총수입은 감소한다. 따라서 $E=1$일 때 총수입은 극대가 되며, 이 때 한계수입은 0이 되는 것이다. 그림

에서는 산출량이 5단위일 때 TR은 극대가 되며 MR은 0이 된다. 산출량이 5단위를 초과하면 TR은 감소하므로 MR은 부(−)의 값을 가지게 된다. 이로부터 알 수 있는 것은 한계수입(MR)곡선이 수요곡선 D보다 꼭 두 배 가파른 기울기를 가지고 있다는 것이다.

2. 독점관광기업의 단기균형

(1) 이윤극대화

이상에서는 완전경쟁기업과 독점관광기업의 차이가 수요곡선의 형태가 다른 데 있으므로 독점관광기업이 직면하는 수요곡선과 이로부터 구할 수 있는 평균수입, 한계수입 및 총수입에 관하여 살펴보았다. 이제 비용 측면까지 도입함으로써 이윤극대화를 추구하는 독점관광기업이 가격과 공급량을 어떻게 결정하는지 알아보기로 하자.

독점관광기업은 이윤극대화를 목표로 하기 때문에 다음과 같은 이윤함수의 형태로 나타낼 수 있다.

$$\Pi = TR - TC \quad \cdots\cdots (8\text{-}1)$$

여기에서 Π는 이윤, TR은 총수입, TC는 총비용이다. 그런데 TR과 TC는 공급량 Q의 함수이다. 따라서 이윤도 Q의 함수가 된다. 그러므로 이윤극대화의 조건은 (8−1)식을 Q에 관하여 1차미분한 값이 0이고, 2차미분한 값이 0보다 작으면 된다. 즉,

$$\frac{d\Pi}{dQ} = \frac{dTR}{dQ} - \frac{dTC}{dQ} = 0 \quad \cdots\cdots (8\text{-}2)$$

$$\therefore \frac{dTR}{dQ} = \frac{dTC}{dQ} \quad \cdots\cdots (8\text{-}3)$$

$$\frac{d^2\Pi}{dQ^2} = -\frac{d^2C}{dQ^2} < 0 \quad \cdots\cdots (8\text{-}4)$$

여기에서 (8-3)식의 $\frac{dTR}{dQ}$는 한계수입 MR이고, $\frac{dTC}{dQ}$는 한계비용 MC이며, (8-4)식은 이윤함수를 2차미분한 것이다. 그러므로 $MR=MC$인 판매량에서 가격과 공급량을 결정하면 극대이윤이 달성된다. 즉 독점관광기업은 $MR=MC$에서 균형을 이루게 된다. 그 이유를 가상적인 〈표8-2〉에서 알아보기로 하자.

〈표 8-2〉는 〈표 8-1〉에 비용측면 자료를 첨가한 것이다. 〈표 8-2〉에서 (1), (2), (3) 및 (6)은 〈표 8-1〉의 자료를 그대로 옮긴 것이다. (4)는 총비용(TC)을 나타내는데, 주어진 것으로 가정한다. (4)의 총비용자료를 가지면 (7)의 한계비용(MC)을 구할 수 있다. (5)의 총이윤(Π)은 $TR-TC$ 즉 (3)-(4)에 의하여 얻은 것이다. (6)과 (7)에서 뒷부분은 각 한계수입 및 한계비용간의 평균이다. 그리고 〈표 8-2〉를 그림으로 나타낸 것이 〈그림 8-2〉이다.

〈표 8-2〉 독점관광기업의 수입 및 비용

(1) 산출량 (Q)	(2) 가격 (P)	(3) 총수입 (TR)	(4) 총비용 (TC)	(5) 총이윤 (Π)	(6) 한계수입 (MR)		(7) 한계비용 (MC)	
0	200	0	145	−145	180		30	
1	180	180	175	5	140	160	25	27.5
2	160	320	200	120	100	120	20	22.5
3	140	420	220	200	60	80	30	25
4	**120**	**480**	**250**	**230**	20	**40**	50	**40**
5	100	500	300	200	−20	0	70	60
6	80	480	370	110	−60	−40	90	80
7	60	420	460	−40	−100	−80	110	100
8	40	320	570	−250				

앞에서 완전경쟁관광기업의 단기균형에 대하여 설명할 때 이미 이윤극대화조건을 설명하였는데, 이는 독점관광기업에게도 그대로 적용되는 것이다. 즉 이윤극대화조건은 TR, TC 등의 총개념을 사용하여 도출할 수도 있으며, MR, MC 등의 한계개념을 사용하여 구할 수도 있다. 먼저 총개념을 사용하여 극대이윤을 가져오는 공급량과 가격결정 과정을 보자.

〈그림 8-2〉 독점관광기업의 극대이윤

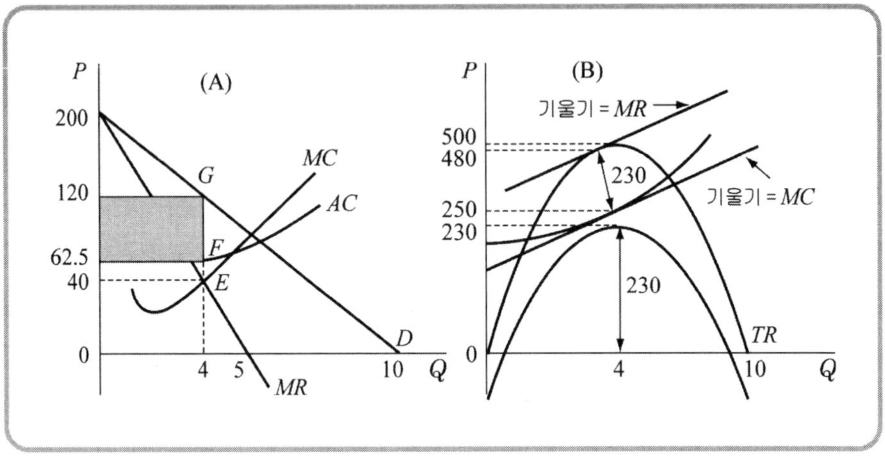

총이윤 Ⅱ는 $TR-TC$인데, 〈표 8-2〉를 보면 공급량이 4단위이며 가격이 120원일 때가 Ⅱ의 값이 230원으로 극대이윤이 된다. 이는 〈그림 8-2〉의 (B)에서도 볼 수 있다. 즉 *TR*곡선과 *TC*곡선의 차이는 공급량이 4단위 일 때 230원으로 가장 크며 이는 Ⅱ곡선의 최고점이다. 그런데 공급량이 4단위일 때 *TR*곡선의 기울기인 *MR*과 *TC*곡선의 기울기인 *MC*는 (B)에서 보는 것처럼 서로 평행을 이루므로 $MR=MC$가 된다.

이번에는 이윤극대화를 보장하는 가격과 공급량은 한계개념을 사용해서 구해보자. 일반적인 이윤극대화조건은 $MR=MC$가 되는 공급량의 수준을 공급하여야 하며, 이 때 *MC*는 상승하면서 *MR*과 만나야 한다는 것이었다. 이를 충족시키는 것을 〈표 8-2〉에서 찾으면 *MR*, *MC*가 모두 40이 될 때인데, 여기서의 가격은 120원이며 공급량은 4단위이다.

이는 〈그림 8-2〉의 (A)에서도 볼 수 있다. 수요곡선 *D*와 한계수입곡선 *MR*은 앞에서 본 〈그림 8-1〉의 수요곡선 *D* 및 한계수입곡선 *MR*과 동일한 것이다. 즉 독점관광기업이 직면하게 되는 수요곡선은 우하향의 형태를 취하며, 한계수입곡선은 기울기가 수요곡선의 두 배이다. 평균비용 및 한계비용곡선은 완전경쟁 관광기업의 경우와 동일한 형태를 가진다고 가정한다. 이제 $MR=MC$가 일치하는 점이 *E*점이며, 이때의 공급량수준은 4단위이다. 시장가격은 *G*점에서 결정되는데 그림에서 보는 것처럼 120원이다.

공급량의 수준이 4일 때 평균수입 AR은 G점이며, 평균비용 AC는 F점이므로 GF가 공급량 1단위당 이윤이 된다. 따라서 $GF\times4$인 음영 부분의 면적이 독점관광기업의 초과이윤이다.

그런데 여기서 한 가지 유의할 점은 독점관광시장의 경우에는 공급곡선이 존재하지 않는다는 것이다. 왜냐하면 공급곡선이란 수요곡선과는 별개로 각각의 가격수준에서 공급하기를 원하는 양을 나타내는 것인데, 독점관광시장의 경우에는 수요곡선에서 도출된 한계수입과 한계비용이 서로 만나는 곳에서($MR=MC$) 공급하기를 원하는 양만을 결정할 수 있을 뿐이며, 여러 상이한 가격수준에서 공급하기를 바라는 양은 알 수가 없기 때문이다.

이상에서는 총개념과 한계개념을 사용하여 이윤극대화를 추구하는 독점관광기업이 단기에 가격과 산출량을 어떻게 결정하는가에 관하여 살펴보았다. 이윤극대화원리는 독점관광기업에게도 그대로 적용되어 $MR=MC$인 점에서 가격과 공급량을 결정하면 단기균형에 도달하게 된다.

(2) 손실극소화

독점관광기업은 일반적으로 독점이윤을 획득하는 것으로 인식되기 쉽다. 그러나 독점관광기업일지라도 독점이윤을 획득할 수 없는 경우가 많다. 〈그림 8-3〉(A)에서와 같이 수요조건과 비용조건하에서는 수요곡선($D=AR$곡선)이 평균비용곡선(AC)에 접선($AR=AC$)을 이루고 있다. 이때에 이윤극대화의 조건($MR=MC$)이 성립되어 균형을 이루더라도 독점이윤은 발생하지 않는다. 다만, 사회적 평균이윤수준에 해당하는 정상이윤만을 획득하고 있다는 것을 의미한다. 그러므로 이 독점관광기업은 정상이윤만 보장되는 수준에서 균형($MR=MC$)을 취하고 있는 것이다.

〈그림 8-3〉의 (B)에서는 극대이윤의 조건(=균형조건, 즉 $MR=MC$)이 달성되었는데도 불구하고 오히려 손실이 발생하고 있다. 여기서는 수요곡선이 평균비용곡선과 접하지도 않고 교차하지도 않으며, 약간의 간격을 두고 있기 때문에 사각형 $APEB$의 손실이 있게 된다. 그러나 공급량 $0Q$에서 한계수입과 한계비용

이 균등하기 때문에 관광기업의 균형조건은 충족되는 셈이고, 또 이 손실은 그러한 수요조건과 비용조건하에서는 최소한의 손실이다. 왜냐하면 그 공급량수준에서도 한계수입과 한계비용($MR=MC$)이 균등해서 이윤극대화의 조건이 성립되어 있고, 그 조건은 손실극소화와 같은 의미를 가지기 때문이다.

이와 같이 관광기업 손실이 장기적으로 지속된다고 하면 하루 빨리 공급을 중단하고 관광기업을 해산하는 것이 유리할 것이다. 그러나 장기적으로 볼 때 시장의 확장에 따라 수요곡선이 우상으로 이동한다든가, 경영합리화와 기술발달에 따라 평균비용곡선이 아래로 이동하게 된다면, 시간이 경과에 따라 수요곡선과 평균비용곡선이 접하거나 교차하게 될 것이고, 이에 따라 정상이윤이나 독점이윤이 발생할 수 있게 될 것이다.

〈그림 8-3〉 독점관광기업의 균형과 손실

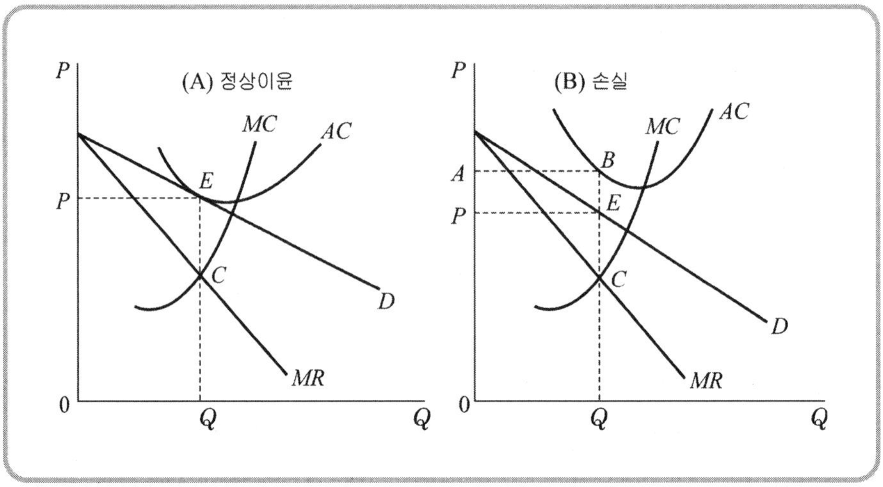

(3) 독점관광기업의 공급곡선이 존재하지 않은 이유

독점관광기업에서는 우하향하는 수요곡선으로 인하여 한계수입곡선이 항상 수요곡선보다 아래에 위치하게 된다. 또한 독점관광 시장가격은 관광기업의 공급량과 독립적인 관계를 가지지 않고 공급량의 많고 적음에 영향을 받는다. 따라서 어떤 시장가격에서 한계비용곡선은 이윤극대화 공급량을 표시해 주지 않는다. 따라서 단기한계비용곡선은 독점관광기업의 단기공급곡선이 아니다.

완전경쟁 관광기업의 경우에는 가격과 공급량 사이의 관계를 표시하는 공급곡선이 존재한다. 그러나 가격결정자인 독점관광기업이 정하는 가격과 공급량은 한계비용곡선과 시장수요곡선의 위치에 따라 달라지며, 시장수요곡선이 오른쪽으로 이동했다고 해서 반드시 가격과 공급량이 증가하는 것은 아니고 공급량의 변화 없이 가격만 증가하거나 가격의 변화 없이 공급량만 증가할 수도 있다. 이 때문에 독점관광기업의 경우에는 가격과 공급량 사이의 유일한 관계를 정의할 수 없으며, 공급곡선은 존재하지 않는다. 이를 이해하기 위하여 완전경쟁 관광기업의 공급곡선을 다시 음미해 보자.

이 공급곡선에 의하면 시장가격이 임의의 수준으로 정해져 있을 때 이 가격수준에 대응하는 이윤극대화 공급량이 유일하게 결정되었고, 어떤 특정 공급량에 대응하는 시장가격은 유일한 것이었다. 즉 공급곡선의 주요한 특성은 시장가격과 관광기업의 공급량 간에 1 : 1의 대응관계가 성립한다는 것이다. 그러나 독점관광의 경우에는 이러한 1 : 1의 대응관계가 성립되지는 않는다. 따라서 시장가격과 공급량과의 유일한 대응관계를 표시해 주는 공급곡선이 독점관광기업에게는 존재하지 않는다.

〈그림 8-4〉에서 알 수 있는 바와 같이 한계비용곡선이 일정하게 주어져 있는데도 불구하고 독점관광기업은 수요곡선의 형태에 따라서 일정공급량에 대해서 여러 가지 가격을 설정할 수 있다. 수요곡선이 D_1이면 한계수입곡선이 MR_1으로 되기 때문에 이윤극대화($MR = MC$)를 위하여 단위당 $0P_1$으로 하여 $0Q$를 판매할 것이다. 그리고 만약 수요곡선이 D_2이고, 그에 따라 한계수입곡선이 MR_2이면 이윤극대화를 위하여 단위당 가격을 $0P_2$로 하여 전과 같은 $0Q$를 판매할 것이다.

이상과 같이 일정한 공급량을 각각 다른 가격으로 판매하게 되어, 가격과 공급량 간에 어떤 일정한 관계가 성립되지 않으며, 따라서 공급곡선이 성립될 수 없다.

〈그림 8-4〉 독점관광기업의 공급곡선 유무(1)

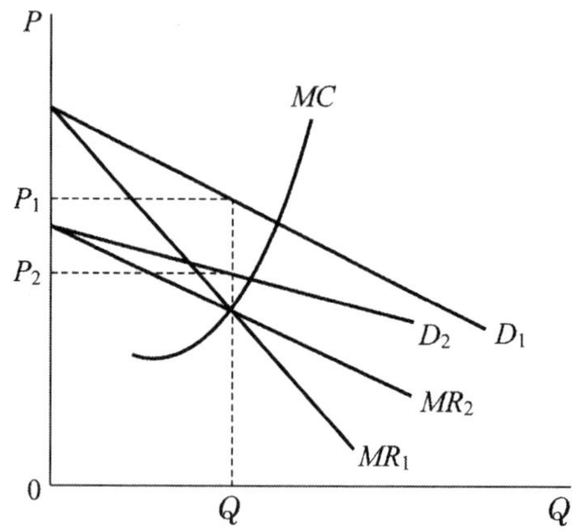

이제는 동일한 가격수준에서 두 가지 다른 공급량이 존재할 수 있다는 것을 논증함으로써 독점관광시장에서는 공급곡선이 존재하지 않는다는 것을 설명하고자 한다. 즉 가격과 공급량 간에 유일한 대응관계가 성립되지 않는다는 것을 논증하기로 한다.

〈그림 8-5〉에서 D_0는 지난 연도의 수요곡선이고 D_1는 수요가 감소하여 좌측으로 이동한 당해 연도의 수요곡선이라고 하자. 그래서 지난 연도의 수요곡선 D_0에 대응하는 한계수입곡선이 MR_0로 주어져 있다. 그리고 독점관광기업의 한계비용곡선이 MC로 주어져 있다. 이 독점관광기업은 이윤극대화를 위하여 지난 연도에는 MR_0와 MC가 교차하는 점에 대응하여 가격을 $0P$로 하고 공급량을 $0Q$로 조절하여 균형을 취할 것이다. 그런데 수요변화에 따른 수요곡선의 이동이 있게 된 당해 연도에는 MR_1과 MC가 교차하는 점에 대응해서 가격을 이전과 같이 $0P$로 하고 공급량을 $0Q_1$으로 조절하여 균형을 취할 것이다.

이상과 같이 가격수준 $0P$에서 두 가지 다른 공급량($0Q_0$와 $0Q_1$)이 있게 되므로 가격과 공급량 간에 유일한 대응관계가 성립하지 않는다. 그러므로 공급곡선이 존재하지 않는다고 말할 수 있다.

〈그림 8-5〉 독점관광기업의 공급곡선 유무(2)

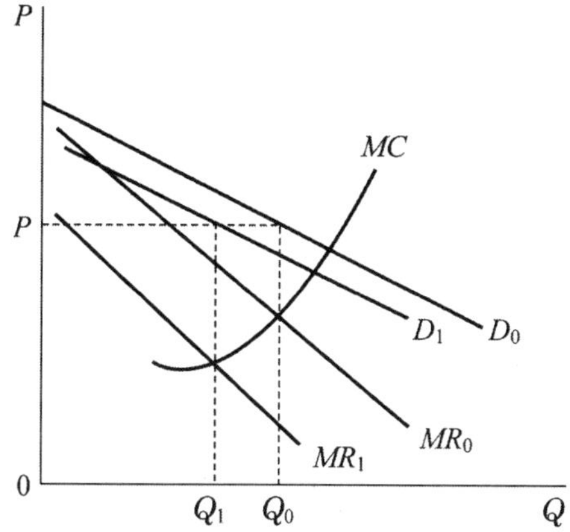

3. 독점관광기업의 장기균형

완전경쟁 관광시장의 장기균형에서는 관광기업들의 전입과 전출로 인하여 초과이윤(순수이윤)이나 손실이 없어지고 장기한계비용(LMC)=장기평균비용(LAC)=가격(P)=한계수입(MR)이라는 관계가 성립한다. 그러나 독점관광기업에게는 경쟁자가 없기 때문에 독점관광기업은 장기적으로 초과이윤(=독점이윤)을 취득할 수 있다.

다음에서는 단기적으로 독점이윤을 취득하고 있는 독점관광기업이 장기적으로 시설설비를 변경시켜서 보다 큰 독점이윤(=초과이윤)을 취득하는 경우를 고찰해 보기로 한다.

〈그림 8-6〉은 독점관광기업의 장기균형을 나타낸 것이다. 〈그림 8-6〉에서 D는 시장수요곡선이고, MR는 한계수입곡선이다. 그리고 SAC_0, SAC_1 등은 단기평균비용곡선들인데, 이들의 포격선인 LAC가 장기평균비용곡선이고, 그에 따른 장기한계비용곡선이 LMC로 주어진다.

초기의 단기평균비용곡선이 SAC_0이고, 그에 따른 단기한계비용곡선이 SMC_0

이면 그 독점관광기업은 가격을 $0P_0$로 하고, 공급량을 $0Q_0$로 하여 사각형 P_0E_0AB의 독점이윤을 취득하는 단기균형을 취할 것이다. 왜냐하면 공급량수준 $0Q_0$에서 단기한계비용곡선(SMC_0)과 한계수입곡선(MR)이 교차하기 때문이다.

〈그림 8-6〉 독점관광기업의 장기균형

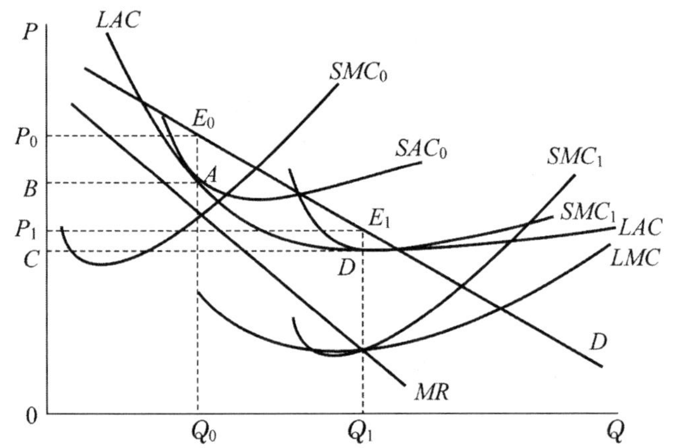

그러나 장기평균비용곡선(LAC)을 볼 때 규모의 경제가 크게 나타날 수 있으므로 그 독점관광기업은 시설설비를 확장하고자 할 것이다. 그래서 SAC_1과 같은 단기평균비용곡선을 가지는 시설설비를 구비할 때 비로소 장기균형을 이루게 될 것이다. 왜냐하면 공급량 $0Q_1$에서 단기한계비용곡선(SMC_1)이 한계수입곡선(MR)과 교차하고 또 그것들이 장기한계비용곡선(LMC)과도 그 점에서 교차하기 때문이다. 그 때 독점관광기업의 독점이윤은 사각형 P_1E_1DC가 된다.

여기서 볼 수 있는 것은 장기균형하의 완전경쟁 관광기업과는 달리 독점관광기업은 다른 관광기업들이 시장에 진입하는 데 어려움이 있으므로 장기에도 초과이윤을 얻을 수 있다는 것이다. 그러나 실제로 장기에서 어떤 독점관광기업의 초과이윤을 얼마나 얻을 수 있는가 하는 것은 수요조건과 비용조건에 달려 있다는 것이다.

제3절 완전경쟁 관광시장과 독점관광시장의 비교

1. 완전경쟁과 독점의 비교

이제 완전경쟁 관광기업의 시장성과와 독점관광기업의 시장성과를 상호 비교하여 보자. 양자 사이의 차이는 다음과 같다.

첫째로, 완전경쟁 관광기업은 $P=LMC$인 점에서 공급을 하나, 독점관광기업은 $MR=LMC$인 점에서 공급을 하여 $P>MR=LMC$가 성립한다. 즉 독점관광시장하의 가격은 완전경쟁 관광시장하의 가격보다 높다. 가계가 지불하려고 하는 관광재화의 가격은 사회의 구성원이 그 관광재화의 가치를 평가한 것이라고 볼 수 있다. 반면에 한계비용은 외부경제나 외부불경제가 존재하지 않는다면 사회적 한계비용을 나타낸다고 볼 수 있다. 따라서 $P=LMC$는 사회 전체의 입장에서 본 한계적인 이익이 사회 전체의 입장에서 본 한계적인 비용을 초과하고 있다. 따라서 사회 전체로는 해당 관광재화를 공급하기 위하여 더 많은 자원을 사용하는 것이 이로우나 독점관광기업에게는 이윤을 줄이는 것이므로 그렇게 하지 않는 것이다. 이는 곧 사회 전체의 후생이 독점관광시장 아래서는 감소됨을 뜻하는 것이다.

둘째로, 완전경쟁 관광기업은 LAC 및 SAC곡선의 최저점에서 공급을 하는데 반하여, 독점관광기업은 그렇지 못하다. 이는 희소한 자원이 독점관광시장보다는 완전경쟁 관광시장 아래서 더욱 효율적으로 사용되는 것을 뜻하는 것이다.

셋째로, 완전경쟁 관광기업은 $P=LAC=LMC$가 되는 공급량을 공급하나 독점관광기업은 $LMC=MR$이 되는 공급량의 수준을 공급하여 완전경쟁 관광시장하의 공급량이 독점관광시장하의 공급량보다 더 크게 된다.

이상에서 완전경쟁 관광기업과 독점관광기업의 주요한 차이로서 세 가지를 지적하였는데 이를 요약하면 첫째, 완전경쟁 관광시장하의 가격이 독점관광시장하의 가격보다 낮다는 것이며, 둘째, 완전경쟁 관광기업은 LAC 및 SAC곡선의 최저점에서 공급을 하므로 최적의 시설규모를 가지고 최적의 공급량수준을 공급하나 독점관광기업은 그렇지 못하는 것이며, 셋째, 완전경쟁 관광시장하의 공급량이 독점관광시장하의 공급량보다 더 많다는 것이다.

2. 독점도와 독점력의 측정

산업이 독점화된다는 것은 자원배분이란 입장에서나 소비자보호라는 입장에서 볼 때 여러 가지 좋지 못한 현상을 가져 온다. 그러므로 독점규제를 위하여 독점에 관한 여러 가지 정보가 필요하게 된다. 독점에 관한 중요한 정보의 하나가 독점도이다. 독점도(degree of monopoly)란 독점력의 강도를 의미한다.

러너는 독점기업의 균형에 있어서는 가격과 한계비용 간에 차이가 발생한다는 사실에 착안하여 독점도를 다음과 같은 수식으로 계산하였다.

$$d_m = \frac{P-MC}{P} = \frac{P-MR}{P} \quad \cdots\cdots (8-5)$$

완전경쟁 관광기업의 균형에 있어서는 가격과 한계비용이 항상 같기 때문에 $P-MC$가 0이 되고, 따라서 독점도는 0이 된다. 그러나 독점적 요소가 있게 되면 수요곡선이 우하향하게 되므로 한계수입(MR)은 수요곡선보다 더 낮게 되고, 따라서 균형점에서 한계수입과 균등해지는 한계비용(MC)도 가격보다 작게 된다. 그러므로 $P-MC$의 정도에 따라서 독점도가 측정될 수 있는 것이다. $P-MC$를 가격(P)으로 나누는 이유는 모든 관광기업에 공통되는 독점도의 척도를 만들기 위해 상대적으로 그 크기를 표시하고자 하기 때문이다.

이와 같이 계산되는 독점도가 크다고 해서 반드시 독점이윤이 크게 발생하는 것은 아니다. 이윤수준은 평균비용곡선과 수요곡선간의 상대적 위치에 의존하는 것이지 독점도에 의존하는 것이 아니기 때문이다.

이에 반해 힉스는 수요의 가격탄력성을 사용해서 러너의 독점도를 수요의 가격탄력성의 역수로 표시하였다.

독점의 경우는 완전경쟁과 달리 가격도 공급량의 함수이다. 총수입을 공급량에 대해서 미분하면 한계수입이 되며 다음과 같이 나타낼 수 있다.

$$\frac{dTR}{dQ} = P + Q \times \frac{dP}{dQ} = P\left(1 + \frac{Q}{P} \times \frac{dP}{dQ}\right) \quad \cdots\cdots\cdots\cdots\cdots\cdots \ (8-6)$$

(8−6)식의 $\frac{Q}{P} \times \frac{dP}{dQ}$는 수요의 가격탄력성 $\frac{P}{Q} \times \frac{dQ}{dP}$의 역수에 해당한다. 그러므로 (8−6)식은

$$MR = P\left(1 - \frac{1}{\mathcal{E}}\right) \quad \cdots\cdots\cdots\cdots\cdots\cdots \ (8-7)$$

(8−7)식을 러너의 독점도에 대입하면

$$d_m = \frac{P - MR}{P} = \frac{P - P + \frac{P}{\mathcal{E}}}{P} = \frac{\frac{P}{\mathcal{E}}}{P} = \frac{1}{\mathcal{E}} \quad \cdots\cdots\cdots\cdots\cdots \ (8-8)$$

이와 같이 힉스는 수요의 가격탄력성의 역수로서 독점도를 계산하였다.

그런데 이와 같이 정의된 독점도는 실제로 측정하기도 어렵지만 정책적 목표에 별로 소용이 없다. 현실적으로 정책적 목표에 사용하기 위한 독점도 측정은 다음과 같은 두 가지 방법으로 한다.

첫째, 집중도(concentration ratio)로써 독점도를 측정하는 것이다. 집중도라는 것은 독점기업의 시장점유율을 의미한다. 완전독점의 경우는 시장점유율이 100%가 될 것이다. 그러나 현실적으로는 완전독점이란 극히 드물기 때문에 일반적으로 집중도를 측정할 때는 최대 규모의 4~8개 기업이 그 산업의 총공급량에서 차지하는 비중으로 계산한다. 우리나라에서는 현재 5개 기업 이내의 대기업이 70%의 집중도를 가지고 있는 경우의 업체를 독과점이라 규정하고 있다.

둘째, 이윤율(rate of profit)로써 독점력을 측정할 수 있다. 많은 경제학자들이 이윤율의 크기로써 독점력을 측정한다. 왜냐하면 독점력이 없으면 높은 이윤율을 유지할 수 없기 때문이다. 한 기업이 독점력이 없이 높은 이윤율을 올리고 있으면 다른 기업들이 그 산업에 진입하여 올 것이며, 따라서 공급이 증가하고 가격이 하락하여 그 기업은 높은 이윤율을 유지할 수 없게 된다. 그러므로 독점도의 크기가 이윤율의 높이에 의해서 반영된다고 말할 수 있다.

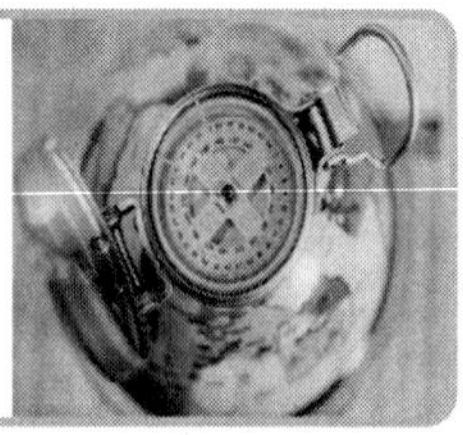

제4절 독점관광시장과 가격차별

독점관광시장에서의 가격차별이란 어떤 관광재화나 서비스가 비용과는 상관없이 각각 다른 관광소비자 집단이나 관광소비지역에 따라 다른 가격으로 판매할 때 가능해진다. 물론 독점관광기업이 아니더라도 이와 같은 가격차별은 가능하나, 독점은 단독공급자라는 입장 때문에 가격차별에 유리한 조건을 구비할 수가 있다. 가격차별이란 관광활동에서 흔히 볼 수 있는 현상인데, 박물관 입장권의 경로 및 어린이 할인, 관광지 단체입장권, 극장관람우대권 등 그 예는 다양하고 많이 존재한다. 왜냐하면 이렇게 차별가격을 부과함으로써 기업은 이윤을 더 높일 수 있기 때문이다.

1. 가격차별의 성립요건

(1) 전매가 불가능할 때

한 관광재화나 서비스를 다른 관광소비자에게 전매가 불가능한 때만 차별이 가능하다. 예를 들면 강원랜드의 입장권에 대해서는 가격차별이 불가능하다. 관광재화의 종류나 성분에 따라 전매가 불가능한 것이 이에 속한다. 다시 말하면 상이한 시장 사이에 관광재화의 재판매가 불가능해야 한다. 만약 가격이 낮은 시장에서 관광재화를 구입한 구매자가 가격이 높은 시장에서 팔 수 있다면 매매차익을 노리는 구매자들에 의하여 시장 간의 가격차이는 없어질 것이고 가격차별 전략은 실패로 돌아갈 것이다.

(2) 시장의 분할

서로 다른 고객 또는 시장이 쉽게 구분되어야 한다. 예를 들면 관광지 입장에서 대인과 소인같이 구분이 용이하기 때문에 시장분할이 가능하다. 관광자를 분류하여 시장을 분할할 수 있는 경우, 즉 입장료(아동과 성인) 등과 같은 것은 시장차별이 나타날 때 가능하다. 이와 같은 시장분할은 수량의 다과에 의해서도 가능한데, 다량할인이 그 좋은 예이다.

(3) 상이한 수요탄력성

관광재화를 구입하는 관광소비자가 각기 다른 수요의 가격탄력성을 갖고 있어야 한다. 즉 상이한 시장 간에 수요의 가격탄력성이 달라야 한다. 앞 조건들이 충족되더라도 한 관광시장과 다른 관광시장 사이에 수요의 가격탄력성이 같으면 시장가격이 같아지게 되어 가격차별화가 이루어지지 않는다. 왜냐하면 관광소비자의 기호와 선호도는 다르기 때문에 어떤 관광재화를 구입하려는 의사는 여러 가지 양상을 띠게 된다. 탄력적인 수요곡선에서는 가격을 낮추면 판매수익이 커지고, 비탄력적인 곡선에서는 높은 가격을 부과함으로써 수익을 올리게 된다. 즉 관광시장은 탄력성이 상이하게 분할되어 있으면 가격차별에 의해서 보다 많은 판매수익을 올리게 된다.

2. 가격차별이론

현실경제에서 가격차별은 일반인들이 생각하고 있는 것보다 자주 발생하고 있다. 피구는 이런 가격차별의 양식을 세 가지로 구분하였다.

첫째, 제1차 가격차별이다. 이것은 판매될 관광재화의 모든 단위에 대해서 각각 상이한 가격을 설정하는 것이다. 예를 들면 첫 단위에 대해서는 100원, 둘째 단위에 대해서는 99원, 셋째 단위에 대해서는 98원 등 마지막 단위까지 가격을 인하해 가면서 판매하는 방법이다. 그렇게 되면 각 단위에 설정된 가격은 각 단위에 대한 수요곡선이 된다. 그러면 수요자들에게는 하등의 관광소비자잉여도 남기지 않을 것이며, 그것이 바로 판매자, 즉 독점공급자의 수익으로 전환하게 된다.

둘째, 제2차 가격차별이다. 제2차 가격차별은 판매자가 여러 가지의 다른 가격을 설정하는 경우이다. 판매자가 X이상의 수요가격을 가진 수요자들에게는 가격을 X로 판매하고 X이하 Y이상의 수요가격을 가진 수요자들에게는 가격을 Y로 판매하는 방법을 취하는 것을 말한다.

셋째, 제3차 가격차별이다. 이것은 수요의 가격탄력성이 상이한 2개 이상의 시장이 존재할 때 가능한 것인데, 그 방법은 수요의 가격탄력성이 낮은 시장에서는 상대적으로 높은 가격을 설정하고 탄력성이 높은 시장에서는 비교적 낮은 가격을 설정하는 것이다.

그런데 제1차 가격차별 및 제2차 가격차별은 가격차별의 한 유형으로서 논의될 뿐 별로 중요성이 없다. 그래서 가격차별이론이라 할 때는 일반적으로 제3차 가격차별이론을 두고 하는 말이다.

3. 가격차별의 경제적 평가

(1) 긍정적인 효과

국민경제적인 입장에서 보면 다음과 같은 이점을 가진다.

첫째, 가격차별이 없을 때보다 관광기업의 공급량을 증대시키므로 고용의 증대와 국민소득의 향상을 가져온다. 따라서 가격차별이 있음으로 해서 국민소득 향상과 고용의 증대를 가져올 수도 있다.

둘째, 어떤 경우에는 가격차별화가 없으면 관광기업 성립이 불가능하여 관광재화구입이 불가능하지만, 가격차별화로 인하여 관광기업 성립이 가능해지고, 따라서 관광재화 구입이 가능해질 수도 있다.

셋째, 가격차별화는 소득재분배의 효과를 가져 올 수 있다. 소득수준이 높은 소비자에게는 비싸게 판매하고 소득수준이 낮은 소비자들에게는 값싸게 판매하기 때문에 고소득층으로부터 저소득층으로 소득을 이전시키는 효과를 가져 온다.

넷째, 가격차별화는 경제개발단계에서 정(+)의 효과를 가져 올 수 있다. 경제개발도상국에서는 소득수준이 낮기 때문에 일반적으로 국내시장이 협소하여 새로운 현대적인 설비를 도입하기 곤란할 때가 많다. 그러나 가격차별화를 하게 되면 시장이 확대되므로 현대적인 설비의 도입이 가능해질 수 있다. 특히 해외덤핑의 경우는 여러 가지 이익을 가져올 수 있다. 그 결과 고용증대, 국민소득증대, 수출증대, 국제경쟁력 향상 등의 부가적인 효과를 가져 올 수 있다.

(2) 부정적인 효과

가격차별화는 다음과 같은 비난을 받게 될 가능성을 지니고 있다.

첫째, 수요자를 차별대우함으로써 수요자가 불쾌감을 가질 수 있으며 이에 대한 비난을 받을 수 있다.

둘째, 관광소비자잉여를 독점관광기업의 이익으로 전환시킨다. 독점관광기업이 가격차별을 하지 않았더라면 관광소비자잉여가 발생한다. 그러나 독점관광기업이 가격차별을 하게 되면, 관광소비자잉여는 독점관광기업의 독점이윤으로 변한다. 그 결과 관광소비자들로부터 비난을 받을 수 있다.

셋째, 해외시장에서 덤핑을 하는 경우는 개별관광기업이 국내수요자의 소득을 갖고서 해외수요자에게 자선을 베푸는 결과가 된다. 즉 국내시장에서 외국인에게는 싸게 판매하고 내국인에게는 비싸게 판매하기 때문에 국내수요자를 희생시키는 것이 된다.

The economics of tourism

9 독점적 경쟁의 관광시장

제1절 독점적 경쟁관광시장의 개념과 특징

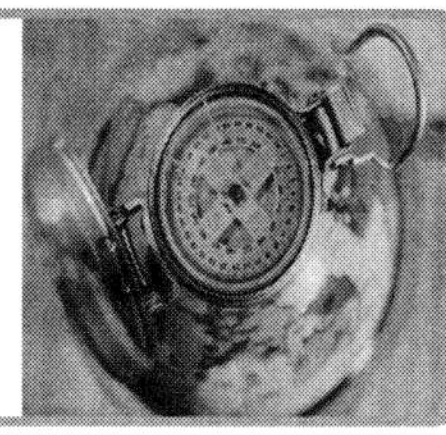

1. 독점적 경쟁관광시장 개념

독점적 경쟁관광시장이란 동종의 재화를 공급하는 관광기업의 수는 많으나 재화의 차별화에 의하여 각 관광기업이 자기 재화에 대하여 어느 정도 독점력을 행사할 수 있는 시장형태를 말한다.

따라서 독점적 경쟁관광시장은 완전경쟁 관광시장과 독점관광시장의 성격을 함께 가지고 있는 시장조직이다. 먼저 관광산업 안에 많은 관광기업이 존재하고 관광기업의 자유로운 진출입이 보장되는 점이 완전경쟁 관광시장의 성격과 같다. 그러나 완전경쟁 관광기업은 시장지배력을 가지지 못하는 반면, 독점적 경쟁관광기업은 독점관광기업처럼 완벽한 시장지배력은 아니지만 공급량을 조절하여 시장가격을 조금씩 변경시킬 수 있는 힘을 가지고 있다. 그 이유는 독점적 경쟁관광기업들이 다른 관광기업들의 재화와는 다른 차별화된 재화를 공급하는 데에서 약간의 시장지배력을 갖기 때문이다.

2. 독점적 경쟁의 관광시장 특징

(1) 비교적 많은 다수의 판매자

독점적 경쟁관광시장은 동일하지는 않지만 유사한 재화를 공급하고, 소규모 공급자들의 숫자가 비교적 많은 경제적 시장상황을 말한다. 독점적 경쟁관광시장은 수십만 개 관광기업의 존재를 의미하지는 않지만, 특성상 많은 수의 관광기업이 요구된다.

왜냐하면 각 관광기업은 비교적 전체 시장에서 적은 양의 시장지배를 하며,

시장가격에 대해 매우 한정적인 영향력을 행사한다. 비교적 많은 숫자의 관광기업이 시장에 개재하고 있기 때문에 공급을 제한하고 시장가격을 결정할 수 있는 독점관광시장과 같은 영향력은 거의 불가능하다. 또한 관광산업 내의 수많은 관광기업과 그들 사이에 상호 종속적인 분위기는 존재하지 않는다. 즉 각 관광기업은 경쟁기업의 시장반응을 고려하지 않고 그들 자신의 정책을 결정한다.

이와 같은 양상은 경쟁기업이 수없이 많은 완전경쟁시장이라는 이상적 시장형태와 상통하는 점이다. 결국 경쟁기업이 많은 경우에는 한 관광기업이 가격을 하락시켜서 판매를 늘린다 하더라도 그것은 관광시장 전체적으로 보면 매우 적은 양인 것이다. 따라서 한 관광기업이 많은 경쟁기업에 대해서 취하는 결과는 그 반응이 매우 미미하기 때문에 무시되는 것이다.

(2) 재화의 차별화

완전경쟁 관광시장과 비교하여 독점적 경쟁관광시장은 관광시장 상황에서 재화차별화라는 기본 특성을 가지고 있다. 완전경쟁관광기업은 관광시장에 표준화된 재화를 공급하지만 독점적 경쟁관광기업은 매우 다양한 재화를 공급한다. 독점적 경쟁관광기업은 관광소비자의 기호를 충족시키는 재화라 할지라도 다른 관광기업들과는 약간씩 다른 차별화된 재화를 공급한다. 예를 들면 몇 개의 관광기업이 제주도 관광재화(패키지 상품)를 공급하는 경우 각 관광기업의 제주도 관광재화는 서비스를 포함한 한 가지 또는 몇 가지 점에서 경쟁기업과 차이를 보이는 것이 현실이다.

경쟁기업간의 기능적인 특성이나 재화의 구성내용의 차이와 같은 실질적인 차별도 재화차별화의 중요한 일면이다. 그러나 단순히 선전 · 홍보에 의한 외형적 차별 또한 실질차별과 마찬가지로 중요하다. 판매조건도 차별화의 한 형태이다. 판매장소의 위치, 직원의 서비스, 관광기업에 대한 평판 · 신용 등이 모두 재화차별화의 요인이 된다.

재화차별화의 중요성은 기본적으로 다음 두 가지를 들 수 있다. 첫째, 비교적 많은 수의 관광기업에도 불구하고 독점적 경쟁관광기업은 공급 분화를 통하여 작으나마 그들 재화가격을 지배하고 있다. 일반적으로 관광소비자들은 특정재화를 선호하며, 관광소비자들은 그들의 선호를 충족시키기 위하여 더 높은 가격을 지불한다. 즉 관광소비자와 판매자는 모두 완전경쟁관광시장과 같이 무분별하게 연결되어 있지는 않다.

둘째, 재화차별화는 독점적 경쟁관광시장을 분석하는데 새롭고 복잡한 비가격 경쟁이라는 문제를 제기한다. 관광기업이 판매하는 재화에 대해 차별화가 되어 있기 때문에 재화의 판매는 선전이나 광고, 그 밖의 판매형태에 의존한다. 독점적 경쟁관광시장에서는 경쟁이 가격뿐만 아니라 재화의 다양화와 재화의 선전 및 광고를 통한 비가격경쟁에 의해서도 이루어진다.

예컨대, 여행사들이 제주도 관광재화를 판매하지만 호텔, 관광버스, 식사, 투어목적, 관광방문지들이 똑같지는 않다. 따라서 각 여행사가 공급하는 제주도 관광재화는 동질적인 재화가 아니라 이질적인 재화이다. 이러한 재화차별화 결과 각 여행사는 약간의 시장지배력을 가진다. 따라서 제주도 관광가격은 한계비용(MC)을 초과하는 경우가 대부분이다. 이는 독점적 경쟁관광기업이 단기에 독점관광기업처럼 우하향하는 수요곡선에 직면하고 있다는 것을 뜻한다. 다만, 한 여행사의 제주도 관광비용이 너무 비싸지면 비슷한 다른 관광기업의 제주도 관광재화로 이동하게 될 것이다.

이러한 점에서 독점관광기업과는 달리 독점적 경쟁관광기업에는 밀접한 대체재가 존재하여 수요의 가격탄력도가 크다. 따라서 독점적 경쟁관광기업의 수요곡선은 우하향하더라도 독점관광기업의 수요곡선보다 훨씬 완만한 기울기를 갖게 된다.

(3) 진입조건

관광기업이 독점적 경쟁관광산업으로의 진입은 비교적 용이하다. 독점적 경쟁시장은 비교적 소규모의 관광기업에 의해 이루어지기 때문에 그다지 큰 규모나 자본을 필요로 하지 않는다. 반면에 완전경쟁 관광시장과 비교하면 더 많은 자본을 필요로 한다. 그 이유는 다른 경쟁기업의 재화보다 좀 우수한 재화를 공급해야 하며, 또 광고 · 선전을 해야 하기 때문이다.

즉 독점적 경쟁관광시장은 비교적 많은 수의 관광기업이 서로 결탁하지 않으며 공급차별을 하는 산업이다. 비가격경쟁은 궁극적으로는 가격경쟁을 수반한다. 결과적으로 산업으로 진입의 용이성은 새로운 관광기업에 의한 경쟁을 유발하게 된다.

독점적 경쟁관광시장에서는 독점관광시장에서와 같은 진입장벽이 존재하지 않는다. 한 독점적 경쟁관광산업 내의 관광기업들이 평균적으로 초과이윤을 실현하면 장기적으로 새로운 관광기업들이 이 관광산업으로 진입해 온다. 반면에 한 관광산업 내의 관광기업들이 평균적으로 손실을 실현하면 장기적으로는 기존 관광기업들 중 일부가 이 관광산업으로부터 빠져나간다. 따라서 완전경쟁 관광시장에서와 같이 자유로운 전출입이 보장되는 독점적 경쟁관광산업에서는 각 관광기업들이 장기에 초과이윤을 향유하지 못하고 정상이윤만을 얻게 된다.

(4) 독점적 경쟁관광시장의 낭비

완전경쟁 관광시장의 가격결정은 경제적 효율을 바탕으로 가격과 한계비용 및 평균비용($P=MC=AC$)이 일치하는 점에서 이루어졌다. 이와 같은 가격과 한계비용의 일치($P=MC$)는 공급에서 자원이 올바르게 배분되도록 하는 데 필수적인 내용이다. 가격이 평균비용의 극소치와 일치한다는 것은 가장 효율적(최소비용)이라는 것을 의미한다. 이러한 일치는 관광소비자들이 현재의 가격조건이 허락하는 범위 내에서 가장 낮은 가격과 가장 많은 공급량을 향유할 수 있다는 것을 의미한다.

그러나 독점관광기업의 수요곡선은 우하향하는 형태를 띠기 때문에 독점관광시장보다는 경제적으로 더 효율적이지만 완전경쟁 관광시장보다는 비효율적이어서 자원의 낭비가 있게 된다.

3. 독점적 경쟁관광기업의 수요곡선

독점적 경쟁시장에서는 다수의 관광기업이 존재하고 유사한 대체재가 많기 때문에 개별관광기업이 직면하는 수요곡선은 매우 탄력적이긴 하지만, 완전경쟁 관광기업이 직면하는 수요곡선처럼 완전탄력적인 것은 아니다. 그러나 경쟁적 요소가 존재하므로 독점관광기업의 수요곡선보다는 완만한 형태가 될 것이다.

그런데 독점적 경쟁관광기업은 한 관광산업 내에 있는 다른 관광기업들의 행동에 따라서 두 가지 형태의 수요곡선에 직면하게 된다. 이것을 그래프로 나타내면 〈그림 9-1〉에서 보는 바와 같다.

먼저 D_1의 경우는 다른 관광기업들이 가격을 변동시키지 않고 기존가격을 그대로 유지하고 자기만이 가격을 변동시킬 때 직면하는 수요곡선을 말하는데, 이를 '감지되는 수요곡선'이라고 한다.

이 경우에는 이 관광기업이 스스로 그의 재화가격을 P_0에서 P_1으로 인하하는 경우 수요량은 Q_0에서 Q_3로 크게 증가하고 반대로 재화가격을 P_0에서 P_2로 인상하는 경우에는 수요량이 Q_0에서 Q_2로 감소하게 된다. 이렇게 모든 관광기업들이 가격을 인하시키지 않는데 어느 한 관광기업만이 스스로 가격을 인하하는 경우, 이 기업이 직면하게 되는 수요곡선은 우하향의 형태를 나타내며, 경사는 매우 완만하게 된다.

〈그림 9-1〉 독점적 경쟁관광시장하의 수요곡선

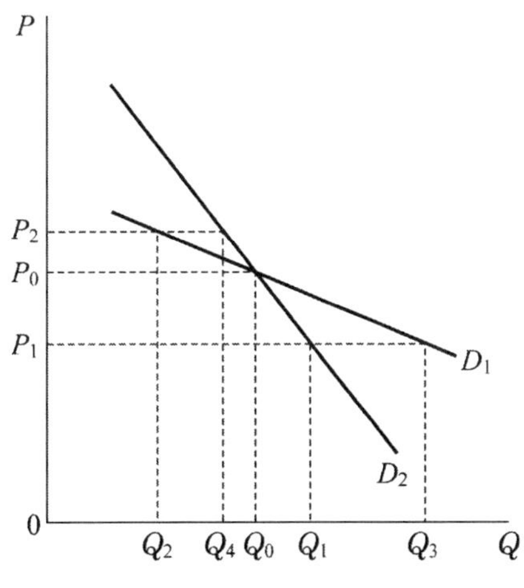

그리고 또 하나의 수요곡선인 D_2는 관광시장 내의 모든 관광기업들이 동시에 같은 방향으로 가격을 변동시키는 경우, 그 관광기업의 공급량의 증감을 나타내는 수요곡선을 말하는데 이를 '비례적 수요곡선'이라고 한다.

〈그림 9-1〉에서 보는 바와 같이 어느 한 관광기업이 가격을 P_0에서 P_1으로 인하할 때, 다른 모든 관광기업들도 동시에 가격을 인하할 경우에는 이 관광기업의 재화에 대한 수요는 Q_0에서 Q_1으로 그 증가되는 정도는 D_1의 경우보다 매우 적게 되고, 반대로 가격을 P_0에서 P_2로 올릴 경우에는 수요량은 Q_0에서 Q_4로 약간 감소하게 된다. 따라서 '비례적 수요곡선'은 매우 큰 기울기를 갖게 되는데, 이 곡선은 시장 내 모든 관광기업들의 비용조건이 모두 같다면 총시장 수요량을 관광기업의 수로 나누면 도출될 수 있을 것이다.

독점적 경쟁관광기업이 직면하는 수요곡선에 관한 이상의 내용과 관련하여 한 가지 지적되어야 할 점은 독점적 경쟁관광시장 하에 있는 관광산업의 수요곡선 및 공급곡선을 정의하고 도출하기란 매우 어렵다는 점이다. 왜냐하면 모든 관광기업들이 차별화된 재화를 공급하고 있기 때문에 관광산업의 입장으로서는 동질적인 재화가 아닌 이질적인 재화를 공급하고 있고, 각 관광기업의 가격도 상이하여 단일 가격이 아닌 다수의 다른 가격들이 존재하고 있기 때문이다.

제2절 독점적 경쟁관광기업의 균형

1. 독점적 경쟁관광기업의 단기균형

독점적 경쟁관광기업의 단기균형을 설명하는 데 있어서는 독점적 경쟁관광시장의 특징 중 하나인 재화차별화가 중요한 역할을 하게 된다. 독점적 경쟁관광기업은 재화차별화를 통해 독점관광기업처럼 우하향의 수요곡선을 갖는다. 따라서 관광기업이 이윤극대화를 추구한다면 독점적 경쟁관광기업의 단기균형은 독점관광기업의 단기균형과 기본적으로 다를 것이 별로 없다.

이제 단기에 있어서 독점적 경쟁관광기업이 이윤극대화를 위하여 가격과 공급량을 어떻게 결정하는지 살펴보자. 우선 독점적 경쟁관광기업은 독점관광기업의 가격과 공급량을 결정하는 것과 동일하다. 단지 독점관광기업이 직면하는 수요곡선에 비하여 독점적 경쟁관광기업이 직면하는 수요곡선이 훨씬 더 완만한 기울기를 가진다는 차이가 있을 뿐이다.

〈그림 9-2〉가 독점적 경쟁관광기업의 단기균형을 나타낸 것이다. 즉 독점적 경쟁관광시장에 참가한 개별관광기업이 직면하는 수요곡선은 자기 관광기업의 가격변화에 따라 다른 관광기업들이 가격변화의 반응을 보이지 않는다는 전제하에서의 독점적 경쟁관광기업이 직면하는 수요곡선은 탄력적이며 우하향하는 형태를 취하게 된다.

독점적 경쟁관광기업의 이윤극대화조건도 $MR = MC$이다. 따라서 〈그림 9-2〉에서 보면 $MR = MC$인 E점에서의 공급량수준인 Q_0를 공급하는 것이다. 이 때 Q_0에서 위로 수직선을 올려 수요곡선 D와 만나는 G점에서의 가격수준은 P_0가 된다. 그러나 공급량 한 단위를 파는 데서 얻는 평균수입 (AR)은 GQ_0인데, 공급량 한 단위를 공급하는 데 드는 평균비용(AC)은 FQ_0이므로($AC < AR$)

한 단위당 이윤은 GF가 되는데, 여기서 사각형 $GF \times 0Q_0$만큼 초과이윤을 얻는다. 그러나 독점적 경쟁관광기업이 실제로 초과이윤을 얻는지, 손실을 보는지

〈그림 9-2〉 독점적 경쟁관광기업의 단기균형

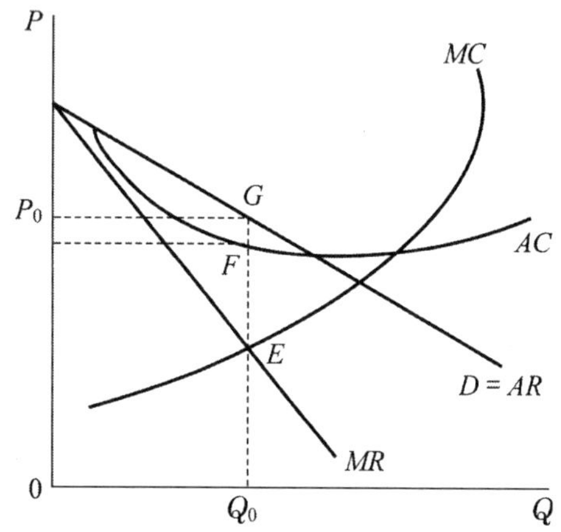

또는 단지 정상이윤만을 얻는가 하는 것은 그림에서 AR및 AC의 위치에 의해 표시되는 독점적 경쟁관광기업의 수입과 비용조건에 달려 있다. 〈그림 9-2〉에서는 초과이윤을 얻는 경우를 보인 것이다. 그러나 〈그림 9-2〉에서 G점에서 $AC = AR$이 접하게 되면, 이 경우는 초과이윤이 없고 정상이윤만 존재하게 된다. 그러나 평균비용이 평균수입보다 크게 되면($AC > AR$) 손실이 발생하게 된다.

2. 독점적 경쟁관광기업의 장기균형

독점적 경쟁관광기업의 장기균형을 논하는 데 있어서는 독점적 경쟁관광시장의 특징의 하나인 자유로운 진입과 퇴출이 중요한 역할을 담당한다. 독점적 경쟁관광시장에서는 완전경쟁 관광시장에서와 같이 새로운 관광기업의 자유로운 진입과 기존 관광기업의 자유로운 퇴출이 보장되기 때문에 장기적으로 보아서 초

과이윤도, 손실도 없이 정상이윤만을 향유하게 된다.

독점적 경쟁관광시장은 새로운 관광기업의 진입 및 기존 관광기업의 퇴출이 용이한 시장형태이므로, 만일 〈그림 9-2〉에 나타내는 것처럼 독점적 경쟁관광기업이 초과이윤을 얻고 있는 경우에는 새로운 관광기업들이 독점적 경쟁관광시장으로 진입하게 될 것이다. 이는 기존 관광기업이 직면하는 수요곡선을 왼편으로 이동시키는데, 그 이유는 새로운 관광기업의 진입으로 기존 관광기업의 공급량에 대한 수요는 줄어들기 때문이다.

이처럼 새로운 관광기업의 진입으로 기존 관광기업이 당면하는 수요곡선이 왼편으로 이동할 때 독점적 경쟁관광기업의 장기균형은 〈그림 9-3〉이 나타내는 것처럼 될 것이다.

〈그림 9-3〉 독점적 경쟁관광기업의 장기균형

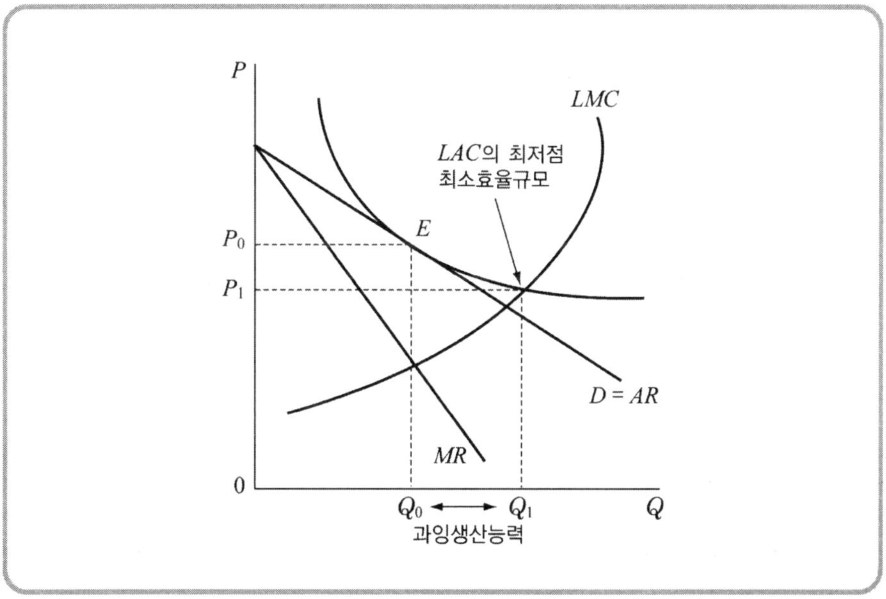

독점적 경쟁관광기업과 완전경쟁 관광기업의 장기균형은 두 가지 점에서 차이가 난다.

첫째, 독점적 경쟁관광기업의 경우에 가격이 한계비용보다 크다. 이는 독점적 경쟁관광시장이 완전경쟁 관광시장처럼 효율적이 아니라는 것을 의미한다. 추가적인 공급으로 관광소비자들이 얻는 한계수입이 한계비용보다 크므로 공급량이 완전경쟁 관광시장의 경우보다 적음을 의미한다. 각 관광기업이 어느 정도의 시장지배력을 가지고 있으므로 이들은 공급량을 조금 줄이고 더 높은 가격을 받는다. 관광공급자잉여와 관광소비자잉여의 합을 완전경쟁 관광시장과 비교해 보면 상대적으로 작아진다. 다시 말해서, 자중손실이 발생하여 효율성이 떨어진다.

둘째, 〈그림 9-3〉이 보여주고 있듯이, 공급량은 장기평균비용곡선의 최저점에 있지 않다. 완전경쟁 관광시장에서는 각 관광기업의 공급량이 장기평균비용곡선의 최저점에 있었다. 이는 독점적 경쟁관광기업의 공급은 완전경쟁 관광기업의 공급보다 공급비용이 높다는 것을 말한다. 따라서 독점적 경쟁관광기업은 초과비용을 발생시키면서 공급활동을 하고 있는 것이다. 각 관광기업들이 가격을 인하하면서 공급량을 확대한다면 평균비용은 하락할 것이다. 각 관광기업들은 공급량을 늘릴 수 있으며, 그에 따라 평균비용을 낮출 수 있다는 의미에서 각 관광기업들은 초과공급능력을 가지고 공급활동을 하고 있는 것이다. 관광기업들은 더 많이 공급하려 하지 않는다. 왜냐하면 가격은 조금 더 높은 수준에서, 공급량은 조금 더 적은 수준에서 유지할 수 있는 시장지배력을 각 관광기업들이 가지고 있기 때문이다.

〈그림 9-3〉에서 이윤극대화조건인 $MR=LMC$를 만족시키는 공급량의 수준은 Q_0이다. Q_0에서 위로 수직선을 올려 보면 수요곡선과 E점에서 만나는데, 이때의 가격은 P_0가 된다. 따라서 독점적 경쟁관광기업이 장기에 이윤극대화를 추구할 균형공급량은 Q_0가 되며 균형가격은 P_0가 된다. 그러나 이 때 유의할 것은, Q_0의 공급량수준에서는 수요곡선이 장기평균비용곡선(LAC)와 서로 접하고 있다는 것이다. 즉 다음과 같다.

$$D=AR=LAC \quad \cdots\cdots (9\text{-}1)$$

이는 곧 독점적 경쟁관광기업이 정상이윤만을 얻고 있으며 초과이윤은 0이 라는 것을 뜻한다. 따라서 독점적 경쟁관광기업의 장기균형 아래서는 기존 관광기업이 시장 밖으로 퇴출될 까닭도 없고, 새로운 관광기업이 새롭게 진입할 이유도 없는 상태가 된다.

제3절 독점적 경쟁관광시장의 평가

이제 독점적 경쟁관광기업과 완전경쟁 관광기업의 장기균형을 서로 비교하여 보자. 〈그림 9-4〉에서 볼 수 있는 바와 같이 완전경쟁 관광기업은 장기균형 하에서 평균비용(AC)곡선의 최저점에서 Q_0만큼 공급을 하고 있는 데 반하여, 독점적 경쟁관광기업은 AC곡선의 최저점의 왼쪽($AR=AC$)에서 Q_1만큼 공급을 하게 된다. 따라서 독점적 경쟁관광시장은 장기균형 하에서 완전경쟁 관광시장에 비하여 가격은 높고, 공급량은 적게 된다.

한편, 완전경쟁 관광기업과 독점적 경쟁관광기업은 모두 장기균형 아래서 초과이윤은 0이다. 그러나 독점적 경쟁관광기업은 과잉설비를 가지고 있게 된다. 여기서 과잉설비는 AC가 최저일 때의 공급량수준 Q_0과, 실제의 독점적 경쟁관광기업의 장기균형 공급량수준인 Q_1와의 차이로서 정의된다. 이와 같이 독점적 경쟁시장에서 $Q_0\,Q_1$만큼 과잉설비가 존재하는 것은, 만일 관광기업의 수가 현재보다 적고, 규모는 현재보다 크다면 더 낮은 평균생산비로 공급량이 공급될 수 있음을 나타내는 것이다. 이는 곧 희소한 자원도 덜 소요될 것임을 의미한다. 그러나 독점적 경쟁관광기업의 수는 줄이고 규모는 키웠을 때 가격은 낮아지겠으나, 문제는 재화의 다양성이 감소한다는 점이다. 따라서 가격이 싸지는 이익과 차별화된 재화의 수가 적어지는 데서 오는 손실이 상호 비교되어야만 할 것이다.

또한 독점적 경쟁관광기업은 독점관광기업과 마찬가지로 우하향의 수요곡선을 가지기 때문에 독점관광기업과 똑같은 균형조건 $P>MR=MC$를 가진다. 따라서 독점적 경쟁관광시장은 $P=MC$에서 공급되는 완전경쟁 관광시장에 비해 공급량은 적고 시장가격은 높게 된다. 이와 같이 과잉시설이 존재하고 $P>MC$이기 때문에 독점적 경쟁관광시장은 자원배분에 있어서 비효율적이다.

그러나 독점적 경쟁관광시장에서 시장가격이 장기평균비용의 최저수준보다 높다는 것 때문에 일어나는 자원배분의 비효율성은 독점관광시장과 대비할 때 그 성격을 매우 달리한다. 독점적 경쟁관광기업의 수를 줄이고 공급규모를 늘려 규모의 경제를 살리면 평균생산비와 시장가격이 낮아지겠지만, 한편으로 재화의 다양성이 줄어드는 부작용이 있게 된다. 독점적 경쟁관광시장에서의 비효율성은 한편으로 다양한 관광소비자의 기호를 충족시키는 일면이 있으며, 이 비효율성을 제거하기 위해서는 관광소비자의 기호를 임의로 제약시켜야 한다는 문제가 뒤따른다. 따라서 독점적 경쟁관광시장의 비효율성이 바람직스럽지 못하다고 일방적으로 단정할 수는 없는 것이다.

독점적 경쟁관광시장 하에서는 각 관광기업은 가격경쟁과 비가격경쟁을 함으로써 생산비용이 증가하는데, 이의 부담은 결국 관광소비자에게 전가되게 된다. 왜냐하면 어느 정도의 광고나 선전은 관광소비자들에게 정보를 제공하여 주기 때문에 유용할 수도 있지만, 지나친 광고나 선전은 비용을 증가시켜서 가격을 인상시키는 요인이 된다.

이제 독점적 경쟁관광시장에 참가한 독점적 경쟁관광기업이 결정하는 가격과, 공급량 수준을 완전경쟁 관광기업이 결정하는 가격과, 공급량 수준과 독점관광기업이 결정하는 공급량 수준을 비교해 보기로 하자.

독점적 경쟁관광시장은 장기적으로 볼 때 독점관광시장과는 근본적으로 상이한 특징을 가지게 되는데, 그 중 가장 큰 차이점은 장기의 경우에 신규 관광기업의 진입이 자유스럽게 행해진다는 점이다. 시장 내의 관광기업이 초과이윤을 얻게 되면 신규 관광기업의 시장에 대한 진입을 촉진시키고, 그에 따라 기존 관광기업의 개별수요곡선은 좌측으로 이동하기 때문에 그 관광기업의 초과이윤이 감소하게 된다. 신규 관광기업의 진입은 시장 내의 관광기업의 초과이윤이 0이 될 때 멈추게 되며, 이 때 시장 내의 관광기업은 장기균형에 도달하여 균형가격과 균형공급량이 결정되게 된다. 이것은 마치 완전경쟁 관광시장하의 장기균형 상태와 흡사한 형태가 되지만, 근본적으로는 큰 차이를 지니게 된다.

즉 〈그림 9-4〉에서와 같이 완전경쟁 관광시장의 경우에는 평균비용곡선의 최저인 가격수준 P_0와 공급량 Q_0에서 장기균형이 달성된다.

〈그림 9-4〉 독점적 경쟁과 완전경쟁 및 독점의 비교

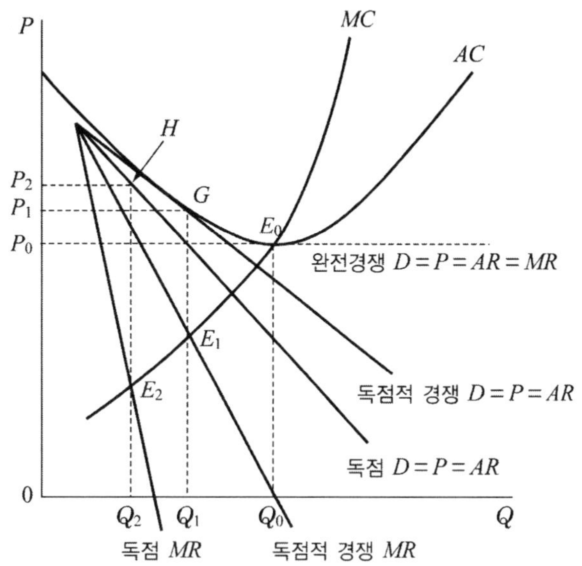

반면에 독점적 경쟁관광시장의 경우에는 개별수요곡선이 우하향하기 때문에 그 균형공급량은 평균비용의 극소점에 대응하는 공급량보다 적게 된다. 즉 $AR = AC$인 가격수준 P_1과 공급량 Q_1에서 장기균형을 이룬다.

그러므로 독점적 경쟁관광시장 하에서는 유휴공급능력이 존재하게 되므로 자원을 비효율적으로 이용하게 된다. 그러나 독점적 경쟁관광시장에서의 이러한 유휴공급능력은 독점관광시장에서의 그것보다는 작게 되는데, 그 이유는 개별수요곡선의 탄력이 독점관광시장의 경우보다 크기 때문이다. 결론적으로 이와 같은 관광시장을 비교했을 때 가격수준에서는 완전경쟁 관광시장 < 독점적 경쟁 관광시장 < 독점관광시장 순이며, 효율성 측면에서는 완전경쟁 관광시장 > 독점적 경쟁관광시장 > 독점관광시장 순이다.

독점적 경쟁관광시장 하에서는 각 관광기업은 가격경쟁과 아울러 비가격경쟁을 함으로써 공급비용이 증가하는데, 이의 부담은 결국 관광소비자에게 전가되

게 된다. 왜냐하면 어느 정도의 광고나 선전은 관광소비자들에게 정보를 제공하여 주기 때문에 유용할 수도 있겠지만, 지나친 광고나 선전은 비용을 증가시켜 관광재화의 가격을 인상시키는 요인이 된다. 비가격경쟁이란 재화가격보다는 판매서비스나 품질의 개선, 혹은 광고 등의 형태로 경쟁이 일어날 때를 말한다.

The economics of tourism

10 과점의 관광시장

제1절 과점관광시장 개념과 특징

1. 과점관광시장의 개념

비교적 소수의 관광기업들이 유사한 관광재화를 공급하여 같은 관광시장에서 상호 경쟁, 묵계 또는 공모하면서 판매활동을 하는 시장형태를 과점관광시장이라고 한다.

독점관광시장은 단지 하나의 관광기업만이 한 관광산업을 점유하고 있기 때문에 다른 관광기업을 의식할 필요가 없다. 그리고 완전경쟁 관광시장이나 독점적 경쟁관광시장에서는 관광기업들이 너무 많기 때문에 다른 관광기업들의 행동을 일일이 주시할 수도 없고, 주시하려고 하지도 않는다. 그러므로 독점관광시장, 완전경쟁관광시장 및 독점적 경쟁관광시장에서는 관광기업들이 다른 관광기업의 행동을 주시하지도 않고 고려하지도 않는다.

그러나 과점관광시장의 경우는 사정이 크게 달라진다. 과점관광시장의 두드러진 특징은 각 관광기업들이 다른 관광기업들의 행동과 반응을 예의 주시하면서 행동한다는 것이다. 과점관광시장 내에는 비교적 소수의 관광기업들이 시장의 상당부분을 점유하고 있기 때문에 한 관광기업의 행동이 다른 관광기업들에게 커다란 영향을 미치게 된다. 그러므로 각 관광기업들은 상호 밀접한 의존관계에 있다는 것을 인식하고, 상호 다른 관광기업들의 행동과 반응을 주시하면서 행동하게 된다.

이와 같이 소수의 관광기업이 한 산업에 대한 총공급량의 대부분을 공급할 때 과점관광시장이라고 말할 수 있는데 과점관광시장의 특수한 경우로서 때로는 단 두 관광기업이 전체시장을 석권하는 산업이 있는데 이를 복점이라 한다.

그래서 우리나라와 같이 두 개의 항공기업이 국내항공시장을 지배하는 경우에 그것은 복점에 포함되며, 시골 읍내에 두 개의 여행사만 존재한다고 할 때 복점이라고 할 수 있고, 한 도시에 두 개의 관광호텔만 운영하고 있다면 이 또한 복점이라고 할 수 있다.

2. 과점관광시장의 특징

(1) 규모의 경제

과점관광시장의 경우 규모의 경제가 존재할 때 상당히 효율적인 공급이 가능하며, 그 효율성은 관광기업의 공급시설이 전체 시장에 비해서 상대적으로 커야만 이루어진다. 그러나 높은 비용구조를 갖는 산업은 불안정한 상태에 있으므로 규모의 경제를 실현할 수가 없다.

따라서 시장의 수요가 안정된 여건에서도 소규모의 공장을 가진 관광기업들은 생존 할 수가 없다. 몇몇 관광기업에 의한 효율적인 확장이 이루어지기 때문에 수많은 관광기업들이 필연적으로 희생된다. 몇몇 관광기업에 의한 규모의 경제 실현은 경쟁관광기업들이 도산이나 합병을 통해서 동시에 줄어든다는 것을 의미한다.

역사적으로 볼 때, 기술의 발전은 시간이 흐름에 따라서 규모의 경제를 여러 산업에서 발생시켰다. 일반적으로 많은 종류의 산업이 원시적 기술과 아주 형편없는 규모의 경제, 그리고 상대적으로 많은 수의 경쟁자와 함께 시작되었는데, 기술이 향상되고 규모의 경제가 상당히 고도화됨에 따라 방심하거나 적극적이지 못한 기업들은 도산하고 소수의 공급자들에게 합병을 당하게 되었다.

관광기업의 합병 동기는 그 근원이 다양한데, 즉각적인 연관성은 두 개 혹은 그 이상의 경쟁관광기업들이 합병을 통해 자신들의 시장점유율을 실질적으로 높이고 규모의 경제를 달성하기 위한 새롭고 더 큰 공급단위를 만들 수 있다는 것이다. 합병을 촉진하는 또다른 중요한 동기는 합병에 따르는 시장지배력이다. 절대적으로나 상대적으로 보다 큰 관광기업은 작은 경쟁관광기업보다 공급시장과 가격통제에서 더 큰 힘을 발휘하게 된다. 더욱이 규모가 큰 관광기업은 커다란 구매자로서의 이익을 누릴 수 있는데, 그 이유는 원료공급자로부터 다른 작은 관광기업보다 싼 가격으로 구입할 수 있다.

(2) 진입의 장벽존재

과점관광시장에서는 새로운 관광기업의 진입에 상당한 장벽이 존재한다. 이러한 진입장벽이 과점관광시장의 발전 또는 유지를 가능케 한다. 항공기 운항노선 허가 등은 중요한 요인이 되기도 한다. 막대한 광고비의 지출은 새로운 관광기업들의 진입에 대한 금융적 장벽이 된다. 일반적으로 규모의 경제는 모든 과점관광시장에서 금융적인 장벽의 원인이 되기도 한다.

진입장벽이 독점관광시장과 같이 완벽한 것은 아니지만 독점적 경쟁관광시장보다는 훨씬 두텁다. 이러한 진입장벽이 과점관광시장을 생성 · 유지시킨다. 진입장벽으로는 독점관광시장의 경우처럼 첫째, 규모의 경제가 상당한 공급규모에까지 존재한다. 둘째, 비행기나 선박 등은 몇몇 관광기업이 소유한다. 셋째, 정부의 인허가 등을 몇몇 관광기업에게만 해 준다는 것을 들 수 있다.

이러한 요인 외에 기존 과점관광기업들이 전략적으로 진입장벽을 쌓는 경우가 있는데 전략적 진입장벽으로는 첫째, 새로운 관광기업이 산업에 진입해 오면 기존 관광기업보다 불리한 비용구조로 공급을 시작하기 마련인데, 이 때 기존 관광기업들이 가격을 충분히 낮추어 새로운 관광기업이 이 가격으로는 손실을 보게 만든다. 둘째, 활발한 광고활동으로 기존 과점관광기업들의 상표가 너무 알려져 있다. 셋째, 기존 관광기업들이 수많은 차별화된 관광재화를 공급하여 관광소비자의 다양한 기호를 이미 충족시켜 주는 것 등을 들 수 있다.

(3) 비가격경쟁과 가격의 경직성

과점관광기업 간에는 밀접한 상호 의존관계가 있기 때문에 한 관광기업이 가격인하를 통하여 다른 관광기업들로부터 그들의 관광객을 유치하려고 하면 다른 관광기업들도 관광객을 뺏기지 않으려고 가격인하로 대처함으로써 가격경쟁이 일어나게 되어 모든 관광기업들의 이윤이 낮아지는 경우가 종종 생긴다. 또한 관광기업이 가격을 인상할 때 다른 관광기업들이 따라서 가격을 인상하지 않거나 인상하더라도 그 폭이 작은 경우에는 가격을 인상한 관광기업은 수요는 감소하게 되고 관광객을 잃는 위험에 직면한다. 따라서 관광기업들은 가급적 가격경쟁을 회피하고 광고나 재화차별화 등 비가격경쟁에 의존하게 된다. 그 결과 과점관광시장의 관광재화가격은 다른 관광시장에서처럼 자주 바뀌지 않고 가격의 경직적인 현상을 보이게 된다.

(4) 담합 또는 공동행위

관광기업들은 담합 또는 기타 공동행위와 같이 비경제행위를 하려는 경향이 강하다. 가격경쟁을 벌이지 않는 것이 상호 이익이라는 것을 인식하는 과점관광기업들은 그들의 공동 이윤을 극대화하기 위하여 가격을 협정하고 나아가 여러 가지 공동행위를 취하는 경우가 흔하다. 기업연합이나 기업합동 등이 그러한 공동행위이다. 카르텔은 각 시장에 참가하는 관광기업이 독립성을 유지하며 시장지배를 목적으로 일정한 협약의 범위 내에서 공동행위를 하는 형태이다. 기업합동은 카르텔의 발전된 형태로서 각 참가 관광기업이 독립성을 거의 상실하고 시장독점을 통한 초과이윤을 얻기 위한 목적으로 마치 하나의 독점관광기업처럼 행동하는 형태이다.

(5) 관광기업 간의 상호의존성

과점관광시장의 발달 과정을 보지 않더라도 소수 관광기업 간의 경쟁은 새롭고 복잡한 요인을 내포하는데, 그것이 바로 상호의존성이다. 이는 과점관광시장이 다른 시장조직과 두드러지게 다른 특성이다. 과점관광시장을 이루는 관광기업은 비교적 소수이기 때문에 이 관광기업들 가운데 어느 하나가 가격이나 공급량을 변경시켰을 경우 누가 더 많이 시장을 점유하는가 하는 면에서 다른 관광기업들에게 현저한 영향을 미친다. 각 관광기업은 이러한 사실을 인식하여 가격이나 공급량을 결정할 때 다른 경쟁관광기업들이 어떠한 반응을 보일 것인가를 신중하게 고려한다.

과점관광공급시장을 각기 점유하는 A, B, C 등 세 관광기업을 생각하기로 한다. 만일 A관광기업이 가격을 내리면 그의 시장점유율은 증가할 것이다. 그러나 B관광기업과 C관광기업은 즉각적으로 A관광기업의 가격인하의 영향을 받는다. 따라서 A관광기업에 대한 B와 C관광기업의 반응은 민감하다. 즉 B와 C

관광기업은 A관광기업의 가격인하와 같게 하거나 그 이하로 가격을 인하하여 가격경쟁을 심화시킨다. 이러한 반응은 어떠한 과점관광기업도 경쟁관광기업의 반응을 생각지 않고서는 가격정책을 바꾸지 못한다는 것을 말해준다.

완전경쟁 관광기업은 주어진 시장가격과 비용곡선 하에 이윤을 극대화하고자 한다. 독점 및 독점적 경쟁관광기업은 주어진 수요곡선과 비용곡선 하에서 이윤을 극대화하고 이 과정에서 양자가 모두 다른 관광기업의 행동은 무시할 수 있었다. 그러나 과점관광기업은 수요곡선과 비용곡선 하에서 이윤을 극대화하고자 하는데, 이 과정에서 다른 관광기업들이 어떻게 행동할 것인가를 항상 감안하는 것이다.

과점관광시장의 독특한 특색은, 관광기업의 수가 적기 때문에 발생하는 상호간의 의존성과, 그 결과 가격을 변경하는 데서 예상되는 경쟁관광기업의 반응을 측정할 필요가 있다는 것이다. 완전경쟁관광시장과 독점적 경쟁관광시장의 특징인 수많은 경쟁자와 순수 독점의 특징인 경쟁자의 부재는 이런 시장기구에서 나타나는 상호간의 의존성이 배제되므로 가격정책이 다른 양상을 띠게 된다.

따라서 과점관광시장의 정의는 다음과 같이 다시 내려질 수 있다. 과점관광시장은 한 관광산업에 진출한 관광기업의 수가 적어서 각각의 관광기업이 가격정책을 설정하는데 있어서 경쟁관광기업의 반응을 고려해야 할 때 존재한다.

제2절 과점관광시장의 가격설정이론

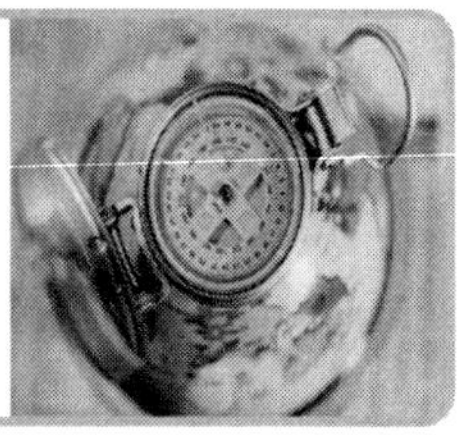

과점관광기업들은 서로 밀접한 전략적인 상호작용을 하고 있다. 그런데 어떤 한 과점관광기업이 가격과 공급량을 결정하였을 때 다른 과점관광기업들이 어떻게 반응을 보인다고 가정하는가에 따라서 여러 가지 다른 결과를 얻게 되므로 과점관광시장에 관한 일반이론은 존재하지 않는다고 한다. 따라서 여기서는 몇 가지의 과점관광시장이론들을 살펴보기로 한다.

1. 굴절수요곡선이론

과점관광시장이론에서 가장 널리 알려진 이론이 굴절수요곡선의 이론이다. 일반적으로 과점관광시장에서의 가격을 보면 상당한 기간 동안 변화하지 않고 그대로 있는 것을 발견할 수 있는데, 이러한 과점관광시장에서의 가격 경직성을 설명하려고 하는 것이 스위지(P.Sweezy)의 굴절수요곡선의 이론이다. 어떤 과점관광기업이 현재 과점관광시장에서 형성되어 있는 가격보다 가격을 인하하면, 다른 과점관광기업들도 시장점유율 경쟁에 뒤지지 않으려고 가격을 인하한다고 가정한다. 그러나 한 과점관광기업이 현행의 가격수준보다 가격을 인상하면, 다른 과점관광기업들은 가격을 따라 올리지 않는다고 가정하는데, 그 이유는 오히려 수요의 증가에 따른 시장점유율의 확대를 기대하기 때문이다.

스위즈가 설명하는 굴절수요곡선이란 〈그림 10-1〉에서 DED_1의 수요곡선을 말한다. 곡선 DED_1은 점 E에서 꺾어지는(굴절하는) 특징을 지니고 있다. 곡선 DED_1에서 점 E의 좌측에서는 수요곡선 D를 따르고, 점 E의 우측에서는 수요곡선 D_1을 따른 것이다.

굴절수요곡선 DED_1에 대응하는 한계수입(MR)곡선은 $DIJK$로 구성되어 있다. 구간 DI는 수요곡선 DE에 대응한 한계수입곡선이고, 구간 JK는 수요곡선 ED_1에 대응한 한계수입곡선이다.

그런데 그림에서 볼 수 있듯이 한계수입곡선 $DIJK$는 IJ구간에서 불연속임을 주의할 필요가 있다. 이윤의 극대화조건은 $MR = MC$인데, 과점관광기업의 한계비용곡선이 높게는 MC_0, 낮게는 MC_1 수준에서 변동하는 동안 관광기업은 이윤극대화조건에서 가격은 $0P_0$, 공급량은 $0Q_0$, 즉 공급량 $0Q_0$와 가격 $0P_0$에서 과점관광기업은 균형을 이룸과 동시에 가격의 경직성이 형성된다는 내용이 굴절수요곡선의 요점이라 할 수 있다.

그렇다면 굴절수요곡선은 어떤 이유로 점 E에서 굴절되는가? 이러한 굴절수요곡선은 다음과 같은 두 가지 가정이 전제하고 있기 때문이다.

첫째, 현재 형성된 시장가격에서 어떤 과점관광기업이 가격인하를 결정하면 다른 경쟁관광기업도 시장점유율을 빼앗기지 않기 위해서 가격인하에 참여한다.

둘째, 한 관광기업이 가격을 인상한다면, 다른 경쟁관광기업은 시장점유율을 확대하기 위해 가격인상에 동조하지 않는다.

〈그림 10-1〉 굴절수요곡선과 가격의 경직성

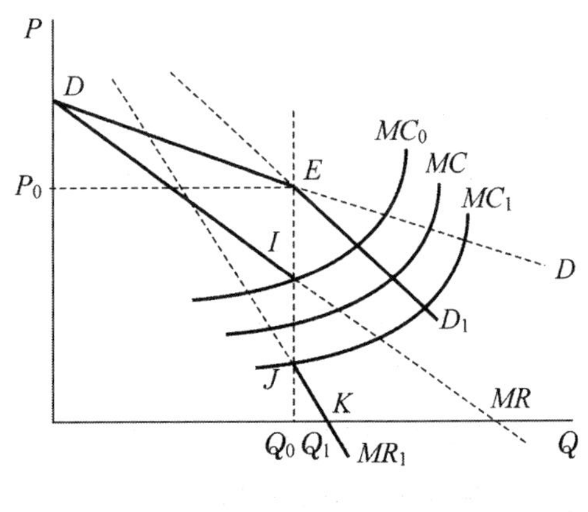

굴절수요곡선이론은 과점관광시장의 가격경직성을 잘 설명할 수 있는 장점을 가지고 있으나, 이 이론에 대해서는 몇 가지 심각한 비판이 제기되었다. 첫째, 이 이론이 과점관광가격은 왜 수요곡선이 굴절을 보이는 수준에서 형성되는가를 설명하지 못한다는 것이다. 즉 현행가격을 사후적으로 합리화하는데 그치며, 과점관광가격이 왜 현행의 가격수준에서 성립되었는가를 설명하지는 못한다는 것이다. 둘째, 한 과점관광기업이 가격을 인상할 때 굴절수요곡선의 가정과는 달리 다른 과점관광기업들도 따라서 가격을 인상하는 경우가 흔하다는 것이다. 셋째, 과점관광시장에서도 가격이 자주 변화하는 것이 발견되므로 굴절수요곡선이 존재한다는 실증적인 증거는 희박하다는 것이다. 이러한 비판에도 불구하고 굴절수요곡선이론은 과점관광가격이 다른 관광시장의 가격보다 상대적으로 덜 변하는 특징을 잘 설명한 이론으로 평가받고 있다.

2. 풀 코스트원리

이윤극대화원리에 따르면 기업들은 이윤극대화를 위하여 한계수입과 한계비용이 일치하는 점에 대응해서 공급량과 가격을 결정한다. 그런데 영국에서 대기업들을 조사해 본 결과, 기업의 관리자들은 한계수입과 한계비용이란 개념조차도 모르고 있었다고 한다. 그 대신 기업들은 가격결정의 관례에 따라서 평균비용에다 몇 %에 해당하는 이윤을 부가해서 가격을 결정하는 소위 풀코스트 원리에 따르고 있었다고 한다.

여기서 말한 평균비용이란 1단위당 주요비용과 1단위당 경상비용을 합계한 것이다. 주요비용은 원료비 · 임금 등의 직접비용을 말하고 경상비용은 감가상각비 · 임원봉급 · 지대 · 이자 등의 간접비용을 말한다.

이와 같은 풀코스트 원리로 과점관광가격이 결정된다면 수요가 약간 증가하더라도 가격인상을 하지 않을 것이고, 수요가 약간 감소하더라도 가격인하를 하지 않을 것이다. 그러므로 풀 코스트원리는 과점관광가격의 경직성을 설명할 수 있다.

관광기업들이 풀 코스트원리에 따르게 되는 이유를 다음 몇 가지로 요약할 수 있다.

첫째, 관광기업들이 자기 관광재화에 대한 수요곡선이나 한계비용곡선 및 한계수입곡선을 정확히 알 수 없기 때문에 극대이윤을 가져 오는 가격과 공급량을 알 수 없다. 둘째, 가격변동은 때때로 관광소비자의 반발을 살 우려가 있다. 셋째, 가격을 인상하면 새로운 관광기업의 진입을 유발할 염려가 있다. 넷째, 가격을 인하하면 경쟁관광기업들도 가격을 인하하지 않을까 염려된다. 다섯째, 가격을 인상할 때 경쟁자들이 가격인상을 하지 않으면 관광객을 상실하여 손실을 보게 될 것이다.

이상과 같은 이유들 때문에 과점관광기업들은 풀 코스트원리를 따르게 되고, 따라서 과점관광시장에는 경직가격이 있게 된다고 한다.

그런데 이 이론의 약점은 이윤부가율을 어떻게 결정하는가에 대한 설명이 없다는 것이다. 그리고 현실적으로 이윤부가율이 관광기업 측의 자의에 따라 결정되기 때문에 이론적인 가격결정원리라고 말할 수 없다는 것이다.

3. 매상고극대화가설

현대의 기업들은 소유와 경영이 분리되어 있기 때문에 경영자들은 필요한 최저이윤만 확보되면 이윤극대화보다는 매상고의 극대화를 추구하는 매상고극대화가설을 주장하였다. 여기서 말한 최저이윤이란 주주들이 불만을 갖지 않을 정도의 배당금이 확보될 수 있고, 또 자금조달에 지장을 주지 않을 정도의 이윤수준이다.

마찬가지로 관광기업이 이윤극대화를 추구하지 않고 매상고극대화를 추구하는 근본적인 이유는 매상고의 증가는 관광기업에 유리하지만, 매상고의 감소는 관광기업에 대해서 여러 가지 불이익을 가져 오기 때문이다. 그것을 구체적으로 들면 다음과 같다.

첫째, 매상고가 감소하면 관광소비자들은 그 관광재화의 질이 나빠진 것으로 생각하기 쉽다. 특히 관광사업에서는 실제로 이런 일이 비일비재하다. 그래서 관광소비자를 상실할 염려가 있다.

둘째, 매상고가 떨어지면 그 관광재화를 직접 판매하는 대리점이나 기타 판매

점들이 그 관광재화를 취급하려 하지 않을지도 모른다, 그래서 판매망을 상실할지도 모른다.

셋째, 매상고가 떨어지면 금융기관으로부터의 신용이 감퇴하여 자금조달이 어려워진다.

넷째, 매상고가 감소하면 조업감축을 해야 할 것이고, 따라서 사원을 감축시켜야 한다. 사원을 채용하는 것은 쉬워도 감축하기는 대단히 어렵다.

다섯째, 매상고가 감소하면 경쟁관광기업들에 대한 전략을 효과적으로 행사할 수 없다.

여섯째, 경영자의 사회적 지위와 보수의 크기는 매상고의 크기에 의존하는 경향이 있다. 그러므로 경영자는 이윤의 크기보다는 매상고의 크기에 관심을 갖게 된다.

이상과 같은 여러 가지 이유로 관광기업경영을 담당하는 경영자들은 극대이윤보다는 매상고극대화를 추구한다고 말할 수 있다.

매상고 극대화가설에 대해서 여러 가지 비판이 제기되었는데, 그 주된 비판은 이 가설이 과점관광시장의 특징인 관광기업간의 상호의존성을 완전히 무시하고 있다는 것이다.

4. 담합(collusion)

관광시장에서 관광기업들은 공식적으로 담합협정을 체결하는 경우가 있다. 이러한 협정은 과점관광시장의 불확실성을 제거하여 보다 많은 이윤이나 안정적인 이윤을 확보하기 위하여 관광기업 간 체결된다.

과점관광기업들은 가격경쟁이든 비가격경쟁이든 간에 그것은 관광기업들 상호간에 출혈적인 결과를 가져 온다는 것을 잘 알고 있다. 그러나 어떤 관광기업은 경쟁할 의사가 없다고 하더라도 다른 관광기업들이 어떻게 나올지 모르기 때문에 항상 불안정한 상태에 있게 된다. 만약 관광기업들 간에 담합을 하여 가격책정이나 판매활동을 공동으로 한다면 경쟁에서 오는 불안을 없앨 수 있고, 관광시장을 공동 독점할 수 있게 되어 관광기업이익을 극대화할 수 있다. 그뿐 아니라 공동보조를 취함으로써 새로운 관광기업의 진입을 저지하여 과점관광시장의 안정을 유지하기도 용이하다. 그래서 과점관광산업에는 담합을 할 강력한 유인이 있게 된다.

관광기업들 간의 담합의 대표적인 사례가 카르텔(cartel)이다. 카르텔이란 동종 관광재화를 공급하는 과점관광기업들이 특정시장의 독점화를 목적으로 결성한 관광기업의 연합체이다. 카르텔은 중앙기관을 두고, 참가 관광기업들은 어떤 종류의 경영상의 결정을 중앙기구에 위임하는 형식을 취한다. 그러므로 참가 관광기업들이 개개의 가격정책이나 공급계획을 수립하는 대신 협정에 따라 공동정책을 수립하고 그것을 의무적으로 지키게 함으로써 공동이익을 최대화하는 데 목적이 있다.

그러나 여러 가지 사정으로 개별관광기업들이 협정을 암암리에 이탈하는 경우가 있게 되므로, 그러한 독자적 행동에 대해서는 반드시 어떤 벌칙을 두고 있다. 참가 관광기업들이 중앙기구에 권한을 이양하는 정도는 카르텔의 목적에 따라 다르다.

카르텔의 목적을 분류해 보면, 첫째, 가격결정 또는 최저가격의 설정, 둘째, 각 관광기업의 공급량 또는 판매량의 최고한도 설정, 셋째, 판매조건의 통제 등이다.

가격카르텔의 경우는 참가 관광기업들의 판매가격에 대해서만 통제하고 판매조건이나 판매량에 대해서는 개별관광기업의 자유재량에 맡긴다. 이와 같은 카르텔은 우리나라에서도 흔히 볼 수 있다.

가장 강력한 카르텔은 카르텔 중앙기구가 가격, 산출량, 이윤분배 등에 관한 산업과 관광기업의 활동을 결정한다. 그래서 카르텔이 결정하는 가격과 산출량은 독점관광기업이 결정한 가격과 산출량과 거의 같다.

그러나 카르텔은 참가 관광기업들의 서로 다른 이해타산 때문에 항상 와해될 소지를 지니고 있다.

5. 가격지도제

한두 개 관광기업이 어떤 가격을 설정하면 다른 관광기업들도 뒤를 따라 그 가격을 설정하는 제도를 가격지도제라 하는데, 과점관광시장에는 이러한 가격지도제가 아주 일반화되어 있다. 가격지도제는 두 가지 형태가 있는데 그 하나는 지배적 관광기업모형(dominant-firm model)이고, 다른 하나는 지표적 관광기업모형(barometric-firm model)이다. 지배적 관광기업모형은 그 산업에 지배적인 대규모의 관광기업이 하나 있고, 그 외는 여러 개의 소규모 관광기업으로 구성되어 있는 산업에서 이루어진다.

지배적 관광기업모형에서의 가정은 지배적 관광기업이 그 산업의 가격을 설정하면 여타의 소규모 관광기업들이 그 가격수준으로 자기들이 공급하고 싶은 양만큼만 공급한다는 것이다. 이 모형에서는 지배적 관광기업이 자기의 이윤을 극대화하기 위해서 가격을 어떻게 설정할 것인가를 쉽게 알 수 있다. 지배적 관광기업에 의해서 이미 가격이 결정되어 있기 때문에 소규모 관광기업들의 개별수요곡선은 완전경쟁과 같이 횡축에 평행하는 직선으로 표시될 것이고, 따라서 이들 소규모 관광기업들은 가격과 한계비용이 일치하는 점까지 공급할 것이다.

다음 지표적 관광기업모형에서는 하나의 지표적 관광기업이 처음으로 가격을 변동시키면 그 산업에 속하는 다른 관광기업들도 일반적으로 그 가격변동을 인정하고 뒤를 따른다는 가정이 되어 있다. 그런데 그 지표적 관광기업은 반드시 그 산업에서 최대 규모의 관광기업일 필요도 없고, 또 최대로 강력한 관광기업이 아니더라도 된다. 그러나 그 산업 전체의 비용조건의 변동이나 수요조건의 변동을 가장 정확히 알 수 있는 관광기업이라야 한다는 것이다.

6. 진입저지가격이론

과점관광기업들이 한계수입과 한계비용이 일치하는 점에서 가격을 결정했을 때, 그 가격이 평균비용을 크게 상회한다면 이윤이 많이 발생하므로 그 산업에는 새로운 경쟁관광기업이 진입할 것이고, 따라서 결국에는 이윤도 감소할 것이다. 그러므로 과점관광기업들은 극대이윤을 희생해서라도 새로운 관광기업의 진입을 저지하려 한다. 그래서 이들 관광기업은 낮은 가격을 설정하고 장래에 걸쳐서 장기적인 지위를 확보하려 한다는 이론을 진입저지가격(entry-preventing price) 이론이라고 한다.

이 이론의 요지는 과점관광기업들은 현재의 극대이윤을 희생해서라도 평균비용을 약간 넘는 수준의 가격을 설정함으로써 새로운 관광기업의 진입을 저지하여 장기적인 수익을 확보한다는 것이다.

7. 관리가격

관리가격이란 어떤 판매자에 의해서 설정되어 일정한 기간 동안에는 거래상황이 어떠하더라도 변동하지 않은 가격이다. 따라서 관리가격은 가격의 경직성을 기본적인 내용으로 하고 있다.

선진자본주의 국가에서는 관광기업규모가 확대되고 과점체제가 강화됨에 따라 관광기업들은 조업도를 조작하여 수급을 조절하고 가격의 하락을 방지하여 그 안정성을 유지하려는 노력을 하고 있다. 그 결과로 나타나는 것이 곧 관리가격이다. 기업가들은 가격하락에만 대처하는 것이 아니라, 시장의 변동에 따른 가격의 급격한 등락의 폐해를 고려하여 생산비가 변화하더라도 가급적 가격을 변화시키지 않으려고 노력한다.

과점관광기업이 이와 같이 관리가격을 채택하는 이유는 다음과 같다.

첫째, 가격을 인하한다는 것은 관광소비자들에게 나쁜 인상을 준다. 즉 관광재화의 질이 나빠졌다든가, 다른 관광재화보다 못하다는 인상을 준다.

둘째, 가격을 자주 인상하면 관광소비자들로부터 반발을 받게 되어 관광객들을 잃어버릴 염려가 있다.

셋째, 불황기에 가격을 인하하였다가 다음 호황기에 다시 가격을 크게 인상하려면 관광소비자들로부터 반발을 받을 것이다. 그러므로 불황기에 가격을 인하하지 않음으로써 손실을 입었다면 그것을 다음 호황기에 가격을 비교적 쉽게 인상하여 보상할 수 있다는 것이다.

넷째, 가격을 자주 변동시키면 기업경영의 어떤 계획을 수립하는 데 있어서 불편하다는 것이다.

다섯째, 굴절수요곡선의 이론에서 지적된 바와 같이 과점관광기업에서는 경직가격을 유지하는 것이 유리하기 때문이다.

제3절 과점관광기업 및 시장수요의 가격탄력성

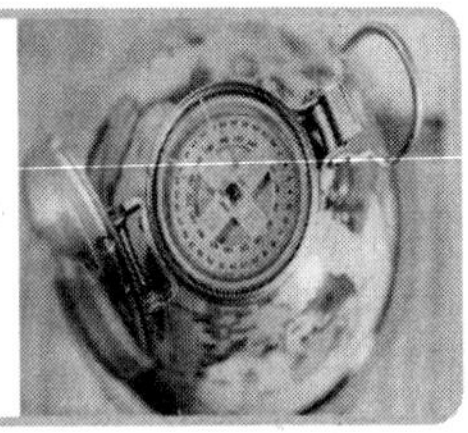

과점관광시장에 있어서는 각 관광기업들은 거의 동질적인 관광재화를 공급하고 있지만, 각 관광기업들의 광고 · 선전활동과 기타 판매활동으로 인하여 각 관광기업들의 시장점유율과 수요의 가격탄력성은 각각 다르다. 그러나 관광재화는 동질성이 강하기 때문에 관광재화의 가격은 거의 비슷한 수준을 유지하게 된다.

이러한 경우 가격카르텔을 형성한다든가 가격지도제를 채택하고자 하면, 각 관광기업들은 각각의 개별기업수요의 가격탄력성과 시장수요의 가격탄력성에 대해서 커다란 관심을 가지게 될 것이다. 왜냐하면 집단행동에 의한 가격변동이 각 개별관광기업의 총수입을 어떻게 변동시킬 것인가, 또는 관광산업전체의 총수입을 어떻게 변동시킬 것인가의 정보를 개별수요의 가격탄력성과 시장수요의 가격탄력성이 알려 주기 때문이다.

두 개 관광기업으로 구성된 과점관광시장을 가정하고 시장 판매량을 Q, 개별관광기업의 판매량을 각각 q_1과 q_2라고 할 때, 이들의 시장점유율은 각각 $\frac{q_1}{Q} = r_1$, $\frac{q_2}{Q} = r_2$으로 나타낼 수 있으며, 시장가격(협정가격 또는 지도가격)을 P라 하면 총수입은 다음과 같이 나타낼 수 있다.

$$P \times Q = Pq_1 + Pq_2 \quad \cdots\cdots (10\text{-}1)$$

이제 판매량과 가격의 증감분을 Δ로 표시하면 시장수요의 증감분은 다음과 같다.

$$\Delta Q = \Delta q_1 + \Delta q_2 \quad \cdots\cdots (10\text{-}2)$$

(10−2)식의 양변을 가격의 증감분($\varDelta P$)으로 나누어 주고, 또 $\frac{P}{Q}$를 양변에 각각 곱하여 주면 다음과 같이 나타낼 수 있다.

$$\frac{\varDelta Q}{\varDelta P}\times\frac{P}{Q}=\left(\frac{\varDelta q_1}{\varDelta P}\times\frac{P}{Q}\right)+\left(\frac{\varDelta q_2}{\varDelta P}\times\frac{P}{Q}\right) \quad\cdots\cdots\cdots\cdots\cdots\cdots (10-3)$$

다시 (10−3)식의 우변의 각 항에 각각 $\frac{q_1}{q_1}$과 $\frac{q_2}{q_2}$를 곱하여 주면

$$\frac{\varDelta Q}{\varDelta P}\times\frac{P}{Q}=\left(\frac{\varDelta q_1}{\varDelta P}\times\frac{P}{Q}\times\frac{q_1}{q_1}\right)+\left(\frac{\varDelta q_2}{\varDelta P}\times\frac{P}{Q}\times\frac{q_2}{q_2}\right)$$
$$=\left(\frac{\varDelta q_1}{\varDelta P}\times\frac{P}{q_1}\times\frac{q_1}{Q}\right)+\left(\frac{\varDelta q_2}{\varDelta P}\times\frac{P}{q_2}\times\frac{q_2}{Q}\right)$$

가 된다. 이를 다시 정리하면 다음과 같이 나타낼 수 있다.

$$\frac{\frac{\varDelta Q}{Q}}{\frac{\varDelta P}{P}}=\left(\frac{\frac{\varDelta q_1}{q_1}}{\frac{\varDelta p}{p}}\times\frac{q_1}{Q}\right)+\left(\frac{\frac{\varDelta q_2}{q_2}}{\frac{\varDelta P}{P}}\times\frac{q_2}{Q}\right) \quad\cdots\cdots\cdots\cdots\cdots\cdots (10-4)$$

(10−4)식의 좌변은 시장수요의 가격탄력성(ε)을 나타내고, 좌변 제1항은 관광기업 1의 수요의 가격탄력성 (ε_1)에 관광기업 1의 시장점유율$\left(\frac{q_1}{Q}=r_1\right)$을 곱한 값이고, 제2항은 관광기업 2의 수요의 가격탄력성(ε_2)에 관광기업 2의 시장점유율 $\left(\frac{q_2}{Q}=r_2\right)$을 곱한 값이다. 즉 다음과 같이 나타낼 수 있다.

$$\varepsilon=\varepsilon_1 r_1+\varepsilon_2 r_2 \quad\cdots\cdots\cdots\cdots\cdots\cdots\cdots\cdots\cdots\cdots (10-5)$$

(10−5)식에서 알 수 있는 바와 같이 시장수요의 가격탄력성은 각 개별관광기업들의 수요의 가격탄력성에 각각의 시장점유율을 가중치로 곱한 값의 합계와 같다.

제4절 과점관광산업의 비가격경쟁

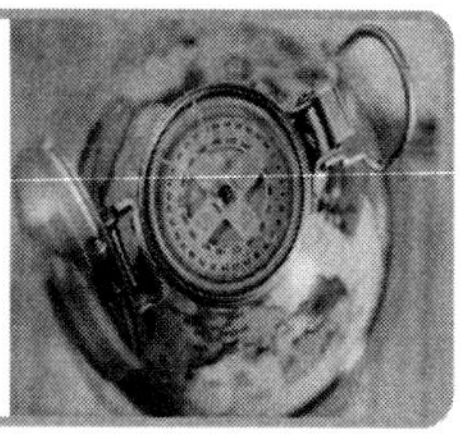

과점관광산업에서는 관광기업들의 상호의존성이 대단히 강해서 한 관광기업이 가격을 인하하여 관광객을 유치하면 그것이 다른 경쟁관광기업들에게 막대한 영향을 미치므로 경쟁관광기업들도 즉각적으로 가격을 인하하여 대항을 하게 된다. 그래서 가격경쟁이 벌어지고, 이에 따라 관광기업들이 도산을 하게 되는 경우가 속출한다. 따라서 과점관광기업들은 가격경쟁을 되도록 피하고, 가격 이외의 점에서 경쟁하게 되는데, 이러한 가격 이외의 경쟁을 비가격경쟁이라 한다.

1. 광고 · 선전에 의한 경쟁

관광기업에 대한 광고 · 선전은 그 기업의 수요곡선을 우측으로 이동시키고, 현행 가격수준의 주변에서 수요가 비탄력적으로 만드는 효과를 발생시킨다. 즉 광고 · 선전을 하게 되면 일반적으로 현행 가격수준에서 보다 많이 판매할 수 있게 되며, 그것은 수요곡선이 우측으로 이동한다는 것을 의미한다.

〈그림 10-2〉에서 원래의 어떤 관광기업의 수요곡선이 D_0인데 광고 · 선전비를 A_1만큼 지출함으로써 수요곡선이 우측으로 이동하여 $D_0(A_1)$으로 이동하였다고 하자. 수요곡선 D_0하에서는 가격을 P_0로 하면 판매량이 Q_0가 되겠지만, 광고 · 선전비를 투입하여 수요곡선을 $D_0(A_1)$으로 이동시킴으로써 이제는 가격 P_0하에서도 판매량이 Q_1으로 증가된다.

그러나 광고 · 선전이 효과적으로 수행되면 가격을 인상하더라도 판매량에는 별로 변동이 일어나지 않는다. 즉 광고 · 선전이 수요를 비탄력적으로 만드는 것이다. 〈그림 10-2〉에서 가격을 P_0 일 때 판매량을 Q_0이지만 광고 · 선전비를

A_1만큼 투입해서 수요곡선을 $D_0(A_1)$곡선이 되게 하였다면, 이제는 가격을 P_1으로 인상하더라도 판매량 Q_0에는 변화가 일어나지 않을 것이다. 그러므로 광고 · 선전은 수요를 비탄력적으로 만드는 역할을 한다고 말할 수 있다.

〈그림 10-2〉 광고 · 선전의 효과

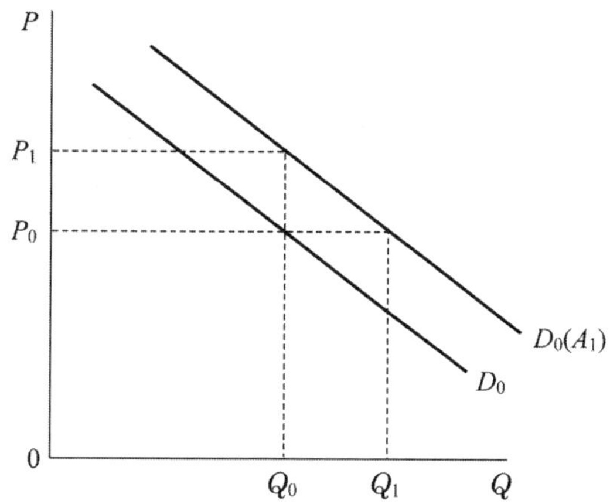

광고 · 선전이 수요곡선을 우측으로 이동시키게 되는 주된 이유는 그것이 관광소비자들의 욕망 또는 선호를 불러일으키는 효과를 갖고 있기 때문이다. 또한 광고 · 선전의 효과는 누적적이라는 특징을 갖고 있다. 광고 · 선전을 계속하면 그 효과가 현재에만 나타나는 것이 아니라 장래에도 계속해서 나타난다는 것이다.

완전경쟁 관광시장 하에서는 관광재화가 동질적이고 관광기업들이 영세 · 다수이기 때문에 한 관광기업이 광고 · 선전을 해 보았자 그 효과가 그 관광기업의 관광재화수요에 나타난다는 보장이 없다. 그러므로 광고 · 선전을 하지 않는다. 독점의 경우는 독점 관광재화와 다른 관광재화와의 사이에 대체관계가 별로 없기 때문에 다른 관광기업의 관광객을 유치하려는 광고 · 선전을 거의 하지 않는다. 그러나 과점관광시장의 경우는 가격경쟁은 하기 곤란하지만 관광재화의 질이 동질이거나 유사하여 대체성이 많기 때문에 상호 관광객을 유치하려는 광고 · 선전활동이 대단히 치열해진다.

과점관광기업이 광고 · 선전을 하는 것도 판매를 진작시켜 이윤을 증대시키려는 목적에서 하는 것이다. 그러므로 광고 · 선전비의 지출액도 이윤극대화의 법칙인 한계수입과 한계비용의 일치($MR=MC$)에 따라 결정될 것이다.

하나의 과점관광기업이 광고 · 선전을 하게 되면 다른 과점관광기업들도 관광객을 상실하지 않기 위하여 광고 · 선전을 하게 된다. 그래서 모든 관광기업들이 광고 · 선전을 하게 되면 광고 · 선전의 효과가 대부분 서로 상쇄되고 약간의 새로운 수요가 창출될 따름이다. 즉 모든 과점관광기업들이 광고 · 선전을 하게 되면 관광기업들의 수요곡선이 약간 우측으로 이동할 따름이다.

그러므로 과점관광기업들의 광고 · 선전비는 결국에 가서 관광재화가격에 포함되고, 따라서 관광소비자들에게 전가될 가능성이 많다.

2. 품질경쟁

과점관광기업들은 광고 · 선전과 함께 관광재화의 질적 차별화에 노력한다. 관광재화의 품질차별은 관광재화 자체의 물리적인 성질의 차별일 수도 있고, 단순히 서비스의 차별일 수도 있다. 그뿐 아니라 실제적인 차이가 있건 없건 간에 관광수요자들이 차이가 있다고 생각하면 관광재화의 차별화가 이루어진다고 볼 수 있다. 이러한 의미에서 본다면 광고 · 선전도 일종의 관광재화차별화를 위한 품질경쟁이라고 볼 수 있다.

관광재화차별화를 통한 품질경쟁을 하는 목적은 자기 관광재화를 다른 관광재화보다 더 관광소비자들의 구미에 맞게 하여 수요곡선을 우측으로 이동시키려는 데 있다. 관광재화차별화의 품질경쟁은 관광소비자들에게 유리할 수도 있고 불리할 수도 있다. 품질경쟁으로 관광재화의 품질이 고급화되면 그것은 관광소비자에게 유리해지고, 품질경쟁이 단순한 외형상의 경쟁에 지나지 않게 되면 품질경쟁비용이 가격상승의 원인이 되고 만다.

이상과 같은 품질경쟁도 결국은 이윤극대화가 목표이기 때문에 각 관광기업은 품질경쟁에 따른 한계수입과 한계비용이 일치하게끔 의사결정을 하게 될 것이다.

3. 판매조건의 경쟁

과점관광기업들은 가격경쟁이 불가능하기 때문에 광고 · 선전과 품질경쟁을 하고 또한 판매조건에 대해서도 경쟁을 한다. 이와 같은 판매조건의 경쟁도 이윤극대화를 위한 경쟁이므로 각 관광기업은 판매조건의 설정에 따른 한계수입과 한계비용이 일치하도록 의사결정을 하게 될 것이다.

제5절 과점관광시장의 경제적 효과

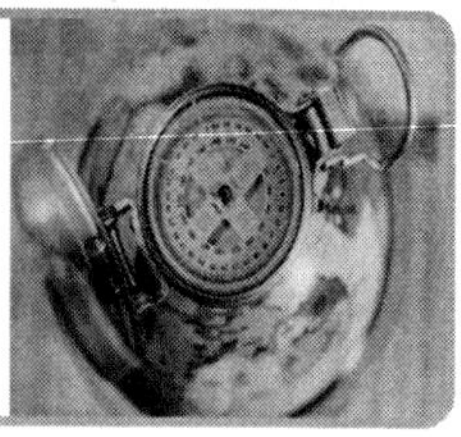

산업구조의 장단점을 분석할 때 일반적으로 그 기준이 되는 것은 완전경쟁시장과 독점시장이다. 여기에서도 이 기준에 따라서 과점관광산업의 장단점을 분석해 보기로 한다.

먼저 장점을 살펴보면 첫째, 과점관광기업들은 새로운 관광기업의 진입을 저지하기 위하여 독점가격을 설정할 수 없고, 그것보다는 낮은 가격을 설정한다. 과점관광기업들도 잠재적인 신규 관광기업들의 시장진입을 두려워하기 때문에 관광소비자에게 착취적인 높은 가격을 설정할 수 없다.

둘째, 일반적으로 과점관광기업들은 대규모이기 때문에 규모의 경제로 인하여 때로는 평균비용을 크게 인하할 수도 있다. 그러므로 관광산업이 완전경쟁관광시장으로 구성될 때보다 과점관광시장으로 구성될 때 관광재화는 더 낮은 가격으로 공급될 수도 있다.

셋째, 과점관광기업들은 대단위의 관광기업들이기 때문에 막대한 연구개발비를 투입해서 새로운 생산방법을 개발하고 보다 양질의 관광재화를 값싸게 공급할 수도 있다.

끝으로 과점관광기업들은 대단위의 관광기업들이기 때문에 해외관광기업들과 경쟁을 할 수 있다.

다음으로 단점을 살펴보면 첫째, 과점관광기업의 재화가격은 항상 한계비용보다 높다. 완전경쟁 관광기업의 경우는 수요곡선이 횡축에 평행하는 직선으로 나타나기 때문에 관광재화가격과 한계비용이 언제나 일치한다. 그러나 과점관광산업에 있어서는 개별관광기업의 수요곡선이 우하향하기 때문에 가격이 언제나 한계비용(=한계수입)보다 높다. 그러므로 과점관광산업에 있어서는 관광소비자가 부담해야 할 가격이 상대적으로 높다고 말할 수 있다.

둘째, 과점관광산업에 있어서는 일반적으로 관광기업들이 최적조업도 이하의 조업을 한다. 그런데 완전경쟁 관광시장의 경우에는 관광기업들이 일반적으로 최적조업도나 그 이상의 조업을 한다. 최적조업도란 평균비용 최저점에 대응하는 조업도를 의미하는데, 과점관광기업들이 최적조업도 이하에서 조업한다는 것은 그들이 설비를 완전 가동하지 않는다는 것을 의미한다. 설비를 완전 가동하지 않는다는 것은 또한 귀중한 자원을 유휴상태로 방치하는 것이 된다.

셋째, 각 관광기업에서 공급된 관광재화의 질이 약간씩 다른 소위 차별형 과점관광시장에 있어서는 과점관광기업들이 각자의 시장점유율을 늘리기 위하여 막대한 자금을 투입해서 광고·선전을 하게 된다. 그러한 자금의 투입은 공급의 실제 가치를 증대시키지 않으면서도 비용의 증대를 가져 와서 결국 관광재화가격만 상승시켜 관광소비자부담을 가중시킨다.

넷째, 과점기업들은 담합을 통해서 시장을 지배하여 독점적 착취를 할 때도 있다. 세계 여러 나라의 반독점법들은 주로 과점기업들의 담합을 통한 독점적 행위를 금지시키고 있다.

끝으로 기술개발을 등한시 또는 저지하여 현대적 기술로의 대체를 하지 않는다. 기술대체를 위한 자금투자를 하지 않기 위하여 관광기업들이 상호 담합을 통하여 기술개발이 이루어지지 않을 수 있다.

The economics of tourism

11 관광사업

제1절 관광사업의 개념과 특징

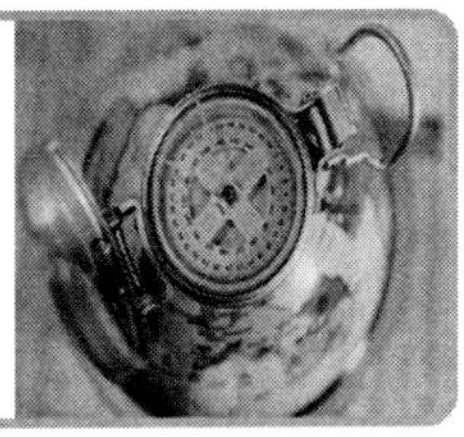

1. 관광사업의 개념

『관광진흥법』에는 관광사업의 정의를 다음과 같이 하고 있다. 관광사업이란 관광객을 위하여 운송 · 숙박 · 음식 · 운동 · 오락 · 휴양 또는 용역을 제공하거나 그 밖에 관광에 딸린 시설을 갖추어 이를 이용하게 하는 업을 말한다. 또한 관광사업자란 관광사업을 경영하기 위하여 등록 · 허가 또는 지정을 받거나 신고를 한 자를 말한다고 되어 있다.

이와 같이 관광사업은 관광객의 관광행위 과정과 관련된 일절의 사업으로 관광활동을 하는 관광객에게 재화나 서비스를 제공하는 사업이다. 이는 정부와 지방자치단체 입장에서 행하여지는 관광사업과 영리를 목적으로 하는 기업체 입장에서 행하여지는 관광사업을 포함하고 있다. 또한 관광객의 유치에 주도적 역할을 하는 교통기관, 숙박시설 및 여행업자를 기본적 관광사업이라 하고 관광객의 서비스 기능과 관련된 요식업, 오락, 유흥업, 기념품판매업 등은 보조적 관광사업으로 구분하며 홍보, 선전, 관광개발 등의 사업을 제3영역의 관광사업으로 구분[1]하기도 한다.

따라서 관광사업은 관광의 주체와 객체 사이에 존재하는 사업 · 경영적 인간활동의 총체로서 관광주체의 관광행위 발생을 유발하고 각종 요소의 적절한 조화와 관광발전을 도모하며, 이를 통하여 관광수요를 창출하고 다양한 관광행동

1) 1차 관광사업을 여행업, 호텔업, 식당업, 여행사, 항공사, 교통업으로, 2차 관광사업을 세탁업, 식품업, 출판업(홍보물)으로, 3차 관광사업을 관광개발 기획자, 정부기관, 재정자원기관, 교육기관, 공공기관으로 분류하는 학자도 있음.

에 따른 사업으로 관광의 경제적, 사회적, 문화적인 효과를 거두려는 조직적인 인간활동이라고 할 수 있다.

2. 관광사업의 특성

(1) 복합성

관광사업은 정부 및 지방자치단체 등의 공공기관과 민간기업이 복합된 사업이다. 또한 여러 가지 업종의 복합에 의하여 성립되는 사업이며 관광자에 대한 욕구를 충족시키는 모든 업종을 포함한다. 그래서 어떤 업종이든 100% 관광사업인 것은 없으며, 어떤 업종에서는 관광과 관련된 부분만을 관광사업이라고 한다. 예를 들면 교통업에 있어서 일반 출·퇴근자나 화물의 운송부문은 관광사업이 아니다.

(2) 입지의존성

모든 관광사업은 관광자원(입지)을 중심으로 하여 각기 특색 있는 관광시장을 형성하고 있으며 그것에 의존성이 크다. 이런 특성 때문에 관광상품은 연속적 생산이 불가능하고, 생산과 소비가 동시에 한 장소에서 이루어지는 동시완결성을 가지며 저장이나 재고가 불가능하다. 또한 대인적 서비스가 요구되는 서비스사업으로 노동집약도가 높은 사업이며 점차 관광사업의 대형화·고급화로 고정자산에 대한 종사원 수의 비율이 높아져 가고 있다.

(3) 변동성

관광욕구의 충족은 생활에 있어서 필수적이 아닌 선택적인 성격을 띠고 있기 때문에 관광활동은 외부사정의 변동, 즉 국제정세나 사회정세의 변화에 따른 사회적 변동요인, 경제불황, 환율변동, 소득의 변화에 따른 경제적 변동요인, 기후, 태풍, 지진, 폭설 등의 자연현상의 변화에 따른 자연적 변동요인에 매우 민감하고 영향을 받기 쉽다.

(4) 기업성 및 공익성

관광사업은 기업으로서 이윤추구 뿐만 아니라 관광자의 위락적 가치추구와 정신적 문화성도 추구해야 한다.

(5) 매체성

관광사업은 주체인 관광객과 객체인 관광자원을 결합시키는 공간적, 시간적, 기능적 매체 등의 제공을 기초로 한다.

(6) 양면성과 서비스성

관광사업은 일면 관광시설의 정비, 서비스의 개선 등 수동적인 면과 관광선전·알선 등 능동적인 면을 가지고 있으며, 관광객에 대하여 서비스를 제공하는 영업을 중심으로 하므로 서비스가 가장 중요한 요소이다.

제2절 관광사업의 효과

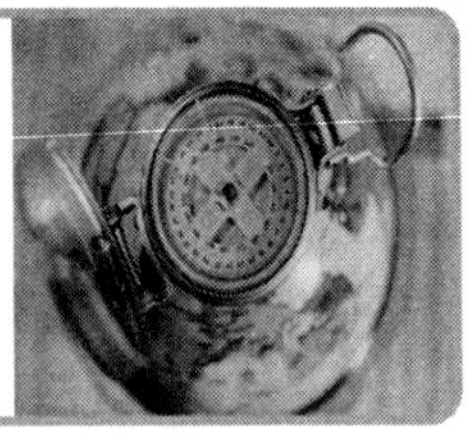

1. 관광사업의 경제적 효과

(1) 외화획득에 기여

외래 관광객의 소비는 관광객을 받아들이는 나라의 외화수입이며, 외래 관광객의 소비지출은 그 나라의 상품 및 서비스 수출과 동일한 효과를 가지고 있다. 따라서 우리나라를 방문하는 외래 관광객의 증가는 외화획득의 증대에 직접적으로 기여하는 것이다.

모든 산업에서 외화가득률을 산출하는데 관광사업에 의한 외화가득률은 타 산업에 비하여 높게 나타난다. 즉 관광의 외화가득률이란 외래 관광자로부터 획득한 국제관광수입에서 이를 얻기 위해 투입하는 원재료 및 각종 물품 등의 비용을 차감한 차액과 국제관광수입과의 비율을 말한다. 따라서 이 비율이 타 산업에 비해 훨씬 높다는 것이다.

(2) 국제수지 개선효과

일정기간 동안 한 나라와 다른 나라 사이에 이루어진 모든 경제적 거래를 국제수지라고 한다. 외래 관광객들의 관광소비에 의한 관광수입은 상품수출에 의한 외화수입과 달리 무역외 수지의 하나로 국제수지개선에 크게 기여한다. 관광은 수출에서 당면하는 비교생산 우위론과 관세장벽이 전혀 없으며 무역마찰도 야기시키지 않고 오로지 순수한 인적 교류에 의존하는 보이지 않는 교역으로서의 이점이 있다.

(3) 지역경제의 발전

관광자의 증가는 그에 따른 수요시설을 확충해야 함은 물론 새로운 관광개발을 요구하게 된다. 따라서 관광개발을 위한 대규모의 자본투자는 토지, 노동력, 자재의 수요가 절대적으로 필요하게 되며, 이는 결국 자금수요를 환기시키고 노동력 수요를 일으키면서 지역관련 산업의 발전, 지역주민의 취업기회의 확대, 지역주민소득 향상, 교통의 편리성 보장 등 지역경제를 발전시키는 효과로 나타난다.

(4) 고용창출 효과

관광사업은 일반적으로 노동집약적 사업이기 때문에 다양한 노동력을 필요로 하게 된다. 관광자의 증가는 관광소비가 증가하게 되고, 이는 다시 관광사업을 직·간접적으로 자극하게 되면서 그 분야의 고용효과를 일으키게 된다. 관광수입에 의한 고용효과는 소득효과와 더불어 관광승수효과[2]를 일으킨다. 또한 관광소비는 관광과 관련된 모든 사업에 높은 고용효과를 창출하고 고용승수를 유발시킨다.

2. 관광사업의 사회문화적 효과

(1) 인구구조의 변화

관광사업의 발전은 경제성장과 지역사회의 발전을 가져와 소득의 증가와 함께 고용의 기회가 늘어난다. 이러한 고용기회의 증대는 관광지내 경제인구의 외부유출을 막으며 외부인구의 유입을 불러온다. 또한 이러한 인구구조의 변화는 여성인구의 증가, 이들의 지위향상 및 역할 변화를 가져 올 뿐만 아니라 경제활동이 가능한 젊은 층의 증가를 수반한다.

2) 한 지역에서 소비된 일정의 관광소비액이 1년 동안에 몇 배의 경제적 효과를 창출하는가에 대한 비율

(2) 국제적 우의 증진

관광자들과의 직접적인 접촉을 통해 타문화를 이해하고 배우는 계기가 되어 지역주민들의 견문이 넓어지게 된다. 또한 무지로 인해 생길 수 있는 국가 간의 오해 · 편견 · 의혹 등을 제거하고 국제적 친선과 우의를 증진시키는 데에 기여한다.

(3) 교육환경 및 삶의 질 개선

관광사업의 발전은 지역 내 뿐만 아니라 외부지역과도 연결되는 도로망과 통신시설 그리고 관광자를 위한 휴식 공간 및 관광지의 인구증가로 인한 교육시설 등과 같은 하부시설의 확충이 우선적으로 전개된다. 이러한 하부시설의 확충은 관광지내에 필요한 물품들의 신속한 조달, 외부지역과의 신속한 정보교류, 인간생활과 사회생활의 질적 개선, 교육환경의 개선 등 지역주민의 문화와 생활환경에 질적으로 긍정적인 영향을 미친다.

(4) 지역의 고유문화의 보존

지역사회의 거주민은 자신들의 고유문화가 관광자를 유인하는 원동력이 되고, 타 관광자와 구별되는 주요 요소라는 것을 인식하게 되면 자신들의 고유문화를 존재시키기 위해 노력을 경주할 것이다. 또한 그들의 전통적인 생활양식이나 상품이 관광자들의 눈에 많이 띄고 판매가 잘될 때 그러한 것들은 오래 보존되는 경우가 많다.

(5) 전통문화자산의 가치 재인식

그 동안 주민들의 무지로 인하여 기존에 버려지거나 방치되어 있던 유물이나 유족지가 관광자들의 관심을 끌어 관광의 대상이 될 때, 유물이나 유적의 가치에 대한 재인식과 함께 보전과 개발의 필요성이 대두된다. 특히 이러한 유물들을 보존할 경제적 여유가 없는 저개발국가나 저개발지역들은 관광자들로부터 획득한 관광수입과 세금으로 보존 · 개발을 위한 자금으로 활용할 수 있다.

(6) 전통공예기술의 보존과 발전

관광지 현지주민들에게 점차 쓸모가 없어지고 사라져가던 예술 · 공예품들이 관광자들의 관심을 끌면서 지역의 새로운 소득원으로 등장하게 된다. 따라서 전통공예기술을 배우려는 사람들이 나타나 전통공예학교 등이 설립되면서 사라져가던 전통공예기술이 보존되고 발전하게 된다. 또한 시간의 흐름에 따라 예술 · 공예품의 형태와 재료가 새롭게 도입되면서 발전하게 되는 경향도 나타난다.

제3절 주요 관광사업

1. 관광숙박업

숙박업이란 숙박시설의 건설과 운영을 목적으로 하는 사업활동을 말하는 것으로 일반 대중을 대상으로 숙면과 음식에 관계되는 인적 · 물적 서비스를 제공함으로써 목적지에서 체재를 가능하게 하는 시설사업을 의미한다. 그 대표적인 사업이 호텔업이다.

『관광진흥법』에서는 호텔업을 "관광객의 숙박에 적합한 시설을 갖추어 이를 관광객에게 제공하거나 숙박에 딸리는 음식 · 운동 · 오락 · 휴양 · 공연 또는 연수에 적합한 시설 등을 함께 갖추어 이를 이용하게 하는 업"으로 정의하여 호텔업을 관광숙박업의 한 형태로 구분하고 있다.

그 동안 관광숙박업은 관광호텔업, 국민호텔업, 해상관광호텔업, 가족호텔업, 한국전통호텔업 및 휴양콘도미니엄업으로 구분되어 오던 것을 관광진흥법시행령 개정을 통해(1999년 5월) 국민호텔업과 가족호텔업을 가족호텔업으로 통합하고, 해상관광호텔업은 수상관광호텔업으로 명칭을 변경하였다. 그리고 『관광진흥법』 개정(2005년 4월)을 통하여 관광숙박업에 대한 문화관광부 장관 또는 시 · 도지사의 등록권한을 각각 시 · 도지사 또는 시장 · 군수 · 구청장에게 이양하였다.

한편, 『관광진흥법 시행령』 개정(2006년 2월)을 통해 가족호텔업에만 허용하던 분양 또는 회원모집을 관광호텔업, 한국전통호텔업, 수상관광호텔업 등 전체 호텔업으로 확대하였으며, 『관광진흥법』 개정(2007년 10월)을 통해 관광사업체가 객실 등 핵심시설을 제외한 부대시설에 대하여 매각 등을 통해 소유권을 이전할 수 있고, 관광숙박시설과 골프장을 연계한 회원모집을 가능하도록 하였다. 『관광진흥법 시행령』에 따른 호텔업에 대한 구체적 정의를 살펴보고자 한다.

(1) 관광호텔업

관광호텔업이란 관광객의 숙박에 적합한 시설을 갖추어 관광객에게 이용하게 하고 숙박에 딸린 음식 · 운동 · 오락 · 휴양 · 공연 또는 연수에 적합한 시설 등을 함께 갖추어 관광객에게 이용하게 하는 업을 말한다.

우리나라에 등록된 관광호텔의 등록현황을 보면 2006년 12월말 기준으로 관광호텔은 전국 580개 업체에 60,596실이었다. 이를 지역별로 보면 서울이 113개 업체에 20,579실로 총 객실 수의 34.0%를 차지하고 있으며, 다음이 부산으로 51개 업체에 5,618실, 제주가 47개 업체에 6,204실 순으로 등록되어 있다〈표 11-1 참조〉.

〈표 11-1〉 관광호텔업 등록현황(2006년 12월 현재)(단위 : 개)

구분	특1등급		특2등급		1등급		2등급		3등급		등급미정		합계	
	업체	객실	업체	객실	업체	객실	업체	객실	업체	객실	업체	객실	업체	객실
서울	17	9,177	22	5,211	31	3,605	25	1,588	12	630	6	368	113	20579
부산	4	1,954	5	971	13	1,295	13	671	13	554	3	173	51	5,618
대구	1	342	7	554	12	667	4	204	1	33	–	–	25	1,800
인천	2	701	3	621	4	237	10	453	7	281	4	233	30	2,526
광주	–	–	3	254	8	484	5	196	1	32	3	113	20	1,079
대전	–	–	3	582	8	510	6	270	4	178	1	39	22	1,579
울산	2	495	–	–	–	–	2	146	–	–	2	110	6	751
경기	–	–	4	480	25	1,813	11	580	7	278	21	1,260	68	4,411
강원	1	477	9	1387	8	522	5	240	–	–	11	1,002	34	3,628
충북	2	460	1	180	15	1,002	2	73	3	95	–	–	23	1,810
충남	–	–	2	264	3	321	5	231	–	–	5	224	15	1,040
전북	1	118	2	277	6	471	4	202	–	–	1	43	14	1,111
전남	1	161	1	58	8	541	6	258	5	193	8	391	29	1,602
경북	6	1,776	2	401	12	761	9	544	7	344	14	673	50	4,499
경남	1	80	3	411	13	1,108	7	361	3	123	6	276	33	2,359
제주	11	3,187	4	569	20	1,764	5	284	3	172	4	238	47	6,204
계	49	18,928	71	12,220	186	15,091	119	6,301	66	2,913	89	5,143	580	60,596

자료 : 문화관광부, 관광동향에 관한 연차보고서, 2007.

등급별로 보면 특1등급이 49개 업체에 18,928실, 특2등급이 71개 업체에 12,220실로서 이들 업체가 전체의 20.7%를 점유하고 있는데, 이들 업체에서 차지하는 객실의 비율은 51.4%로 관광호텔의 대규모화, 고급화가 이루어지고 있다. 이외 1등급이 195개 업체에 15,575실, 2등급이 134개 업체에 7,024실, 3등급이 74개 업체에 3,203실, 등급미정이 40개 업체 3,730실이 있다.

2006년 관광숙박업 이용실적은 11,128,183실로 연 보유객실 21,170,966실의 52.0%였으며, 등급별 이용률을 보면 특1등급이 62.1%로 가장 높았고, 특2등급이 55.9%, 1등급 50.3%, 2등급 37.7%, 3등급 35.7% 순으로 나타났다〈표 11-2 참조〉. 이는 전반적으로 특등급과 1등급호텔 등의 상위등급호텔을 보다 많이 이용함으로써 소득수준의 향상에 따라 시설 및 서비스의 고급화가 요구됨을 알 수 있다. 아울러 외국인의 대부분이 특2등급 이상의 호텔을 이용(특1등급 외국인 42%, 내국인 20%, 특2등급 외국인 35%, 내국인 21%의 비율임)하고 있어 외국인 관광객 유치를 위해서는 1등급 이하 호텔들의 시설 개·보수 및 서비스의 증대가 요구된다.

〈표 11-2〉 관광숙박업 이용실적(2006)

등급별 \ 구 분		연 보유객실 수 (실)	연 판매객실 수 (실)	이용률 (%)
관광호텔	특 1등급	6,927,282	4,304,750	62.1
	특 2등급	4,578,729	2,559,140	55.9
	1등급	5,061,773	2,544,570	50.3
	2등급	1,946,257	733,017	37.7
	3등급	1,839,880	656,637	35.7
	소 계	20,353,921	10,798,114	53.1
가족호텔		788,940	316,648	40.1
전통호텔		28,105	13,421	47.8
합 계		21,170,966	11,128,183	52.0

자료 : 문화관광부, 관광동향에 관한 연차보고서, 2007.

(2) 가족호텔업

가족호텔업이란 가족단위 관광객의 숙박에 적합한 시설 및 취사도구를 갖추어 관광객에게 이용하게 하거나 숙박에 딸린 음식 · 운동 · 휴양 또는 연수에 적합한 시설을 함께 갖추어 관광객에게 이용하게 하는 업을 말한다.

우리나라는 그 동안 꾸준한 경제성장으로 인한 국민소득수준의 향상과 주5일제 근무의 정착 등으로 다수 국민으로 하여금 여가활동을 향유케 하였으며 또한 가족단위 관광의 증가를 가져왔다.

정부는 이렇게 증가된 가족단위의 관광수요에 부응하여 국민복지차원에서 저렴한 비용으로 건전한 가족관광을 영위할 수 있게 하기 위하여 가족호텔 내에 취사장, 운동 · 오락시설 및 위생설비를 겸비토록 하여 관광객들에게 이용하도록 하고 있다. 2006년 12월 현재 전국에 가족호텔업 등록현황을 보면 19개소에 2,772실이 있다.

(3) 한국전통호텔업

한국전통호텔업이란 한국전통의 건축물에 관광객의 숙박에 적합한 시설을 갖추거나 부대시설을 함께 갖추어 관광객에게 이용하게 하는 업을 말한다.

한국전통호텔업은 관광객의 숙박과 체재에 적합한 한국고유의 시설을 갖춘 숙박업종으로 1991년 7월 26일 최초로 제주도 중문관광단지 내에 객실수 30실의 한국전통호텔(중문씨빌리지)이 등록되었다.

(4) 수상관광호텔업

수상관광호텔업이란 수상에 구조물 또는 선박을 고정하거나 매어 놓고 관광객의 숙박에 적합한 시설을 갖추거나 부대시설을 함께 갖추어 관광객에게 이용하게 하는 업을 말한다.

수상관광호텔업은 수상에 구조물 또는 선박을 고정하거나 계류시켜 놓고 관광객의 숙박과 체재에 적합한 시설을 갖춘 숙박업종으로 2000년 7월 20일 최초로 부산 해운대구에 객실수 53실의 수상관광호텔이 등록되었으나 현재 휴업 중에 있다.

(5) 휴양콘도미니엄업

휴양콘도미니엄업은 1957년 스페인에서 기존호텔에 개인의 소유권 개념을 도입하여 개발한 것이 시초이며 관광객의 숙박과 취사에 적합한 시설을 갖추어 이를 당해시설의 회원 공유자 및 기타 관광객에게 이용하게 하는 관광숙박시설을 말한다.

우리나라는 1982년 12월 31일자로 휴양콘도미니엄업을 관광진흥법상의 관광숙박업종으로 신설하였으며, 2006년 12월 현재 130개 콘도와 28,801실이 운영되고 있다.

휴양콘도미니엄은 우리나라 국민들의 생활수준 향상에 따라 이용계층이 확대되어 국민들의 주요 관광숙박시설이 되었다. 또한, 공급자들은 초기에 투자재원을 회수할 수 있으므로 관심 있는 사업이 되어 왔다.

그러나 80년대 후반부터 휴양콘도미니엄의 건설 및 분양 관련 규정이 엄격하게 시행됨으로써 휴양콘도미니엄 업계는 신규 투자 및 관리 · 운영에 애로를 겪어 왔으며, 휴양콘도미니엄 회원권 소유 및 이용에 따른 소비자 피해, 일부 업체의 부조리 등이 휴양콘도미니엄업의 건전한 발전을 저해하고 있다.

이러한 발전 저해요인을 제거하기 위하여 정부에서는 1999년도에 관광진흥법령을 개정하여 휴양콘도미니엄업에 대한 규제를 대폭 완화하였고, 향후 지속적으로 휴양콘도미니엄을 건전한 국민관광시설로 유도하고 이용의 편의를 도모하여 건전한 가족단위 관광숙박시설로 육성하고 있다.

2. 여행업

「관광진흥법 시행령」에서 우리나라 여행업은 일반여행업과 국외여행업 그리고 국내여행업의 3종으로 분류하고 있다. 우리나라에서는 1991년 1월 1일부터 여행업의 대외 개방이 이루어짐에 따라 우리나라 여행업의 국제경쟁력을 제고함으로써 개방에 따른 국내산업의 피해를 최대한 줄이도록 여행사의 경영개선 유도, 서비스 향상에 의한 신뢰회복, 여행업 전문인력 양성 등 각종 시책을 추진하여 왔다. 또한 「관광진흥법」 개정(2005년 4월)을 통하여 여행업에 대한 문화관광부 장관 또는 시 · 도지사의 등록권한을 각각 시 · 도지사 또는 시장 · 군수 · 구청장에게 이양하였다. 2006말 현재 시 · 도별 여행업체 등록현황은 〈표 11-3〉과 같다.

〈표 11-3〉 여행업 등록현황 2006년 12월 현재(단위 : 개)

구 분	소 계	일 반	국 외	국 내
서 울	4,429	580	2,800	1,049
부 산	770	33	441	296
대 구	487	6	254	227
인 천	307	5	151	151
광 주	390	10	190	190
대 전	325	5	172	148
울 산	129	4	62	63
경 기	1,167	29	581	557
강 원	271	13	115	143
충 북	269	11	112	146
충 남	312	–	129	183
전 북	448	4	218	226
전 남	392	5	156	231
경 북	369	8	156	208
경 남	467	8	214	253
제 주	608	46	86	476
계	11,148	764	5,837	4,547

자료 : 문화관광부, 관광동향에 관한 연차보고서, 2007.

(1) 일반여행업

일반여행업이란 국내외를 여행하는 내국인 및 외국인을 대상으로 하는 여행업[여권 및 사증(査證)을 받는 절차를 대행하는 행위를 포함한다]을 말한다. 이에 따라 우리나라에 등록된 일반여행업체는 외국인 관광객 유치의 중추적 역할을 하고 있으며, 2006년 12월 현재 등록된 일반여행업체 수는 746개 업체이다〈표 11-3〉. 2006년 일반여행업체의 외국인 유치실적은 2,031,883명으로 전체 방문객 6,615,047명 중 30.7%를 차지했다〈표 11-4〉.

그리고 내국인 관광객을 해외로 송출한 실적은 패키지 상품을 이용한 관광객이 2005년도 약 2,585,908명보다 32.0% 증가한 3,721,620명을 기록하여 지속적으로 해외여행객이 늘어났음을 알 수 있다〈표 11-5〉.

〈표 11-4〉 일반여행업체의 외래관광객 유치실적 (단위 : 명)

연 도	전체 입국자수 (A)	일반여행업체 외래객 유치실적(B)	점유비 (B/A, %)
1993	3,331,226	1,220,350	36.6
1994	3,580,024	1,272,220	35.5
1995	3,753,197	1,184,982	31.6
1996	3,683,779	1,017,746	27.6
1997	3,908,140	1,174,729	30.1
1998	4,250,216	1,590,195	37.4
1999	4,659,785	1,738,902	37.3
2000	5,321,792	1,922,151	36.1
2001	5,147,204	1,910,788	37.1
2002	5,347,468	1,987,492	37.2
2003	4,752,762	1,907,358	40.1
2004	5,818,298	2,217,137	38.1
2005	6,021,764	2,356,194	39.1
2006	6,615,047	2,031,883	30.7

자료 : 문화관광부, 관광동향에 관한 연차보고서, 2007.

(2) 국외여행업

국외여행업이란 국외를 여행하는 내국인을 대상으로 하는 여행업(여권 및 사증을 받는 절차를 대행하는 행위를 포함한다)을 말한다. 국외여행업은 국민의 해외여행에 따른 여권 발급업무 및 여권 수속대행업무 등 해외여행자의 편의를 증진하기 위하여 종전의 항공운송대리점업에 대한 등록기준을 1982년에 강화하여 명칭을 여행대리점업으로 변경하였고, 1987년 7월 내국인을 대상으로 하는 국외여행 알선업무를 수행하도록 업무범위를 확대하면서 국외여행업으로 변경하였다. 2006년 12월 현재 등록된 국외여행업체는 5,387개 업체이다〈표 11-3〉.

(3) 국내여행업

국내여행업이란 국내를 여행하는 내국인을 대상으로 하는 여행업을 말한다. 국내여행업은 다양한 국민관광의 수요충족을 위하여 종전 허가제로 운영되어 오던 국내여행업이 1982년에 등록제로 변경된 이후 그 업체 수는 282개 업체에서 2006년 12월 현재 4,547개 업체로 크게 증가되었다〈표 11-3〉. 이는 국민 경제 발전에 따른 소득의 증가와 여가시간의 확대 등으로 관광이 국민생활의 중요한 일부분으로 자리 잡게 됨으로써 국민관광이 증가한 결과라고 할 수 있다.

〈표 11-5〉 일반여행업체의 내국인 해외 송출실적 (단위 : 명)

연 도	인원(명)		점유비(B/A, %)
	전체출국인원 (A)	일반여행업체 내국인송출실적(B)	
1993	2,419,930	303,070	12.5
1994	3,154,326	461,589	14.6
1995	3,818,740	641,103	16.8
1996	4,649,251	857,386	18.4
1997	4,542,159	791,394	17.4
1998	3,066,926	239,495	7.8
1999	4,341,546	426,542	9.8
2000	5,508,242	677,422	12.2
2001	6,084,414	907,592	14.9
2002	7,123,407	1,224,073	17.2
2003	7,086,133	1,313,326	18.8
2004	8,825,585	1,933,308	21.9
2005	10,077,619	2,585,908	25.7
2006	11,609,879	3,721,620	32.0

자료 : 문화관광부, 관광동향에 관한 연차보고서, 2007.

3. 관광객 이용시설업

국내외 관광객을 대상으로 변화하는 관광여가형태에 부응할 수 있는 다양한 시설을 개발하기 위해 여가시설, 휴양시설, 관광시설, 문화 · 역사시설, 체육시설 등 15개종의 관광휴양시설을 관광휴양업종에 포함하였다. 「관광진흥법 시행령」에는 관광객이용시설업을 다음과 같이 구분하여 정의하고 있다.

① 전문휴양업은 관광객의 휴양이나 여가선용을 위하여 숙박업시설이나 식품위생법 시행령에 따른 휴게음식점영업, 일반음식점 영업 또는 제과점영업의 신고에 필요한 시설을 갖추고 별표 1 제4호가목(2)(가)부터(거)까지의 규정에 따른 시설 중 한 종류의 시설을 갖추어 관광객에게 이용하게 하는 업

② 종합휴양업은 제1종 종합휴양업과 제2종 종합휴양업으로 구분하고, 제1종 종합휴양업은 관광객의 휴양이나 여가선용을 위하여 숙박시설 또는 음식점시설을 갖추고 전문휴양시설 중 두 종류 이상의 시설을 갖추어 관광객에게 이용하게 하는 업이나, 숙박시설 또는 음식점시설을 갖추고 전문휴양시설 중 한 종류 이상의 시설과 종합유원시설업의 시설을 갖추어 관광객에게 이용하게 하는 업으로 정의하고, 제2종 종합휴양업은 관광객의 휴양이나 여가선용을 위하여 관광숙박업의 등록에 필요한 시설과 제1종 종합휴양업의 등록에 필요한 전문휴양시설 중 두 종류 이상의 시설 또는 전문휴양시설 중 한 종류 이상의 시설 및 종합유원시설업의 시설을 함께 갖추어 관광객에게 이용하게 하는 업

③ 자동차야영장업은 자동차를 이용하는 여행자의 야영 · 취사 및 주차에 적합한 시설을 갖추어 관광객에게 이용하게 하는 업

④ 관광유람선업은 「해운법」에 따른 해상여객운송사업면허를 받은 자나 「유선 및 도선사업법」에 따른 유선사업의 면허를 받거나 신고한 자가 선박을 이용하여 관광객에게 관광을 할 수 있도록 하는 업

⑤ 관광공연장업은 관광객을 위하여 공연시설을 갖추고 한국전통가무가 포함된 공연물을 공연하면서 관광객에게 식사와 주류를 판매하는 업

⑥ 외국인전용 관광기념품판매업은 외국인 관광객에게 물품을 판매하기에 적합한 시설을 갖추어 국내에서 생산되는 주원료를 이용하여 제조하거나 가공된 물품을 판매하는 업

2006년 12월 현재 관광객이용시설업의 등록현황을 보면 전문휴양업 29개 업체, 종합휴양업 15개 업체, 관광유람선업 4개 업체, 관광공연장업 2개 업체, 외

국인전용 관광기념품판매업 118개 업체로서 모두 168개 업체이다. 그리고 관광진흥법 개정(2005년 4월)을 통하여 관광객이용시설업에 대한 문화관광부 장관 또는 시 · 도지사의 등록권한을 각각 시 · 도지사 또는 시장 · 군수 · 구청장에게 이양하였다.

4. 국제회의업

「관광진흥법 시행령」에서는 국제회의업을 국제회의시설업과 국제회의기획업으로 분류하고 있다. 이 시행령에서 국제회의시설업은 대규모 관광수요를 유발하는 국제회의를 개최할 수 있는 시설을 설치하여 운영하는 업이며, 국제회의기획업은 대규모 관광수요를 유발하는 국제회의의 계획 · 준비 · 진행 등의 업무를 위탁받아 대행하는 업이라고 정의하고 있다.

국제회의업은 국제회의용역업이라는 명칭으로 1986년에 「관광진흥법」상의 관광사업으로 신설되었는데, 이를 관광사업으로 포함시킨 배경은 첫째, 국제사회의 발달에 따른 활발한 인적교류로 점차 국제회의의 규모가 확대되어 가고 있는 추세로 국제회의를 관광과 연계하여 발전시키며, 둘째, 1986년 아시안게임, 1988년 서울올림픽을 계기로 준비된 관광수용시설을 최대한 활용하고 보다 많은 대규모 관광객을 유치하여 관광수입을 증대하기 위해서 국제회의를 적극 유치하고, 셋째, 국제회의업무를 효율적으로 수행하기 위해서는 회의의 계획, 준비, 진행 등 제반 관련 업무에 관한 전문적 지식을 가진 전문 용역업체의 육성이 절실하였기 때문이다.

1996년에는 「국제회의산업육성에 관한 법률」이 제정됨으로써 우리나라의 국제회의산업이 비약적으로 발전하고 있는데, 그에 따라 국제회의업의 역할도 크게 늘어났다. 1998년에 「관광진흥법」을 개정하여 종전의 국제회의용역업을 국제회의기획업으로 명칭을 변경하고, 국제회의시설업을 추가하여 국제회의업으로 확대되었다. 2005년에는 「관광진흥법」 개정을 통하여 국제회의업에 대한 문화관광부장관 또는 시 · 도지사의 등록권한을 각각 시 · 도지사 또는 시장 · 군수 · 구청장에게 이양하였다.

2007년 6월 기준으로 서울 162개, 부산 10개, 대구 6개, 대전 3개, 광주 3개, 강원 1개, 경남 2개, 전남 1개, 제주 7개 등의 195개 업체가 국제회의기획업(PCO)으로 등록되어 있다.

5. 관광편의시설업

관광편의시설업은 종전의 관광지정시설업이 변경된 것으로서 관광사업 중 여행업, 관광숙박업, 관광객이용시설업, 국제회의업, 카지노업, 유원시설업을 제외한 사업이나 시설 가운데 관광진흥에 도움이 된다고 인정되는 것으로 관광진흥법이 정하는 바에 따라 시 · 도지사나 지역별 관광협회에서 지정하도록 되어 있다.

「관광진흥법시행령」에서는 관광편의시설업의 종류를 다음과 같이 분류하고 있다.

① 관광유흥음식점업 : 식품위생법령에 따른 유흥주점영업의 허가를 받은 자가 관광객이 이용하기 적합한 시설을 갖추어 그 시설을 이용하는 자에게 주류나 그 밖의 음식을 제공하고 노래와 춤을 감상하게 하거나 춤을 추게 하는 업

② 외국인전용 유흥음식점업 : 식품위생법령에 따른 유흥주점영업의 허가를 받은 자가 외국인이 이용하기 적합한 시설을 갖추어 그 시설을 이용하는 자에게 주류나 그 밖의 음식을 제공하고 노래와 춤을 감상하게 하거나 춤을 추게 하는 업

③ 관광식당업 : 식품위생법령에 따른 일반음식점영업의 허가를 받은 자가 관광객이 이용하기 적합한 음식제공시설을 갖추고 관광객에게 특정 국가의 음식을 전문적으로 제공하는 업

④ 시내순환관광업 : 「여객자동차운수사업법」에 따른 여객자동차운송사업의 면허를 받거나 등록을 한 자가 버스를 이용하여 관광객에게 시내와 그 주변 관광지를 정기적으로 순회하면서 관광할 수 있도록 하는 업

⑤ 관광사진업 : 외국인관광객과 동행하며 기념사진을 촬영하여 판매하는 업

⑥ 여객자동차터미널시설업 : 여객자동차운수사업법에 따른 여객자동차터미널사

업의 면허를 받은 자가 관광객이 이용하기 적합한 여객자동차터미널시설을 갖추고 이들에게 휴게시설·안내시설 등 편익시설을 제공하는 업

⑦ **관광토속주판매업** : 주세법에 따른 주류 제조·판매의 면허를 받은 자가 관광객이 이용하기 적합한 시설을 갖추고 관광객에게 직접 제조한 토속주를 판매하는 업

⑧ **관광펜션업** : 숙박시설을 운영하고 있는 자가 자연·문화 체험관광에 적합한 시설을 갖추어 관광객에게 이용하게 하는 업

⑨ **관광삭도업** : 「삭도·궤도법」에 따른 삭도사업의 허가를 받은 자가 주변 관람과 운송에 적합한 시설을 갖추어 관광객에게 이용하게 하는 업

2006년 12월 현재 관광편의시설업으로 지정된 업체는 총 1,365개소에 달하며, 이중 관광사진업은 26개 업체이고 여객자동차터미널시설업과 관광토속주판매업 및 관광삭도업은 현재 지정업체가 없다. 관광식당업은 총 996개 업체이며 관광유흥음식점 93개 업체, 외국인전용 유흥음식점업 243개 업체, 시내순환관광업 7개 업체, 관광펜션업 28개 업체가 등록되어 있다.

6. 카지노업

우리나라 카지노는 카지노업 허용을 통해 외래 관광객을 유치하고, 외화획득을 확대하는 등 관광산업 진작의 일환으로 도입되었다. 카지노업은 종래 「사행행위등규제 및 처벌특례법」에서 '사행행위영업(射行行爲營業)'으로 규정하고, 이에 대한 허가 등 행정권한을 지방경찰청장에게 부여하여 왔으나, 현실적으로 카지노업이 관광외화 획득뿐만 아니라 외국인 관광객 유치에도 기여하는 바가 크기 때문에 이를 관광사업으로 육성하기 위하여 1994년 8월 3일 「관광진흥법」을 개정하여 관광사업의 일종으로 규정하고 문화관광부장관이 허가권과 지도·감독권을 갖게 되었다. 다만, 제주도는 2006년 7월부터 「제주특별자치도 설치 및 국제자유도시 조성을 위한 특별법」이 제정·시행함에 따라 제주지역 카지노에 대하여는 제주특별자치도지사가 카지노업 허가권 및 지도·감독권을 갖는다.

현행 「관광진흥법」에 의거한 카지노업은 내국인 출입을 허용하지 않는 것을 기

본으로 하는 외국인 전용이다. 다만, 폐광촌의 경기활성화를 위하여 「폐광지역개발지원에 관한 특별법」의 규정에 의거 2000년 10월 강원도 정선군 고한에 개관한 '강원랜드카지노'만은 예외적으로 내국인의 출입을 허용하고 있다. 그런데 이 '특별법'은 2015년 12월 31일까지 효력을 가지는 한시법(限時法)으로 되어 있다.

그 동안 외국인투자자들은 대규모 관광단지 개발 등에 대한 투자조건으로 카지노업의 사전허가를 요구하고 있으나 현행 「관광진흥법」상 카지노 사전 허가제 미비로 외자유치가 곤란한 실정이고, 세계적인 카지노 추세는 카지노리조트로 가고 있으나 우리나라는 호텔에 부속된 단순한 영업형태로 영세성을 벗어나지 못하고 있다. 이에 외국인투자를 통하여 관광인프라를 구축하고 카지노리조트로 육성하기 위해 2005년 관광진흥법 개정을 통하여 카지노업 허가특례규정을 다음과 같이 마련하였다.

「제주특별자치도 설치 및 국제자유도시 조성을 위한 특별법」(시행 : 2006.7.1, 개정 : 2008.3.28) 제172조

- 외국인투자를 촉진하기 위하여 제주도내 관광사업에 5억불이상 투자하는 등 일정요건을 갖춘 경우에 외국인전용 카지노업 허가.

「기업도시개발특별법」(시행 : 2005.5.1, 개정 : 2008.3.28) 제30조

- 관광레저형 기업도시의 실시계획에 반영되어 있고 관광사업에 5천억원 이상을 투자하는 경우에 외국인전용 카지노업 허가

2005년 1월 문화관광부는 적극적인 외래 관광객 유치와 외화획득을 통한 관광수지 개선, 일자리 창출 및 카지노산업의 경쟁력 제고를 위하여 한국관광공사에 서울 2개소, 부산 1개소 카지노 신규 허가하였으며 이들은 1년여 간의 준비기간을 거쳐 모두 개장되었다. 외국인전용 카지노를 신규 허가하는 것으로 사행성의 우려는 크지 않으나, 신규허가 대상기관을 한국관광공사로 한정함으로써 이익금의 용도를 공익목적에 한정하여 공익성을 확보하였다.

외국인전용 카지노는 1967년 인천 올림포스 카지노 개관을 시작으로 2005년 신규허가 3개소를 포함하여 2006년 말 기준으로 전국에 16개 업체가 운영 중에 있으며, 내국인 출입 카지노는 강원랜드 카지노 1개소가 운영 중이다. 카지노업 종사원 수는 6,413명이다.

7. 유원시설업

유원시설업은 「관광진흥법」 제3조에 의거, 유기시설이나 유기기구를 갖추어 이를 관광객에게 이용하게 하는 업으로서, 종전 공중위생법상의 유기장업중 종합유원시설업과 기타 유기장업이 「관광진흥법」의 개정(1999년 1월 21일)을 통하여 관광사업으로 전환되었다.

유원시설업은 종합유원시설업, 일반유원시설업, 기타유원시설업으로 분류되는데, 종합유원시설업은 대규모의 대지 또는 실내에서 안전성검사 대상 유가시설 또는 유기기구 6종류 이상을 설치 · 운영하는 업을 말하고, 일반유원시설업은 안전성검사 대상 유가시설 또는 유기기구 1종류 이상을 설치 · 운영하는 업이며, 기타유원시설업은 안전성검사 대상이 아닌 유가시설 또는 유기기구를 설치 · 운영하는 업을 말한다.

제4절 관광사업의 육성

1. 관광사업 지원정책

우리나라 관광정책 방향을 대별해 보면 1960년대부터 1970년대까지는 주로 국가경제 발전을 위한 외화획득 목적으로 국제관광 진흥에 주력해 왔다. 이후 1980~1990년대에는 경제수준의 향상, 여가시간의 증대 등으로 국민관광이 활발해지면서 복지관광의 중요성이 강조되어 국제관광 뿐만 아니라 국민관광에도 관광정책 목표를 세우게 되었다. 그리고 2000년대에는 국민관광수요의 해외유출을 방지하고 외래 관광객 1,000만명 시대를 열어갈 수 있는 매력적인 관광 인프라 확충으로 동북아시아 관광 허브로의 도약을 정책목표로 삼고 있다.

(1) 1960~1970년대

1960년대는 관광산업진흥을 위한 제도적 기반을 구축하는 시기였다고 할 수 있으며, 1960년대는 관광산업진흥을 경제개발계획에 포함시켜 관광산업을 국가의 주요 전략사업의 하나로 적극 육성한 시기였다.

1960~1970년대의 관광정책발전 추이를 보면 1961년 8월 한국관광의 획기적인 발전의 전기가 된 「관광사업진흥법」을 제정 · 공포하고 이어 동법시행령과 동법시행규칙을 제정하여 관광산업발전을 위한 제도적 장치를 마련하였다. 1962년에는 「국제관광공사법」이 제정되어, 현 한국관광공사의 전신인 국제관광공사가 설립되었고 1963년 3월에는 특수법인인 대한관광협회중앙회가 설립되었다.

1965년에는 한 · 일간의 국교정상화를 계기로 일본관광객이 대폭 증가하게 되었고, 서울에서 국제관광 진흥을 위한 제14차 아시아 · 태평양관광협회(PATA)총회가 개최되어 한국관광이 대외에 크게 홍보되었을 뿐만 아니라 국민들의 관광에 대한 인식을 크게 고조시키는 계기가 되었다. 1965년 3월에는 관광정책심의위원회규정이 공포됨으로써 관광정책을 범정부적인 차원에서 추진하게 되었다.

1967년 3월 제정 공포된 「자연공원법」에 따라 우리나라 최초의 국립공원으로 지리산이 지정되었다. 1970년대 들어 관광산업은 국가전략산업으로 지정되어 획기적인 발전의 전기를 맞이하게 되었다.

1975년에 정부는 국제관광 진흥의 기본방향을 경제개발계획에 포함시켜 국가의 주요 전략산업으로 발전시키기로 했다. 이어서 관광산업진흥을 위한 국가시책의 기본방향을 설정하는 「관광기본법」이 제정되었고 체계적인 관광지개발을 위하여 「관광단지개발촉진법」이 제정되었다.

국제적 수준의 종합관광위락단지로서 경주보문관광단지를 건설하는 등 정부의 적극적인 국제관광시책에 힘입어 1978년에는 외래 관광객이 100만명을 넘어서게 되었다. 아울러 1970년대의 고도경제성장에 따라 국민소득수준이 향상되어 일반국민들의 관광에 대한 관심도 고조되기 시작하였다.

(2) 1980년대

1980년대에는 국제관광진흥 위주의 정책에서 탈피하여 국제관광과 국민관광의 진흥을 동시에 추진하였다. 1981년부터 국민복지관광정책의 일환으로 국민이 저렴한 비용으로 여가선용을 할 수 있는 국민관광지를 전국에 걸쳐 연차적으로 개발하였다.

1980년에는 50세 이상 국민에 대해 부분적으로 해외여행자유화를 실시한 이후 점진적인 해외여행에 대한 문호를 넓혀 나가다가 1989년부터는 완전한 해외여행자유화를 실시하였다. 1987년에는 「관광진흥법」과 「관광단지개발촉진법」을 「관광진흥법」으로 통합 개정하여 관광진흥을 위한 법체계를 일원화하였다. 한편,1986년 아시안게임에 이어 1988년 서울올림픽을 성공적으로 개최함으로써 우리나라 관광산업에 획기적인 발전의 계기가 되었다.

(3) 1990년대

1990년대는 21세기를 관광선진국의 위치에서 맞이할 수 있도록 관광산업의 성장잠재력을 축적해 온 시기였다. 1991년에는 외국인관광객이 300만명을 넘어섰고 제9차 세계관광기구(WTO) 총회에서 우리나라가 WTO 집행이사국으로 선임되어 국제 관광협력의 기반을 다진 한 해였다고 할 수 있다.

1993년에는 대전EXPO가 내 · 외국인 관광객 1,400만명이 참가한 가운데 성공리에 치루어졌으며, EXPO 전후 기간 중 일본인 관광객에게 무사증 입국을 허용하여 일본인 관광객의 유치증대에 크게 기여하였다.

1994년에는 우리의 전통문화를 세계에 알리고 한국관광의 재도약과 세계화의 계기로 삼기 위한 '94 한국방문의 해 사업을 성공적으로 추진하였으며, 외래 관광객은 전년대비 7.5% 증가한 358만명을 유치하였다. 이는 1992년의 1.1% 증가, 1993년의 3.1% 증가에 비해 크게 증가한 수치이다. 아시아태평양관광협회(PATA)의 연차총회, 관광교역전 및 세계지부회의 등 3대 행사를 개최하였으며, 이중 제43차 연차총회의 경우 46개국 1,350명의 회원국 관련인사가 참석한 가운데 성황리에 개최되었다.

그리고 정부조직개편(1994년 12월)에 따라 교통부에 속해 있던 관광정책기능이 문화체육부로 이관되었으며 1995년 이후 진행된 주요 제도개선 내용은 다음과 같다.

1995년에는 관광호텔 및 국민호텔을 소비성 서비스업에서 제외, 관광숙박업 부대시설의 위탁경영 확대, 버스전용차선에 관광버스 운행허용, 관광호텔 중소기업 적용기준 확대, 10대 계열기업의 호텔건설 시설자금에 대한 여신규제 완화, 일반주거, 준주거, 상업, 준공업, 자연녹지지역 등의 관광호텔 및 위락시설 입지 등을 완화하였다.

1996년에는 호텔, 여관업 및 관광지소재 식당 여신규제 완화, 여행업 사무실 면적기준 폐지, 관광종사원 자격시험면제 확대, 10대 계열기업의 관광시설용 부동산취득 허용, 관광단지용 부동산 비업무용 판정 유예기간 3년으로 연장, 관광단지개발사업 시행자의 양도소득세 감면 확대, 여행업 국내여행객 모집구역제한 폐지, 문화관광명소를 연결한 4개 코스의 서울 시티투어 운영 등을 실시하였다.

1997년에는 관광안내기능 강화를 위한 도로표지규칙 개정, 우수여행업체 지정 지원제도 도입, 국외여행인솔 교육기관 지정 및 양성지원, 전문관광식당업 등록기준 완화, 관광단지 개발 관련 지방세 지원 2000년까지 연장, 수도권 자연보전권역 내 관광지 조성규모 제한완화, 국제회의시설을 민자유치촉진법상 대상시설로 지정, 산업단지 내 관광시설용지 조성 시 전기시설 부담비용 면제, 공유수면매립지 중 사유지의 관광호텔 건설목적 임대허용, 중국인 단체관광객 사증발급절차 간소화, 휴양콘도미니엄에 대한 여신규제 폐지, 시 · 도 단위 종합관광안내소(TIC) 설치, 관광지표지(한자병기) 설치 확대 등의 관광안내체계 개선, 전문휴양업의 상시근로자수를 20인 이하에서 50인 이하로 확대 및 관광호텔업(현행 100인 이하)의 확대 등 관광관련업종의 중소기업 범위를 확대하였다.

1998년에는 중국인 관광객 제주도 무사증입국 허용, 해상관광호텔 신축규제 폐지, 관광호텔 전력요금 산업요율 적용, 특1등급 관광호텔에서의 혼인예식업 허용, 법인이 분양받은 휴양콘도미니엄업에 대한 지방세 중과세 폐지, 관광음식점의 재산세 중과 제외, 관광시설 임시투자세액 공제제도, 유원시설업 상수도 요금의 영업용 1종 적용, 관광호텔 외화획득분 상수도 요금 감면, 외국인투자촉진법상 투자유치 산업에 관광산업도 포함시켰다.

1999년에는 국정지표에 최초로 문화관광의 진흥을 포함시켰으며, 관광진흥 5개년 계획을 수립하는 등 어느 해보다 관광에 대한 정부의 정책적 의지가 강력히 제시한 해였다고 할 수 있겠다.

(4) 2000년대

2000년대는 뉴 밀레니엄을 맞이하여 21세기 관광선진국으로의 힘찬 도약을 준비하는 시기라고 할 수 있다. 2000년에는 제1회 APEC 관광장관회의 개최, 제2차 관광진흥확대회의의 개최로 국제관광교류의 증진과 국내관광수용태세 개선에 주력하였다. 또한 남해안관광벨트, 경북북부유교문화권 관광개발사업을 정부계획으로 확정하여 본격적으로 사업에 착수하였다. 2002년에는 한 · 일 월드컵대회와 부산 아시안게임의 성공적 개최로 우리나라의 관광 이미지가 크게 상승하였으며, 특히 관광안내체계, 관광산업의 경쟁력 기반강화, 관광축제 분야에 대해 많은 투자가 이루어졌다.

2004년은 관광진흥 5개년계획(2004~2008) 등 고부가가치의 관광산업 육성을 위한 중기계획이 수립되었다. 또한 차세대 신성장동력 산업으로서 관광산업에 대한 인식이 높아지면서 그간 제조업에 비하여 차별적 세제나 불합리한 규제 등에 대한 개선노력이 범정부적으로 적극 진행되었다.

2005년에는 문화 · 관광 · 레저스포츠산업에 대한 중장기 청사진으로서 C-Korea 2010 문화강국을 수립하여 발표하였다. 그리고 아시아 최고의 휴양도시를 목표로 국제경쟁력 있는 관광목적지를 조성하기 위해 관광레저도시추진기획단을 공식 출범시켜 관광레저도시 건설 시범사업을 본격적으로 추진하였다. 또한 광역권 관광개발사업에 전문가들이 참여하여 사업효과를 극대화할 수 있도록 자문단을 구성하여 운영하고 있다.

2006년에는 제1단계 서비스산업 경쟁력강화 종합대책을 마련하였다. 이 가운데 관광분야에 대한 주요내용에는 첫째, 관광 등 서비스산업과 제조업과의 차별시정, 둘째, 관광지 · 관광단지 등 관광시설 개발 시 부담완화를 위한 세제 · 부담금 완화, 셋째, 여행업의 경쟁력 제고, 매력 있는 한국 관광명품의 개발 등 해외 관광시장의 획기적 확대를 위한 여건 조성, 넷째, 중국관광객의 입국절차 개선 등 중국관광시장의 지속적인 확대를 위한 기반 조성, 다섯째, 국민의 국내관광 활성화, 여섯째, 미래 고부가가치 3대산업(의료관광, 컨벤션, 크루즈) 육성 등 관광산업 전반의 경쟁력 강화를 위한 것들이 포함되었다.

2007년에는 관광호텔의 전력요금에 대한 산업요율의 적용과 부가가치세 영세율 적용토록 하였으며, 중국 단체 수학여행 관광객에 대한 무비자 허용 등 비자제도를 개선하였다. 또 관광레저분야 해외소비의 국내 촉진을 위한 저렴한 골프장 공급확대방안과 크루즈 등 고급 해양관광레저산업 육성을 위한 방안을 마련하였다.

2. 관광진흥개발기금 운영

정부는 관광사업을 효율적으로 발전시키고 외화수입의 증대에 기여하기 위해

1972년에 「관광진흥개발기금법」을 제정하였다. 그리하여 1973년에 처음으로 국고 2억원을 출연한 이후 2006년말 현재 정부출연금, 법정부담금 및 운용수입 등으로 1조 2,181억원의 기금이 조성되었다. 이 기금은 관광기반시설건설과 관광숙박업, 휴양업 등의 관광객 이용시설의 건설, 관광사업체운영 등에 융자되고 있으며, 관광안내 체계 개선 등 외래 관광객 유치사업에 지원되고 있다. 또한 취약한 관광기반시설을 확충하여 국민들에게 건전한 휴식공간을 제공하고 여가선용을 할 수 있도록 관광여건을 조성하는데 활용되고 있다. 따라서 우리나라의 관광산업진흥 및 관광사업의 균형발전은 물론 관광외화수입증대에 크게 기여하고 있다.

(1) 기금의 지원

관광진흥개발기금은 관광숙박시설의 건설 및 개보수, 관광객 편의시설 등의 건설과 관광사업체 운영에 지원되는 융자사업과 관광수지 적자개선 및 외래 관광객 유치확대를 위한 보조사업에 지원되고 있다. 기금이 지원하는 보조 사업으로는 관광연구사업 지원, 관광객 유치지원, 국민관광진흥 지원, 외래관광 진흥 지원, 한국관광공사 지원 및 한국문화관광 종합 홍보센터로서의 역할을 수행하는 해외관광문화센터 건립지원, 코리아 프라자 운영지원 등을 포함하고 있다. 그러나 현재 운용할 수 있는 재원은 그 수요에 비하여 훨씬 부족한 실정으로 기금을 보다 효율적으로 운용하기 위하여 매년 기금운용계획을 수립하여 지원대상을 한정하여 운용하고 있는 실정이다.

(2) 기금의 지원효과

관광진흥개발기금의 지원을 통하여 관광숙박시설 및 관광휴양시설을 확충하고 관광지 · 관광단지 등의 기반시설을 조성함으로써 외래 관광객 수용태세를 확립하고 국민들의 건전한 국민관광여건을 마련하였다.

특히 관광시설 건설에는 초기에 막대한 자본투자가 요구되고 있으나, 대부분의 관광사업체가 영세한 중소업체이므로 관광진흥개발기금의 지원규모를 점차적으로 확대하여 지원하고 있다. 이로써 무공해 산업인 관광산업을 국제경쟁력을 갖춘 전략산업으로 적극 육성하여 관광발전 및 외화획득에 기여함과 동시에 국민들의 다양한 관광욕구를 충족시켜 나가고 있다.

관광진흥개발기금은 중저가 숙박시설 및 중소기업의 육성을 지원하기 위하여 중소기업에 대하여 금리 및 기금선정비율을 우대하는 한편, 대출금액선정 시 대기업보다 중소기업을, 특급호텔보다 1~3급 호텔에 우선순위를 부여하여 지원하고 있다.

(3) 관광진흥개발기금 조성을 위한 출국납부금 부과제도 시행

정부는 1997년 1월 우리나라가 관광 선진국에 진입하기 위해서는 무엇보다 투자재원 확충이 중요하다고 판단하고 관광진흥 10개년계획의 일환으로 관광목적 국외여행자를 대상으로 기금부과 방안을 마련하였다.

1997년 7월부터 13세 이상 64세 이하의 관광목적 국외여행자에게 1만원(선박이용 시 1천원)의 기금을 부과하고 있다. 한편, 여행객들에게 제도시행에 따른 불편을 최소화하고 편의를 도모하기 위해 여행사를 이용하는 국외여행자는 여행사에, 여행사를 이용하지 않는 국외여행자는 공 · 해항 소재 은행에 기금을 납부하도록 하였다.

그 후 제도상의 문제점을 보완하고 여행객들의 편의를 도모하기 위해 국외여행자의 납부금 부과대상을 종전에는 관광목적으로 국외로 여행하는 내국인으로서 13세 이상 64세 이하의 자에서 국외로 여행하는 모든 내국인으로 확대하였다. 또한 내국인으로 보기 어려운 거주여권, 거주국의 영주권 또는 거주목적의 장기체류자격을 취득하였음을 증명하는 서류를 가진 자는 면제대상에 포함시켰다.

2004년 1월에는 국외로 출국하는 내 · 외국인을 출국납부금대상으로 하였으며, 납부방식을 항공권에 포함 징수하여 탑승객의 편의를 도모하였다. 한편, 종전의 면제대상자였던 거주여권, 거주국의 영주권 또는 장기체류자격 취득자 등 재외국민 등은 면제대상에서 제외하였다. 또한 납부금의 부과 및 징수업무도 인천국제공항공사, 한국공항공사, 지방해양수산청 및 부산항만공사에 위탁하여 시행하고 있다.

정부에서는 국외로 출국하는 내 · 외국인에게 부과하여 조성된 기금을 건전관광 교육 및 관광정보 제공사업, 관광안내체계 개선 및 관광홍보, 관광종사자 교육, 국민관광진흥사업, 국제회의산업 육성 등에 지원하여 취약한 관광여건 개선사업에 지원해 왔다. 또한 이 재원으로 융자사업 등 관광산업 인프라 구축을 위한 정책사업에 활용되고 있으며, 부담자와의 연계성을 높이고자 인천공항환승투어 활성화사업, 외국인 전통체험한마당, 여행정보센터운영 등 항공연계사업 부문에까지 지원영역을 확대해 가고 있다.

The economics of tourism

12 관광수지

제1절 관광환경

1. 관광의 국내적 환경

우리나라는 국민소득의 증가, 주5일제 근무 확대실시로 여가시간의 증대, 각종 관광개발, 고속철도의 개통, 문화관광축제의 개최 등으로 국내관광 여건이 크게 개선되었다. 이에 따라 국내관광 수요가 크게 증가해 왔으며 향후에도 크게 증가할 것으로 전망된다.

우리나라 관광정책의 궁극적인 목표는 국제관광과 국민관광의 균형적 발전을 통해 외화획득을 통한 국제수지 개선과 국민의 라이프스타일의 변화에 따른 삶의 질 향상을 동시에 실현시키는 것이다. 그러나 1997년의 IMF 외환위기에 따른 경제여건의 변화로 인해 여행수지가 잠시 동안 흑자기조를 유지하였다. 그러나 최근 7~8여년간 수십억 달러에 달하는 여행수지의 지속적인 적자 확대로 균형적 목표 추구에 어려움을 겪고 있는 처지이다.

우리나라는 국내관광객의 증가와 함께 관광의 행태도 위락관광보다는 역사 · 문화 · 레포츠 · 생태 · 농촌관광 등의 체험형 관광이 선호되고 있다. 이러한 국내관광객의 다양성과 라이프스타일의 변화에도 불구하고 국내관광의 매력 부족과 수용태세의 미흡, 고물가 등 관광환경의 구조적 문제 등으로 인하여 국내관광 수요의 상당부분을 해외관광시장으로 빼앗기고 있어 지속적인 관광수지의 적자 구조를 벗어나기 힘든 실정이다.

그러나 국내적 관광환경의 변화와 함께 국내관광에 대한 관심도 날로 커지고 있으며, 지방자치제 실시 이후 정부주도의 정책집행이 점차 지방자치단체로 이양되고, 이로 인해 민간부문의 역할도 커지는 등 국내관광의 중요성이 어느 때보다도 크게 부각되고 있다.

지방자치단체들은 지역발전을 위한 대안산업으로 관광산업에 관심을 집중하고 있으며, 지역주민의 삶의 질 향상, 지역경제 활성화, 지역의 이미지 제고, 생활환경개선 등의 효과를 기대하면서 관광개발에 박차를 가하고 있다. 특히 관광지 및 관광특구의 지정, 관광사업 등록 및 인허가 권한 같은 행정권한도 이양받아 지방자치단체의 독자적 관광개발에도 유리한 환경에 놓여 있다. 또한 중앙정부도 다양한 관광관련 사업에 대해 지원을 아끼지 않고 있으며 국토계획에 있어서도 관광관련 거점 개발계획을 중요시하고 있다.

관광수요의 다양화와 관광에 대한 패러다임 변화 속에서 이에 대응한 하드웨어와 소프트웨어, 그리고 관광인력을 고려한 휴먼웨어의 세 가지 측면을 고려하여 관광개발의 질적인 측면도 함께 개선해야 한다. 이러한 관광환경과 관광행태의 변화를 고려하여 새로운 형식의 관광개발인 관광레저도시개발을 추진하여야 한다. 관광레저도시는 기존의 폐쇄적이고 단일기능의 관광단지식 개발을 벗어나 개방적이고 복합적인 기능을 추구해야 한다. 아울러 지역전략산업과의 연계성을 고려하여 진정한 지역균형발전을 목적으로 진행되어야 한다. 이러한 일련의 노력들이 우리나라의 국내관광개발에 있어서 앞으로 중요한 전환점으로 작용할 것이다.

국내관광에서도 지속적인 남북관광교류를 통한 협력이 더욱 증가할 것으로 예상된다. 1998년에 시작된 금강산관광은 잠시 위기가 있었다. 이후 2002년 금강산 관광특구 지정, 2003년 금강산 육로관광 확대 등으로 인해 관광수요가 확대되었으며, 2005년에는 개성관광이 이루어짐으로써 이젠 북한에서도 관광가능 지역이 더욱 확대될 것으로 보인다. 이러한 관광활동을 통한 남북한 교류협력은 북한에 대한 간접적 경제지원의 효과뿐만 아니라 관광을 통한 북한사회의 이해기회 증가, 한반도의 긴장완화와 평화증진에도 크게 기여할 것으로 보인다.

국내관광환경은 위기와 기회를 동시에 맞고 있으며 재도약의 기회가 될 수 있다고 판단된다. 주5일제 근무 확대실시, 교통 · 통신의 발달, 관광을 통한 삶의 질 향상을 추구하는 가치관의 변화 등 외부기회요인은 긍정적으로 변화하고 있다. 또한 중앙정부와 지방자치단체의 관광개발에 대한 높은 관심, 남북관광협력의 지속적인 확대 등으로 상당히 긍정적인 환경으로 바뀌고 있다. 이에 부응하여 국내관광환경의 개선, 지역관광 경쟁력 제고를 위한 법적 · 제도적 정비, 관광숙박시설의 확충, 관광안내체제 개선 등 점점 증가하는 관광수요를 수용하기 위한 관광인프라 확충에 나서야 할 때이다.

2. 관광의 국제적 환경

21세기에 들어서 세계 각국은 관광산업을 국가전략산업으로 육성하고 경쟁적 우위를 선점하기 위해 치열한 경쟁을 벌이고 있다. 국가 간 인적·물적 교류가 활발해지면서 서로 다른 문화에 대한 이해와 지역정보에 대한 관심을 증대시키고 그 영역을 다차원적으로 확대하며 국제관계에 있어서도 긍정적인 영향을 미치고 있다.

관광전문가들은 최근 몇 년간의 관광시장 환경이 점점 더 복잡해지고 있음을 지적하며, 이제 더 이상 관광은 선택적 소비가 아니라 현대인의 필수적 생활양식으로 자리 잡았다고 평가한다. 또한 삶의 가치가 여가·문화·관광 등 체험 및 감성소비를 중요시하는 패러다임으로 변화함에 따라 관광산업은 21세기 체험경제시대의 신성장 동력산업으로 발돋움하고 있다. 세계관광기구(WTO)는 "Tourism 2020 Vision"의 장기전망을 통해 세계관광시장이 연평균 4.1% 성장하여 2010년 10억명, 2020년 15.6억명으로 증가할 것으로 전망하고 있다. 또한 세계관광협의회(WTTC)는 2010년까지 관광산업이 세계 GDP의 10.9%를 차지하는 중심산업으로 성장하고 세계 총고용의 8.6%가 관광관련 산업에서 종사할 것으로 전망하고 있다. 이처럼 관광산업은 전 세계의 경제불황에도 불구하고 지속적인 성장세를 보여주며 글로벌시대의 새로운 성장동력산업으로 주목받고 있다.

그러므로 지금은 국제 관광환경의 변화에 대한 적절한 대응과 국가별 관계개선에 대한 전략적 정책이 그 어느 때보다도 절실히 요구되는 시기라 할 수 있다.

21세기에는 잘 보전된 환경이 국가경쟁력의 주요 요소로 부각되어 자연환경 파괴와 자원고갈의 가속화에 대응하여 지구 차원의 환경협력이 강화되고 관광분야에서도 환경보전의 중요성에 대한 인식과 관심이 높아질 전망이다. 이러한 변화와 더불어 관광부문에서도 기존의 대량관광에 대한 반작용과 환경보전에 대한 인식이 커져감에 따라 자연환경을 보전하면서 체험하는 자연친화적 관광형태가 부상하고 있다.

최근 한 · 중 · 일 · 러를 중심으로 한 동북아 지역이 세계 주요 경제블럭으로 등장하면서, 관광시장 또한 경제성장을 바탕으로 고속성장 초기단계에 진입하고 있어 역내 · 외 관광수요와 공급이 급증할 것으로 전망되고 있다. 중국은 경제의 급성장과 소비의 고급화, 세계관광기구(WTO) 가입에 따른 개방정책 확대에 기초하여 해외관광객수가 급증하고 있다. 특히 2008년 북경올림픽 개최 이후에는 중국인의 해외여행 전면 자유화가 예상되는 등 중국정부의 개방정책 확대에 따른 중국인 관광객이 급증할 전망이다. 그러나 이러한 동북아 관광시장의 확대는 우리나라 관광산업에 많은 기회요인과 함께 위협요인도 안겨 주고 있다.

중국, 홍콩, 일본 등 주변국 관광시장이 급속도로 성장 · 확대되면서 경쟁이 심화되고 있다. 그런데 우리나라는 관광인프라의 부족, 관광객의 높은 여행비용 등으로 아시아지역의 주요 경쟁국과 비교해 가격경쟁력이 뒤떨어지고 있는 실정이다. 한편, 한류 붐으로 인한 중국이나 일본의 방한관광객의 증가추세는 당분간 지속될 전망이나, 중국인의 비자발급 절차문제와 일본정부의 홍콩 무비자 입국 조치로 인하여 방한시장의 잠식이 우려되고 있다.

결론적으로 동북아 시장을 둘러싼 관광시장의 팽창과 이에 따른 각국의 경쟁이 치열해짐에 따라, 동북아 시대를 준비하고 국제환경변화에 대응하기 위해 진정한 비교우위를 점할 수 있는 한국스러운 것의 고급화를 추구해야한다. 또한 관광편의성을 높이기 위한 출입국 절차, 국제관광 교통체계 및 관광기반시설의 개선의 노력이 그 어느 때보다 요구되는 시점이다.

제2절 관광동향

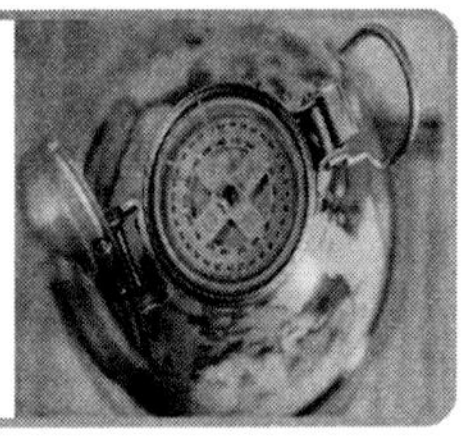

1. 외래 관광객 입국동향

우리나라를 방문한 외래 관광객 수를 보면 2000년에 최초로 5백만명 이상이 입국하였다. 이후 2001년에 전년대비 3.3%가 감소하였고, 2003년에는 전년대비 -11.1%가 감소한 4,752천명이었고, 2004년에는 외래 관광객 수는 전년대비 22.4% 증가한 5,818천명으로 2003년에 비해 백만명 이상이 늘어났다.

〈표 12-1〉 연도별 외래방문객 입국현황

연 도	외래방문객수 (명)	증가율 (%)	연 도	외래방문객수 (명)	증가율 (%)
1974	517,590	-23.8	1991	3,196,340	8.0
1975	632,846	22.3	1992	3,231,081	1.1
1976	834,239	31.8	1993	3,331,226	3.1
1977	949,666	13.8	1994	3,580,024	7.5
1978	1,079,396	13.7	1995	3,753,197	4.8
1979	1,126,100	4.3	1996	3,683,779	-1.8
1980	976,415	-13.3	1997	3,908,140	6.1
1981	1,093,214	12.0	1998	4,250,216	8.8
1982	1,145,044	4.7	1999	4,659,785	9.6
1983	1,194,551	4.3	2000	5,321,792	14.2
1984	1,297,318	8.6	2001	5,147,204	-3.3
1985	1,426,045	9.9	2002	5,347,468	3.9
1986	1,659,975	16.4	2003	4,752,762	-11.1
1987	1,874,501	12.9	2004	5,818,138	22.4
1988	2,340,462	24.9	2005	6,021,764	3.5
1989	2,728,054	16.6	2006	6,615,047	2.2
1990	2,958,839	8.5			

자료 : 문화관광부, 관광동향에 관한 연차보고서, 2007.

또한 2005년도에는 외래 관광객 수가 6백만명을 돌파하여, 전년대비 3.5% 증가한 6,021천명이었고, 2006년도에는 전년대비 2.2% 증가한 6,155천명이었다. 이와 같이 우리나라를 방문하는 외래 관광객 수가 꾸준히 증가해 왔다〈표 12-1 참조〉.

2. 국적별 방문객현황

국가 및 지역별 입국 동향을 살펴보면, 2006년도의 경우 아시아인 방문객은 6,155천명으로 전체 방문자의 74.9%(4,552천명)를 차지하여 아시아인 방문객이 다수를 차지하였으며 전년대비 2.5%가 증가하였다. 이 중에서도 일본이 38.0%를 차지하였으나 전년에 비해 감소하였으며, 중국이 14.6%를 차지하였으나 26.4%나 증가하였고, 대만 5.5%, 필리핀 4.0% 순으로 나타났다〈표 12-2 참조〉.

〈표 12-2〉 국적별 외래방문객 현황(2005~2006)

국적	외래방문객수(명)		성장률	구성비(%)	
	2006	2005	(%)	2006	2005
아시아주	4,551,995	4,489,048	2.5	74.9	74.5
일본	2,338,921	2,439,809	-4.0	38.0	40.5
중국	896,969	709,836	26.4	14.6	11.8
대만	338,162	351,421	-3.8	5.5	5.8
홍콩	142,450	166,204	-14.0	2.3	2.8
태국	128,555	112,724	14.0	2.1	1.9
말레이시아	89,854	96,583	-7.0	1.5	1.6
필리핀	248,262	222,622	11.5	4.0	3.7
인도네시아	62,869	62,282	0.9	1.0	1.0
싱가포르	88,386	81,751	8.1	1.4	1.4
미주	673,118	640,043	5.2	10.9	10.6
미국	555,705	530,629	4.7	9.0	8.8
캐나다	92,791	86,399	7.4	1.5	1.4
구주	534,834	508,772	5.1	8.7	8.4
영국	75,397	72,582	3.9	1.2	1.2
독일	76,403	74,962	1.9	1.2	1.2
프랑스	47,111	44,439	6.0	0.8	0.7
이탈리아	18,797	15,711	19.6	0.3	0.3
러시아	144,611	143,768	0.6	2.3	2.4

대 양 주	95,516	85,200	7.4	1.5	1.4
호 주	68,328	63,464	7.7	1.1	1.1
뉴 질 랜 드	17,502	16,418	6.6	0.3	0.3
아프리카주	21,090	18,164	16.1	0.3	0.3
이 집 트	3,413	2,623	30.1	0.1	0.0
국 적 미 상	3,103	84	100.5	3.7	0.0
교 포	266,702	280,453	−15.2		4.7
총 계	6,155,046	6,021,764	20.4	100.0	100.0

자료 : 문화관광부, 관광동향에 관한 연차보고서, 2007.

미주인은 전체의 10.9%(673천명)로 전년대비 5.2%가 증가하였으며, 미국인 방문객은 9.0%로 전년대비 4.7% 증가하였다. 방문객 구성비율로는 일본과 대만 다음으로 높았다. 유럽인은 전체의 8.7%(535천명)로 5.1%가 증가하였는데, 이 중 러시아인이 2.3%로 가장 많은 비중을 차지하고 있다. 전년대비 증가율 면에서는 이탈리아가 19.6%로 가장 높은 증가율을 기록했다.

3. 국민 해외여행동향

우리나라는 지속적인 경제성장의 영향으로 내국인 해외여행 수요는 매년 지속적으로 증가해 왔다. 그러나 1997년 IMF외환위기의 영향으로 1998년 잠시 주춤하였으나, 1998년 이후 경제회복에 대한 기대감과 함께 급속히 성장하여 1999년부터 매년 약 100만명 꼴로 증가 양상을 보여 왔다. 이후 2003년에는 잠시 감소하였으나 이후 원화가치 상승에 따른 해외여행의 부담 경감, 주5일 근무제 본격 시행 등으로 꾸준히 증가하는 추세를 보이고 있다〈표 12-3 참조〉.

〈표 12-3〉 연도별 국민 해외여행 추이

연 도	출국자(명)	성장률(%)	해외관광여행 허용연령 확대단계
1987	510,538	12.2	50세 이상('80. 1. 1)
1988	725,176	42.0	45세 이상('87. 9. 16)
1989	1,213,112	67.3	40세 이상('88. 1. 1)
1990	1,560,923	28.7	30세 이상('88. 7. 1)
1991	1,856,018	18.9	연령제한 폐지(' 89. 1. 1)
1992	2,043,299	10.1	
1993	2,419,930	18.4	
1994	3,154,326	30.3	
1995	3,818,740	21.1	
1996	4,649,251	21.7	
1997	4,542,159	-2.3	
1998	3,066,926	-32.5	
1999	4,341,546	41.6	
2000	5,508,242	26.9	
2001	6,084,476	10.5	
2002	7,123,407	17.1	
2003	7,086,133	-0.5	
2004	8,825,585	24.5	
2005	10,080,143	14.2	
2006	11,609,879	15.2	

자료 : 문화관광부, 관광동향에 관한 연차보고서, 2007.

그리하여 2005년에는 해외 관광객 수가 드디어 1,000만명을 넘어섰고, 2006년에는 내국인 해외관광객 수는 전년대비 15.2%나 증가한 1,160만명에 이르러 본격적인 해외 관광객 1천만명 시대를 열었다.

4. 관광객 출입국 비교

우리나라를 방문한 외래 관광객 수와 출국한 관광객 수를 연도별로 비교를 해 보면 1994년 이전까지는 우리나라를 방문한 외래 관광객 수가 더 많았다. 그러나 1995년부터는 우리나라 국민이 해외로 나가는 관광객 수가 드디어 많아지기 시작하였다.

1990년만 하더라도 우리나라 국민의 해외여행자 수는 1,560천명이었고, 우리나라를 방문한 외래 관광객 수는 2,959천명이었다. 이후 1994년에는 우리나라 국민의 해외여행자 수는 3,154천명으로 대폭 증가하였고, 외래 관광객 수는 3,580천명으로 소폭 증가하였다. 드디어 1995년에는 국민 해외여행자 수가 3,819천명으로 전년대비 21.2%가 증가하였는데, 외래 관광객 수는 3,753천명으로 4.8% 증가하는데 그쳤다.

우리나라 국민 해외 여행자수는 꾸준히 증가하여 2005년에는 10,000천명을 돌파하였지만 외래 관광객은 6,021천명에 머물렀고, 2006년에는 국민 해외여행자 수가 11,609천명, 외래 관광객 수는 6,615천명밖에 되지 않았다.

이러한 현상들이 우리나라 관광수지 적자를 확대하고 있음을 보여 주고 있는 것이다. 따라서 관광수지를 적자 해소를 위한 적극적인 대책 마련이 시급하다.

제3절 관광수지

국제수지란 일정기간(보통 1년) 동안에 한 국가의 주민과 다른 국가들의 주민 사이에 이루어진 모든 경제적 거래를 일정한 기준에 따라 체계적으로 분류, 기록, 총괄한 것이다.

무역거래는 대외거래 중 가장 기본적인 거래로서 눈에 보이는 재화의 수출과 수입을 말하며, 수출과 수입에 따른 수취와 지급을 무역수지라 한다.

무역외거래는 눈에 보이지 않는 각종 서비스(용역)의 흐름을 말하며 그 수취와 지급을 무역외수지라 한다. 무역외 거래에는 관광수지가 포함된다. 무역수지, 무역외수지, 이전거래를 합하여 경상수지라 한다. 여기에서는 무역외 수지 중에서도 관광수지만을 검토해 보기로 한다.

1. 관광수입

관광은 대다수 국가들의 국제수지에 많은 영향을 미치고 있다. 관광을 통화흐름의 관점에서 정의하면, 출발지에서 가져 간 화폐를 목적지에서 사용한다는 것이다. 국제적 관점에서 이는 A국가의 관광지에서 획득한 화폐를 B국가에서 획득한 서비스를 지불하기 위해 사용되는 경우이다.

관광산업은 단일산업으로 세계 최대의 산업이고, 세계 최고의 고용산업이며 고부가가치 산업으로 평가되고 있다. 관광산업은 전 세계 GDP의 10.7%에 이를 만큼 세계경제에 막대한 영향을 미치는 산업으로 성장하였다. 앞서 살펴본 것처럼 세계여행관광위원회(WTTC)는 2010년까지 관광산업이 세계 GDP의 10.9%로 성장하고, 세계 총고용의 9%가 관광관련 산업에서 종사할 것으로 전망하고 있다. 따라서 관광수입을 올리는 것이 각국의 공통 관심사가 되었다.

우리나라의 있어서도 1960~70년대의 경제 개발 시기와 IMF관리체제의 경제위기에서 관광수입이 국가의 경제를 회복시키는데 매우 중요한 역할을 해 왔다. 우리나라는 동북아 경제중심국가로 우뚝 서기 위하여 산업, 물류, 금융, 서비스 등 각 분야의 경쟁력을 강화시키기 위한 정책전략을 수립하고 있다. 이러한 동북아 경제중심국가 달성에 있어 관광산업의 중요성은 그 어느 때보다도 강조되고 있다.

한국관광공사의 통계에 따르면 우리나라는 1990년까지 관광수입이 꾸준히 증가하여 왔다. 그리하여 1998년에는 사상최대치인 68억 6천5백만달러로 전년대비 34.2%나 관광수입 증가를 기록했다. 이후 2000년을 제외하고 감소세로 돌아섰다. 그러나 2004년에는 다시 전년대비 13.1% 증가한 60억 5천3백만달러를 기록하다가 이후 계속 감소하여 2005년 57억 9천3백만달러, 2006년 52억 9천4백만달러로 감소하였다〈표 12-4〉.

〈표 12-4〉 우리나라의 연도별 관광수지 내역

연 도	관광수입(천불)	증가율(%)	관광지출(천불)	증가율(%)	관광수지(천불)
1987	2,299,156	48.6	704,201	14.9	1,594,955
1988	3,265,232	42.0	1,353,891	92.3	1,911,341
1989	3,556,279	8.9	2,601,532	92.2	954,747
1990	3,558,666	0.1	3,165,623	21.7	393,043
1991	3,426,416	-3.7	3,784,304	19.5	-357,888
1992	3,271,524	-4.5	3,794,409	0.3	-522,885
1993	3,474,640	6.2	3,258,907	-14.1	215,733
1994	3,806,051	9.5	4,088,081	25.4	-282,030
1995	5,586,536	46.8	5,902,693	44.4	-316,157
1996	5,430,210	-2.8	6,962,847	18.0	-1,532,637
1997	5,115,963	-5.8	6,261,539	-10.1	-1,145,576
1998	6,865,400	34.2	2,640,300	-57.8	4,225,100
1999	6,801,900	-0.9	3,975,400	50.6	2,826,500
2000	6,811,300	0.1	6,174,000	55.3	637,300
2001	6,373,200	-6.4	6,547,000	6.0	-173,800
2002	5,918,800	-7.1	9,037,900	38.0	-3,119,100
2003	5,343,400	-9.7	8,248,100	-8.7	-2,904,700
2004	6,053,100	13.1	9,856,400	19.5	-3,803,300
2005	5,793,000	-6.7	12,025,000	21.2	-6,232,000
2006	5,294,500	-8.6	13,783,000	14.6	-8,488,500

자료 : 문화관광부, 관광동향에 관한 연차보고서, 2007.
[참고] WTO 자료를 인용한 우리나라 관광수입은 상기 자료와 차이가 있는데 여행수지에서 유학수지를 제외한 관광수지이므로 차이가 있음.

2. 관광지출

우리나라의 관광지출을 보면 1980년대 이후 꾸준히 증가해 왔다. 특히 1987년 9월 해외관광 여행허가 연령의 45세 이상으로 확대하였고, 이듬해인 1988년 1월에는 40세 이상, 그 해 7월에는 30세 이상으로 확대하였으며, 1989년에는 드디어 연령제한을 폐지하기에 이르렀다. 이로 말미암아 1988년에는 관광지출이 전년대비 92.3%, 1989년에는 92.2%로 대폭 증가하였다. 이후 1993년 한해에는 전년 대비 14.1%가 감소하였으나 그 이듬해부터 다시 증가하였다. 이후 IMF외환위기를 맞으면서 1997년에는 전년대비 10.1%, 1998년에는 전년대비 57.8%로 감소하였다. 이후 경제가 침체에서 벗어나면서 다시 해외여행이 늘어나 관광지출액도 다시 증가하였으며, 드디어 2005년에는 100억 달러를 돌파하여 120억 달러를 기록하였다. 그리고 2006년도에는 137억 8천3백만 달러를 기록하여 전년대비 14.6%가 증가하였다〈표 12-4〉.

이와 같은 관광지출의 증가로 말미암아 그 동안 관광수지흑자를 기록했었지만 1991년 드디어 관광수지가 3억5천 달러의 적자를 보였다. 이후 IMF 경제위기를 맞이한 1997년과 1998년을 제외하고는 계속 관광수지적자를 기록하여 2005년에는 62억 달러, 2006년에는 85억 달러로 그 폭이 훨씬 커지면서 국제수지에 악영향을 미치고 있다.

3. 관광수지개선

관광수지는 여타 재화를 수출하는 것보다 부가가치가 훨씬 높다. 우리나라 현실은 각급 경제에서 어렵게 획득한 외화를 해외관광으로 인한 외화유출이 심하여 국제수지를 악화시키는 요인으로 작용하고 있다. 따라서 우리도 외래 관광객 유치에 힘을 모아야 한다고 본다. 관광수지를 개선하기 위해서 내국인의 국내관광 활성화와 외래 관광객을 유치하는 길밖에는 없다.

관광수지 적자가 지속, 확대되는 원인으로 우선 내국인 해외여행자수가 방한 외래객수보다 훨씬 많은 것을 들 수 있다. 이는 주5일 근무제 확산에 의한 여가시간 증대로 해외여행이 쉬워졌으며 원화가치의 상승으로 구매력이 증대되었기 때문이다. 따라서 관광수지 개선을 위해서는 내국인들에 대한 국내관광 활성화가 필요하다. 또한 외래 관광객의 지속적인 유치가 절실한 실정이다. 그 구체적인 내용을 살펴보고자 한다.

(1) 내국인 관광객 유인방안

① 내국인 국내관광 활성화

우리 국민들이 우리의 역사, 문화, 자연을 심도있게 체험할 수 있는 기회를 확대하여 왔다. 그리고 해외여행에 앞서 우리의 멋과 흥을 먼저 알 수 있도록 국내관광여건을 조성하여 지역경제 활성화를 지원하고 국민의 삶의 질을 높이기 위해 내국인 국내관광 활성화정책을 마련하여 추진하여 왔다. 국민들에게 해외관광지보다 더 나은 국내 관광지가 많이 있다는 사실을 알리고, 우리 국민들이 해외여행에 앞서 국내관광지와 문화유적지를 먼저 찾아보도록 유도하여 국내관광을 활성화시켜야 한다. 또한 국민복지 차원에서 중산층 · 서민층의 관광 참여 기회를 확대해 나가면서 창의적인 국내여행 상품개발을 지원하여야 한다. 아울러 국민관광지의 질적 향상을 위해 종합적이고 다양한 테마 관광코스를 제시해야 한다. 이와 같이 내국인의 국내관광 활성화를 위해서는 다음 몇 가지에 유념해야 한다.

첫째, 국민인식 개선을 위한 홍보이다. 국내관광을 활성화하기 위해서는 무엇보다도 국민 개개인의 국내관광에 대한 인식이 바뀌어야 한다는 점을 고려하여 각종 매체를 통한 국민의 인식 전환을 위한 홍보를 적극 실시하여야 한다.

둘째, 관광상품 개발 및 정보 제공이 필요하다. 국민들이 쾌적한 국내관광을 즐길 수 있도록 지역별로 특색 있고 다양한 국내관광 코스를 개발하고, 국민들이 관광지와 문화유적지를 쉽게 관광하고 이해할 수 있도록 안내 · 설명하는 문화유산 해설사를 양성 배치하여야 한다. 또한 이들이 자긍심을 가지고 활동할 수 있는 지원을 아끼지 말아야 한다.

셋째, 국내관광 여건을 조성해야 한다. 주5일제 도입에 따라 내국인의 여가문화에 대한 다양한 수요가 증가하는 가운데, 특히 가족단위의 관광상품의 보급 확대 및 체험 관광상품 개발 등을 통해 관광활성화를 이루어야 한다.

② 건전한 관광의식 제고

건전한 관광의식을 제고하기 위해서는 방송매체를 통한 대국민 홍보를 실시하여야 한다. 국민의 건전한 관광문화 정착과 관광산업에 대한 인식제고 및 수용태세 개선을 위하여 TV, 라디오, 전광판, 지하철 등을 통해 대국민 계도광고를 실시하여야 한다.

③ 복지관광 지원

국민소득의 지속적 증대와 교통망을 비롯한 사회간접자본 투자확대, 그리고 휴가제도 개선 등으로 인한 국민여가시간 증대 등 관광여건이 크게 개선됨에 따라 국민의 관광활동이 점차 확대되었다. 이에 따라 사회적 형평의 실현을 위해 소외계층의 관광욕구를 충족시켜 줄 수 있는 복지관광 활성화에 대한 요구도 끊임없이 증가되고 있다. 또한 급속한 고령화사회로의 진입에 따른 노년층 및 장애인 등으로 대표되는 관광소외계층을 위한 복지관광이 절실히 요구되고 있다. 따라서 이에 대한 수요충족을 위한 복지관광 지원 대책이 필요하다.

④ 국내관광 수용태세 개선

관광안내체계란 관광정보의 공급자가 관광정보 수요자에게 관광정보를 전달하는 제반 매개수단 및 운영체계로서 통일성을 갖춘 안내체계를 말한다. 또한 관광안내체계의 구성요소는 관광안내소, 관광안내표지판, 공중관광정보망 등 관광정보 제공을 목적으로 하는 제반 전달매체, 시설물 및 인적체계로 구성되어 있다. 따라서 관광안내체계는 관광에 있어서 매우 중요한 요소이다.

그동안 한국방문의 해 추진, 월드컵 · 아시안게임 준비 등으로 관광안내 기반시설을 꾸준히 구축하여 왔으나, 관광안내소, 관광안내표지판 등 관광안내시설이 여전히 부족한 상태가 지속되고 있다.

향후 온라인의 관광정보체계와 오프라인의 관광안내체계의 상호 협력체계 운영 정착, 관광정보 콘텐츠의 지속적 발굴 갱신 및 IT첨단 안내정보시스템 조기 기반 구축 등을 통해 국내외 관광객 누구나 쉽고 편리하게 이용할 수 있는 안내체계 선진화를 위한 관광인프라를 강화하여야 한다.

(2) 국제관광의 진흥

① 해외 관광진흥활동 활성화

그 동안 정부는 해외 관광진흥활동 활성화를 위해 관광유치단 파견 및 관광교역전 개최, 수학여행단 유치활동, 언론인 · 여행업자 방한 초청 지원, 지역별 시장개척활동 전개, 홍보간행물 발간, 영상 · 홍보시각물 제작, 해외광고 추진 등을 꾸준히 추진해 오고 있다. 그러나 이런 활동이 성장세를 지속적으로 유지하도록 해야 한다.

② 국제협력 증진

오늘날과 같이 개방화 · 국제화된 시대에 있어서 국제협력의 중요성은 매우 크다. 특히 관광분야에서의 국제협력은 국가 간에 상호이해를 증진하고 국제친선을 도모함으로써 관광교류를 촉진하는 계기가 되므로 각국은 이를 위해 많은 경비와 인력을 투입하고 있다. 따라서 국제기구와의 협력이 필수적이다. 그 동안 정부는 국제관광기구 및 컨벤션관련 국제기구에서 주관하는 행사에 매년 대표를 파견하여 우리나라의 입장을 반영시키고, 한국관광 홍보활동은 물론 국제협력 관계를 증진시키기 위해 국제회의의 참가하여 그 성과가 많았다. 이와 더불어 국제회의 유치에도 노력해야 한다.

국제회의 참가자들은 장기간 체재하면서 회의기간 중 또는 그 전후에 국내관광과 쇼핑 등을 함으로써 일반관광객에 비해 많은 소비를 하여 교통 · 항공 · 숙박 · 유흥업 등 관광관련 사업의 발전에도 크게 기여한다.

국제회의는 계절변화의 영향을 적게 받으므로 관광비수기 타개책으로 활용되고, 관광업계의 마케팅 및 새로운 시장개척에도 직접 기여할 뿐만 아니라 제반 경제 · 사회 분야의 국제화 및 국위선양에도 이바지한다. 또한 국제회의 참가자는 대부분 해당국의 정치 · 경제 · 과학 · 기술 · 문화 등 관련 분야의 전문가로서 지도적인 위치에 있으므로 홍보효과 및 경제교류 촉진에도 상당한 성과를 거둘 수 있다.

③ 쇼핑산업 지원

우리나라는 쇼핑산업의 진흥을 통해 외화획득을 증대하고자 외국인관광객에게 물품을 판매하기에 적합한 시설을 갖추어 외국인이 선호한 품목에 대한 조사를 면밀히 분석하여 이에 대한 지원을 아끼지 말아야 한다. 국가적 수준의 경쟁력을 갖춘 우수관광기념품을 개발 · 육성하기 위해 관광기념품 생산 및 판매업체 등의 현황조사결과를 토대로 체계적인 관광기념품 육성정책을 마련하여 추진하여야 한다.

특히 우리 문화를 바탕으로 한 경쟁력 있는 우수관광기념품을 발굴 · 육성하기 위해 전국관광기념품공모전을 개최하여 관광기념품에 대한 국민의식 제고 및 관광기념품산업을 육성하여야 한다. 입상제품에 대하여는 시상금 지급, 한국관광명품 인증마크 부여, 제품포장 및 디자인 개선지원, 개발자금 저리융자지원, 면세점 등 관광기념품 전문판매장 입점 추천 등의 혜택을 확대해야 한다.

④ 출입국 절차의 간소화

국제행사 참가 외국인 및 외국인 투자자에 대하여는 전용출입국심사대를 운영하여 신속한 출입국심사를 제공하는 등의 출입국 우대제도를 시행함으로써 우리나라의 첫 관문에서 좋은 이미지를 가지고 입국할 수 있도록 배려하고는 있다. 최근 아시아 주변국의 한류열풍을 적극 지원하여 한번 입국한 외국인이 다시 찾는 분위기를 조성하기 위해 외국인 관광객 등이 신속 · 간편하게 출입국할 수 있는 무사증입국의 허용을 확대하여야 한다.

중국인 단체관광객 입국절차 간소화를 위해 단체기준을 현 5인에서 3인으로 완화하고 유럽 등 30개국에 대한 비자를 발급받은 중국인에 대한 우리나라 무사증입국조치, 청소년 수학여행단 등에 대한 무사증 입국 허용 등을 확대하여야 한다.

⑤ 관광정보제공

외래 관광객들이 쉽고 편리하게 이용할 수 있도록 인터넷 사이트 운영 부분에서 다양한 매체를 통한 통합된 메시지 전달 및 콘텐츠 서비스 강화에 역점을 두어야 한다. 추천여행일정, 한국음식문화 소개, 오늘의 한국어 한마디 등의 고객의 요구에 부합하는 다양한 콘텐츠를 제공하고, 국내외 여러 곳에 분산되어 있는 인터넷 사이트를 수요자 중심으로 통합 제공하여 고객만족도를 높여야 한다.

참고문헌

고종원, 여행상품개발론, 백산출판사, 2007.
김광근 외, 관광학원론, 백산출판사, 2004.
김대식 외, 현대경제학원론, 박영사, 1985.
김병문, 관광자원학, 백산출판사, 1998.
김사헌, 관광경제학, 백산출판사, 2003.
김사헌, 국제관광론, 백산출판사, 2007.
김상무 외, 관광사업경영론, 백산출판사, 2000.
김성기 외, 관광개발계획론, 한올출판사, 2005.
김용상 외, 관광학, 백산출판사, 2004.
김정옥, 관광자원관리론 , 대왕사, 2004.
김천중 외, 관광상품론, 학문사, 1999.
김천중 외, 현대관광상품론, 백산출판사, 2006.
김태근, 회귀분석, 인간과 복지, 2006.
김홍운, 관광자원론, 일신사, 1994.
문화관광부, 관광동향에 관한 연차보고서, 2005.
문화관광부, 관광동향에 관한 연차보고서, 2006.
문화관광부, 관광동향에 관한 연차보고서, 2007.
문화관광부, 문화산업백서, 2005.
문화관광부, 문화산업백서, 2006.
문화관광부, 문화산업백서, 2007.
박근수, 관광소비자행동, 백산출판사, 2005.
박홍립, 미시경제학, 박영사, 1994.
백영현 역, 미시경제학, 한올아카데미, 2004.
서정교 역, 관광경제학 입문, 한올출판사, 2001.
성기룡, 관광법규론, 일신사, 2005.

손형섭 외, 경제학원론, 전남대학교출판부, 1992.
윤세환 외, 관광지리자원론, 한올출판사, 2005.
이상춘, 관광자원론, 백산출판사, 2007.
이응진 역, 여행과 관광의 경제학, 2005.
이종원, 경제예측론, 도서출판 해남, 2006.
이종호 역, 관광경제학, 일신사, 2000.
임주환 외, 관광지개발론, 백산출판사, 2003
정석중 외, 관광개발론, 대왕사, 2004.
조창연 외, 관광문화의 이해, 대왕사, 2004.
주종대, 문화관광개발론, 주종대, 2001.
채서묵, 관광사업개론, 백산출판사, 1997.
Adriann Bull, The Economics of Travel and Tourism, 2nd edition, Longman Austrailia Pty Limited, 1995.
M. Thea Sinclair and Mike Stabler, The Economics of Tourism, Routledge, 1997.

찾아보기

[ㅁ]

[ㅂ]

[ㅅ]

[ㅇ]

[ㅈ]

[ㅊ]

[ㅋ]

[ㅌ]

[ㅍ]

[ㅎ]

〈저자약력〉

인 적 사 항
- 성　　명: 양길승(梁吉承)
- 생년월일: 1956년 3월 3일생
- 주　　소: 광주광역시 서구 금호동 738-1
  일신아파트 101동 1205호
- 연 락 처: (연구실) 062-940-5584
  (핸드폰) 017-611-3375

학　　력
- 전남대학교 농업경제학과 졸업 경제학사
- 전남대학교 대학원 농업경제학과 경제학석사
- 전남대학교 대학원 농업경제학과 경제학박사

경　　력
- 현 호남대학교 관광경영학과 교수
- 현 한국해양관광학회 부회장
- 현 한국협동조합 학회 이사
- 현 광주광역시 관광혁신 T/F팀 자문위원
- 현 광주광역시 관광진흥협의회 위원
- 현 교통안전공단 비상임이사

주요연구실적
- 양파의 포전매매에 관한 연구, 전남대학교 박사학위논문, 1994. 2
- 조미채류의 생산과 유통구조에 관한 연구, 전남대학교 석사학위논문, 1988. 2
- 농산물 전자상거래 활성화에 관한 연구, 호남대학교 논문집 제 27집 2006. 12
- 관광정보시스템의 직관적인 이미지 검색 설계, 호남대학교 정보통신연구소 논문집 "정보통신연구", 제16권

저　　서 왜 광주는 노무현을 선택했는가? 대동문화, 2007. 3

관광경제학원론

2008년 8월 30일 초판 1쇄 발행
2018년 1월 26일 초판 3쇄 발행

지은이 양길승
펴낸이 진욱상
펴낸곳 백산출판사
교 정 편집부
본문디자인 편집부
표지디자인 편집부

저자와의 합의하에 인지첩부 생략

등 록 1974년 1월 9일 제406-1974-000001호
주 소 경기도 파주시 회동길 370(백산빌딩 3층)
전 화 02-914-1621(代)
팩 스 031-955-9911
이메일 edit@ibaeksan.kr
홈페이지 www.ibaeksan.kr

ISBN 978-89-6183-104-8
값 18,000원